Friedrich Heinrich Dieterici

Die Propaedeutik der Araber im zehnten Jahrhundert

Friedrich Heinrich Dieterici

Die Propaedeutik der Araber im zehnten Jahrhundert

ISBN/EAN: 9783742816412

Hergestellt in Europa, USA, Kanada, Australien, Japan

Cover: Foto ©Thomas Meinert / pixelio.de

Manufactured and distributed by brebook publishing software
(www.brebook.com)

Friedrich Heinrich Dieterici

Die Propaedeutik der Araber im zehnten Jahrhundert

Die

Propaedeutik der Araber

im

zehnten Jahrhundert

von

Dr. Friedrich Dieterici,

Professor an der Universität zu Berlin.

EW

Mit einer Karte und zwei Schrifttafeln.

Berlin, 1865.

Druck und Verlag von E. S. Mittler und Sohn.

(Koch-Strasse 69.)

Herrn

Julius Mohl

Mitglied des Instituts von Frankreich.

In Dankbarkeit gewidmet

vom Verfasser.

Vorwort.

Die folgenden Blätter sollen die propädeutischen Studien der Araber im **X.** Jahrh. n. Chr., wie dieselben von dem Philosophen-Orden der Lautern Brüder getrieben worden, darstellen, und liefert somit dieses Buch eine Fortsetzung zu meinen früheren Arbeiten über diese Schule *). Es sind die Abhandlungen über Arithmetik, Geometrie, Astronomie, (Astrologie) Geographie, Musik und die Relation, welche von diesen Philosophen speciell als die propädeutischen Studien (arrijadhijjat) bezeichnet und in den ersten sechs Tractaten niedergelegt sind.

Die freie Wissenschaft, welche von dem streng orthodoxen Muslim gehasst und verfolgt ward, wurde im Osten von den Secten und in wohl geordneten Verbrüderungen sorgsam gepflegt, um durch sie und in ihr eine Waffe und eine Stütze gegen die krassen Lehren einer Religion zu haben, welche in der strengen Fassung von der Vorherbestimmung Gottes einen jeden Keim sittlicher und geistiger Entwicklung erdrückte. In diesem Streben suchten die Lau-

---

*) Cf. Streit zwischen Thier und Mensch. Berlin 1858. Die Naturanschauung der Araber im X. Jahrh. 1861.

tern Brüder das ganze Bereich des Wissens, wie dasselbe im X. Jahrh. von den Arabern, damals dem gebildetsten Volk der Welt, beherrscht wurde, in 51 Abhandlungen zu umfassen und stellten sie die mathematischen Wissenschaften allen anderen Wissenschaften als Grundlage und Einleitung vorauf.

Nachdem durch das unsterbliche Verdienst de Sacy's und den rastlosen Eifer seiner Schüler die arabische Philologie aufhörte nur eine dienende Magd hebräischer Sprachwissenschaft zu sein und als eine selbstständige danach strebte eine bestimmte Fase der Culturgeschichte zu repräsentiren, tritt an die Vertreter dieses Studiums immer mehr die Aufgabe, die Stufe der Cultur, welche die Araber im Mittelalter einnahmen, darzulegen, um so auch ihrerseits einige Bausteine zum Aufbau der allgemeinen Culturgeschichte herbei zu tragen.

Schon ein Blick auf diese Abhandlungen wird genügen, die Araber als ein Culturvolk zu erkennen. Sie hegten mit aller Sorgfalt die auf sie gekommenen Schätze des Wissens, sie suchten dieselben zu beherrschen und mit selbstständigem Geist zu entwickeln. Sie haben im Gebiete des Geistes gerungen und gekämpft, und fügen sich als ein Ring in die Kette der Culturvölker. Das wird immer klarer werden, je mehr die Finsterniss sich lichtet, die das Mittelalter deckt, und je mehr die Schwierigkeiten schwinden, die der Bearbeitung einer fast unbekannten Literatur entgegenstehen.

Die nach Stoffen geordnete Encyklopädie der Lautern Brüder giebt ein klares Bild von dem Gesammtumfang des Wissens, im Ganzen sowohl als in seinen einzelnen Theilen, und kennzeichnet den Stand der allgemeinen Bildung im Osten in jenem Jahrhunderte. Man lernte von den griechischen

Meistern, welche Jahrtausende hindurch die Lehrer der Welt waren, wie Ptolemäus, oder noch jetzt es sind wie Euklid.

Nicht allein die aristotelische Philosophie, als deren Wiederbeleber die Araber im Mittelalter auftreten, sondern auch die neoplatonische Philosophie ist von diesem Orden mit allem Eifer studirt worden. Gerade die neoplatonische Geistesrichtung versprach diesen, die Einheit Gottes festhaltenden arabischen Philosophen, eine bessere Lösung der Räthsel, als die realistische Philosophie des Aristoteles. Das wunderbare Wesen der Zahl und die die Zahl behandelnde Wissenschaft erschienen ihnen als das schon fertige Gerüst den Aufbau der Wissenschaften daran zu versuchen. Die erste Reihe bis zur Vier enthielt ihnen die geistige Welt und begann von da die Sinnenwelt. Auf die Vier und damit zusammenhängend auf die Acht, den Körper, ist ihre Theorie begründet. Deshalb heissen diese Studien bei ihnen die propädeutischen für die Wissenschaft κατ᾽εξοχην d. i. für die Philosophie.

Der gelehrte Verfasser der akademischen Abhandlung über al Ghazzali, Berlin 1858, Professor Dr. Gosche spricht pag. 242 diesem Philosophen einen Einfluss auf die geistige Entwicklung der Araber ab, welchen er dagegen dem Pantheisten al Ghazzali im vollsten Maasse zutheilt. An sich wäre die Philosophie al Ghazzalis schon ohne solche Vorgänger, wie die Lautern Brüder, unmöglich; die schroffsten Consequenzen eines Systems werden erst gezogen, nachdem die Versuche sich mit der Religion zu versöhnen, fehlgeschlagen sind.

In keinem muhammedanischen Kopfe wird bei dem strengen Monotheismus der unpersönliche Allgott sofort geboren; es bedarf bestimmter Voraussetzungen zu diesem

Todtensprung. Dass aber al Ghazzali selbst keineswegs so
unabhängig von diesen Philosophen ist, hat der um die orien-
talische Bibliographie so sehr verdiente Dr. Steinschneider
nachgewiesen. Al Ghazzali citirt sowohl selbst diese Schule,
(cf. Schmölders essai 24) als auch schreibt er sie aus, und
ist in dem al Kistas ol mustakim ein Stück (pag. 155—58
der Naturanschauung) vom Ghazzali entnommen. *)

Dass al Magriti diese Abhandlungen so bald (er starb
heisst es anno 1007) nach Spanien, dem Griechenland des
Mittelalters brachte, beweist die grosse Wichtigkeit dieser
Schule, denn ohne die Zusammenfassung aller Wissenschaften, wie es diese Schule that, hätte nimmer die grosse geistige Entwicklung unter den Muhammedauern, Juden und
Christen Spaniens stattfinden können; eine Entwicklung, die
ihren befruchtenden Einfluss mit aller Macht auf die mittel-
alterliche Bildung ausübte. Gewöhnlich theilt man dem ge-
bildeten Italien allein die Rolle zu, die Bildung des germa-
nischen und gallischen Geistes geleitet zu haben. Rom
überflutete diese Völker mit der Religion, und von der katho-
lischen Religion, ihren Priestern und Mönchen wurden die
Barbaren zunächst geschult. Die Verbindung der italischen
Bildung mit der Naturkraft der Germanen bedingte den
Fortschritt des Mittelalters. Man mag diesen Strom des
Geistes den romano-germanischen nennen und wer kann
seine Bedeutung leugnen. Aber diese Strömung allein würde
nimmer das Wieder-Erblühen der Wissenschaft in der neuen
Akademie bewirkt haben, denn sie wäre nimmer aus der

---

*) Deutsche morgenländische Gesellschaft. XVIII. 169.
Cf. Steinschneider zur pseudepigraphischen Literatur S. 86, im Allgemeinen cf. Bibliographie 1859, 91.

neoplatonischen mystischen Weltanschauung herausgekommen.
Doch vereinte sich mit ihr ein anderer Strom des Geistes,
den man den graeco-arabischen nennen mag. Den wilden
Horden des Krieges folgte die here Gestalt der Bildung vom
Osten zum Westen und fand in Spanien ihre Pflege. Von
Byzanz ging der Rest griechischer Bildung zu den Syrern,
von den Syrern zu den Arabern über, mit ihnen zog sie nach
Spanien, um von Muhamedanern, Juden und Christen ge-
hegt, mit neuem Glanz vom Westen her die Schatten der
Unbildung zu verscheuchen.

Die Wiederbelebung der aristotelischen Philosophie durch
Averroës und die Kommentatoren des Aristoteles wäre un-
denkbar ohne die vorhergegangene Durcharbeitung der neoplatonischen Philosophie, doch die Araber erhoben sich viel
früher aus den Banden gewagter Mystik und wandten sich
mehr der nüchternen aristotelischen Forschung zu. Ein
Ibn Buschd (Averroës) konnte nimmermehr ohne Vorgänger
sein und die Kommentatoren des Aristoteles bei den Arabern
hätten auf Sand gebaut, wenn ihr Volk nicht philosophisch
angeregt und geschult gewesen wäre, so dass es in der
Philosophie die Lösung aller Fragen suchte.

Ueber die Art und Weise, in welcher ich die Studien
dieser Schule einem grösseren Publikum vorführen möchte,
habe ich viel geschwankt. Lange schien es mir passend,
über einen jeden der Tractate wieder eine Abhandlung zu
schreiben, die, wie es bei dem jetzigen Stand der arabischen
Philologie nicht anders sein kann, aus aneinander gereihten
Excerpten bestanden haben würde. Bei dieser Art der Behandlung kann der Bearbeiter manche Schwierigkeit umgehn
und verliert die Darstellungsweise gar viel von der Steifheit,
die einer Uebertragung immer noch anhaftet. Dennoch stand

ich davon ab, denn bei der wissenschaftlichen Behandlung
einer Frage kommt es oft nicht sowohl auf das Was als
auf das Wie an und gewinnt die Schilderung einer Cultur-
stufe, wie sie aus diesen Abhandlungen hervorgeht, durch
eine Uebertragung bei weitem mehr, als die ungelenke Form
ihr Schaden that. Bei der grossen Menge neuer wissenschaft-
licher arabischer Termini, bei der grossen Schwierigkeit,
welche die Uebertragung unbekannter Stoffe dem Uebersetzer
machen, hoffe ich der Wissenschaft durch eine treue Uebertragung den grössten Dienst zu thun; denn so wird es für
einen jeden Fachmann, der sich mit der Geschichte seiner
Wissenschaft befasst, möglich, das Manuscript selbst zu be-
nutzen. Die wissenschaftlichen Ausdrücke habe ich in einem
Anhang zusammengestellt und einige Anmerkungen folgen
lassen. Für die Geographie hat mein geehrter Freund,
Prof. Dr. Kiepert, mit seiner für eine jede wissenschaftliche
Frage stets bereiten Humanität und Aufopferung eine Karte
entworfen, und stand er bei der wissenschaftlichen Begründung der einzelnen Positionen mir zur Seite, um die Fort-
schritte der Araber im Gebiete der Geographie darzustellen.

Bei meiner Arbeit benutzte ich die Pariser Handschrift
1005, wovon ich eine Abschrift genommen hatte. Während
derselben lernte ich durch die Güte des Prof. Müller in
München noch eine Handschrift von allen Tractaten der
Lautern Brüder kennen und verglich dieselbe. Obwohl die
Münchener Handschrift erst in neuerer Zeit in Constantinopel
gefertigt ist und viele der Mängel solcher Copien hat, auch
bei ähnlichen Endworten ganze Stücke ausgelassen sind, ist
sie mir dennoch an manchen Stellen von Nutzen gewesen.
Ein viel älterer Codex der Gothaer Bibliothek hat nur einzelne Tractate und auch diese mehr im Excerpt. Es wurden

nämlich diese Abhandluugen bald nach ihrer Verbreitung in kürzerer Fassung noch einmal bearbeitet und entstand davon die persische Uebertragung, welche Prof. Dr. Gosche benutzte. Auch dies giebt ein Zeugniss für die grosse Wichtigkeit dieser Schule ab.

Berliu, April 1865.

Fr. Dieterici.

Inhalts-Verzeichniss.

Arithmetik.

Die lautern Brüder, welche in ihren naturwissenschaftlichen Schriften meist den aristotelischen Grundzügen folgen *), bekennen sich in dem ersten Theil ihrer Abhandlungen vollständig als Neopythagoraeer und bezeichnen als die
eigentliche Grundlage ihres ganzen philosophischen Systems
die Lehre von der Zahl und den Eigenthümlichkeiten derselben. Sie begründen diesen Grundsatz also: die Lehrweise der lautern Brüder ist's, alle Wissenschaft von dem
Vorhandenen, also von den Substanzen und Accidensen, dem
Einfachen und Zusammengesetzten, theoretisch zu behandeln;
die Menge ihrer Gattungen, Arten und Unterarten zu erforschen und dann ihre jetzige Ordnung und Reihung, wie
dieselbe von dem einen Grunde ausging, zu erfassen, und
ferner, wie die Trennung des Vorhandenen aus dem einen
Grunde stattgefunden habe, durch arithmetische Beispiele
und geometrische Beweise festzustellen. [8] Die lautern Brüder
folgen darin den Pythagoraeischen Weisen. Aus diesem
Grunde ist es nöthig, die Abhandlung über die Arithmetik
allen andern Abhandlungen als Einleitung und Vorwort voran-
zustellen, um so den Weg für die zu ebnen, welche die
philosophischen Uebungswissenschaften (Propaedeutik) zu
erfassen streben.

Die Philosophie ist in ihrem Anfang die Liebe zu den
Wissenschaften; in ihrer Mitte die Kenntniss von dem
eigentlichen Werthe des Vorhandenen, so weit diese näm-

*) Cf. Dieterici, Naturwissenschaft und Naturanschauung der Araber im
10. Jahrh. Berlin, Nicolai; 1861.

lich den Menschen möglich ist, und in ihrem Ende die der
Wissenschaft entsprechende Rede und Handlung.

Die Philosophie zerfällt in vier Arten: 1. die Uebungs-
(propädeutischen), 2. die logischen, 3. die naturwissenschaftlichen, 4. die theologischen Wissenschaften.

Die propaedeutischen Wissenschaften zerfallen in vier.
1. Arithmetik, 2. Geometrie, 3. Astronomie, 4. Musik.

Die Musik ist die Kenntniss von der Zusammensetzung
der Töne.

Die Astronomie ist die durch die im Buch Almagisti
erwähnten Beweise begründete Wissenschaft von den Sternen.

Die Geometrie ist die durch die im Buch des Euklid
gegebenen Beweise begründete Wissenschaft der Messkunst.

Die Arithmetik ist die Kenntniss von den Eigenthümlichkeiten der Zahl und den denselben entsprechenden Bedeutungen für das Vorhandene, wie solche Pythagoras und
Nikomachus erwähnten.

Diese lässt, als die erste Wissenschaft, sich am leich-
testen erfassen.

Die Worte führen auf Bedeutungen, denn die Worte
sind Namen und die Bedeutungen das Benannte.

Das weitumfassendste Wort ist „Ding." Das Ding ist
entweder eins oder mehr als eins.

Eins gebraucht man auf 2 Weisen, entweder in seiner
eigentlichen oder in seiner metaphorischen Bedeutung.

Eins im eigentlichen Sinne ist das Ding, das überhaupt
keine Theile hat; Eins im metaphorischen Sinne ist eine jede
Summe, die man Eins nennt; z. B. eine Zehn, ein Hundert etc.

Die Eins ist Eins durch die Einheit, sowie das Schwarze
schwarz ist durch seine Schwärze.

Die Vielheit ist dagegen eine Summe von Einern, die
Erste ist zwei, dann drei, dann vier etc.

Die Vielheit zerfällt in 2 Arten; sie ist entweder Zahl
oder Gezähltes; zwischen Beiden ist der Unterschied, dass

die Zahl die Einheit von Formen der Dinge in der Seele
des Zählenden ist; das Gezählte aber die Dinge selbst sind.
Die Rechnung ist die Vereinigung von Zahlen und ihre
Trennung. Die Zahl zerfällt in zwei Arten, in Ganze und in Brüche.
Die Eins, die ja vor der Zwei ist, ist die Wurzel und
der Anfang der Zahl; aus ihr wächst die ganze Zahl sowohl
als der Bruch hervor, und beide lösen sich zu ihr zurük-
kehrend auf. — Denn die ganze Zahl geht aus der Eins
durch Vermehrung, die Brüche aber aus derselben durch
Theilung hervor. Fügt man zur Eins Eins, so sagt man zu
dieser Summe Zwei etc. Die Auflösung zur Eins geht nach
dieser Analogie. Nimmt man von Zehn eins, bleibt 9; wirft
man davon eins ab, bleibt 8. Aber von der Eins kann man
nichts wegnehmen, denn sie hat durchaus keine Theile.
Die Brüche gehen aus der Eins in folgender Weise hervor. [9]
Reiht man die Zahlen nach ihrer natürlichen Reihenfolge 1,
2, 3, 4 und deutet man dann auf eins von einer jeden Summe
hin, so tritt dann klar hervor, wie sie aus der Eins hervorgehn. Deutet man auf Eins von der Summe zwei, so sagt
man von ihr, sie sei die Hälfte der Zwei; deutet man auf
Eins der Summe vier, so nennt man sie ein Viertheil, und
so fort bis zum Zehntheil. Dann sagt man bei Elf ein
Theil von Elfen.*) Ein Zwölftheil nennt man ein halbes
Sechstheil; bei Dreizehn sagt man ein Theil von Dreizehn;
ein Vierzehntheil heisst ein halbes Siebentheil, ein Funfzehntheil das Drittheil eines Fünftheils. Hiernach beurtheile
man alle Brüche, und also ist klar, dass die Zahl, die Ganze
und die Bruchzahl, von der Eins ausgehn und diese die
Quelle für alle sei.

Die ganzen Zahlen werden in vier Stufen geordnet:
Einer, Zehner, Hunderte, Tausende, so dass 12 einfache
Worte sie alle umfassen. Alle Zahlwörter sind entweder
von diesen abgeleitet, oder aus ihnen zusammengesetzt, z. B.

---

*) Im Arabischen kann man nicht sprachlich ein Elftheil bilden, man
sagt einer von elf Theilen.

dreihundert, oder aus ihnen durch Wiederholung enstanden
(íschrina aus íschara). Die 12 einfachen Worte wären 1—10,
Hundert und Tausend.

Die Anordnung der Zahl in vier Stufen beruht aber
nicht auf etwas Nothwendigem, der Natur der Zahl Anhaf-
tendem, wie dies davon gilt, dass die Zahl in Grade und
Ungrade, in Ganze und Brüche zerfällt, und auch davon,
dass eine von ihnen unter der andern steht; sondern dies ist
vielmehr etwas Gesetztes, was die Gelehrten willkürlich
einführten. Sie thaten dies, damit die Zahl den Stufen der
natürlichen Dinge entspräche, denn die Dinge der Natur
sind meist vierfach, so Kälte, Hitze, Feuchte und Trockniss;
die vier Elemente Feuer, Luft, Wasser, Erde, so die vier
Mischungen Blut, Speichel, Schwarz- und Gelbgalle; die
vier Jahreszeiten, die vier Himmelsgegenden, die vier Winde,
die vier Pole, Ostpunkt, Westpunkt, obere und untere Cul-
mination, die vier Produkte Mensch, Thier, Pflanze, Mineral.
Somit sind die meisten Dinge der Natur vierfach. Aus der
Fürsorge und der Weisheit des Schöpfers ging hervor, dass
die Dinge der Natur meist als vierfache auftreten, [10] damit die
Stufen der Naturdinge den Geistesdingen, die über der Natur
erhaben sind, entsprächen.

Die Dinge, die über der Natur als vier bestehen, sind
erstlich der Schöpfer, dann darunter die schaffende Allver-
nunft, dann darunter die himmlische Allseele, dann darunter
die Urmaterie. Alle diese Vier bestehen nicht in Körpern.

Der Schöpfer steht zu dem Vorhandenen in demselben
Verhältniss wie die Eins zu den Zahlen; das Verhältniss der
Vernunft gleicht dem der Zwei, das der Seele dem der
Drei und das Verhältniss der Urmaterie dem der Vier zu
den Zahlen. Denn alle Zahlen: Einer, Zehner, Hunderte,
Tausende haben alle die Zahlen von der Eins bis zur Vier
als ihre Wurzeln. Alle übrigen Zahlen setzen sich aus ihnen
zusammen und wachsen aus ihnen hervor, so dass ihre Wurzel in diesen Vieren enthalten ist. (1+4=5. 2+4=6. 2+1
+4=7. 1+3+4=8. 2+3+4=9. 1+2+3+4=10.)

Fragt man, wie der Schöpfer die Dinge in der Vernunft
entstehen liess, wie er ihnen in der Seele Existenz verlieh,
wie er sie dann in der Materie formte, so überlege man
Folgendes. Das erste Ding, was der Schöpfer entstehen liess und
aus dem Lichte seiner Einheit neu hervorrief, war eine einfache Substanz, die man „schaffende Vernunft" nennt. Dies
geschah so, wie er aus der Wiederholung der Eins die
Zwei hervorgehen liess. Dann schuf Gott aus dem Lichte der
Vernunft die himmlische Allseele, so wie er die drei dadurch
schuf, dass er die Eins zur Zwei hinzufügte. Dann schuf
er die Urmaterie aus der Bewegung der Seele, so wie er
die Vier dadurch hervorrief, dass er die Eins zur Drei fügte.
Dann schuf er die übrigen Geschöpfe aus der Materie; er ordnete sie durch die Vermittelung der Vernunft
und der Seele so wie er die übrigen Zahlen aus jenen Vieren
durch (Anlehnung) Hinzufügung entstehen liess, wie wir
dies oben in Beispielen dargethan haben.
Darin, dass die Zahl sich aus der Eins, die vor der
Zwei ist, zusammensetzen lässt und aus ihr hervorwächst,
liegt einer der deutlichsten Beweise für die Einheit des
Schöpfers; auch wird dadurch klar, wie er die Dinge aus
seinem Licht entstehen und sie hervorgehen liess. Wie nämlich die Eins, die vor der Zwei ist, wenn auch die Existenz
der Zahl von ihr aus sich bildet und daraus zusammengesetzt
wird, doch nicht von dem Zustand, in dem sie sich befindet, sich
ändert und nicht sich bessert, also ist's auch mit Gott. Ist
er es auch, welcher die Dinge aus dem Licht seiner
Einheit entstehen, hervorgehn und beginnen liess; beruht
gleich in ihm ihr Bestehen, Verbleiben, ihre Vollendung und
Vollkommenheit; so ändert er sich doch nicht aus der Einheit, in der er war, bevor er sie entstehen und hervorgehen
liess.*) Also ist das Verhältniss des Schöpfers zu dem Vorhandenen, wie das der Eins zur Zahl. Ferner wie die Eins,
die Wurzel der Zahl, ihr Anfang, die Erste und Letzte der-

*) Abhandlung von dem Anfang der Vernunft. Vgl. Abh. XXXI. D. M.
Ges. XV. 577.

selben ist, so ist auch Gott der Grund der Dinge, ihr Schaffer und Schöpfer, ihr Former, Anfang und Ende derselben. [11] Wie dann die Eins keine Theile und keine ihr Gleiche unter den Zahlen hat, so kennt auch Gott alle Dinge, ihre Endziele und ihre Qualitäten durch die Zahl; er umfasst sie alle in der Zahl, er zählt sie als Grade und Ungrade, er weiss das Wieviel und das Wie derselben.

Die meisten Völker haben nur vier Zahlstufen, aber die Pythagoräer, die Männer der Zahl, kennen 16 Stufen derselben 10,000,000,000,000,000 tausend tausend tausend tausend tausend.

Die Bruchzahlen haben viele Stufen, denn es giebt keine ganze Zahl, die nicht einen, oder zwei, oder eine Anzahl Theile hätte; so hat die 12: eine Hälfte, ein Drittheil, ein Viertheil, ein Sechstheil und ein halbes Sechstheil.

Haben aber auch die Bruchzahlen viele Stufen und Theile, die alle einer, über dem andern geordnet sind, so umfassen doch 10 Worte sie alle; von diesen ist eins vag, doch neun speciell und bestimmt. Von diesen Neun ist ein Wort ursprünglich, nämlich das Wort Hälfte, und nicht abgeleitet wie Drittheil von Drei etc. bis Zehntheil. Das allgemeine vage Wort ist „Theil", denn von einem Elftheil sagt man ein Theil von Elfen; die übrigen Bruchzahlworte sind diesen zehn Worten angeschlossen, so nennt man ein Zwölftheil ein halbes Sechstheil, ein Funfzehntheil ein Drittel Fünftheil, ein Zwanzigtheil ein halbes Zehntheil etc.

Jede der zwei Zahlarten geht in der Vielheit bis in's Unendliche; doch beginnt die ganze Zahl von der kleinsten Menge, nämlich zwei, und geht zunehmend bis in's Unendliche. Die Bruchzahl aber beginnt von der grössten Menge, nämlich der Hälfte, und geht in der Theilung bis in's Unendliche.

Beide sind also in Hinsicht ihres Anfangs begrenzt, in ihrem Ende aber unbegrenzt.

— 7 —

Die Eigenthümlichkeiten der Zahl.

Eigenthümlichkeit hedeutet die dem Beschriebenen speciell zukommende Eigenschaft, so dass keine andere an derselben Theil hat.

Eigenthümlichkeit der Eins ist, dass sie die Wurzel der Zahl ist und ihr Beginn; sie bildet alle Zahlen, Grade und Ungrade, siehe darüber Oben.

Eigenthümlichkeit der Zwei ist, dass sie überhaupt die erste Zahl ist; sie bildet die Graden, doch nicht die Ungraden.

Eigenthümlichkeit der Drei ist, dass sie die erste Ungrade ist; sie bildet ein Drittheil der Zahlen, einmal Ungrade und einmal Grade.

Eigenthümlichkeit der Vier ist, dass sie das erste Quadrat ist.

Eigenthümlichkeit der Fünf ist, dass sie die erste Kreiszahl ist, sie heisst auch kugelig.

Eigenthümlichkeit der Sechs: sie ist die erste vollständige Zahl.

Eigenthümlichkeit der Sieben: sie ist die erste vollkommene Zahl. $(2\times3+1$, d. i. die erste Grade mal der ersten Ungraden plus 1.)

Eigenthümlichkeit der Acht: sie ist die erste Würfelzahl, sie heisst auch Körperzahl. $(2\times2\times2.)$

Eigenthümlichkeit der Neun: sie ist das erste ungrade Quadrat und bildet die letzte Stufe der Einer.

Eigenthümlichkeit der Zehn: sie bildet die erste Stufe der Zehner.

Eigenthümlichkeit der Elf: sie ist die erste stumme Zahl.[*]

Eigenthümlichkeit der Zwölf: sie ist die erste Ueberschusszahl. [12]

Eigenthümlichkeit einer jeden Zahl ist, dass sie die Hälfte ihrer beiden Grenzzahlen zusammengenommen ist; addirt man die beiden Grenzzahlen, so sind sie doppelt so

---

[*] Man sagt im Arabischen nicht der Elfte, sondern einer von elf Theilen. Dies scheint die falsche Deutung des griechischen ἄρρητος zu sein.

viel als jene. $5 = \frac{4+6}{2}$ $\frac{3+7}{2}$ $\frac{2+8}{2}$. Das gilt von allen Zahlen. Die Eins aber hat nur eine Grenzzahl, nämlich 2, und sie ist die Hälfte davon, und jene 2 mal so viel als sie.

Die Vier nannten wir die erste Quadratzahl, denn es ist die Multiplikation der 2 mit sich. Jede Zahl heisst, wenn sie mit sich multiplicirt wird, Wurzel, und die Summe *) Quadrat.

Sagen wir: die Fünf ist die erste Kreiszahl, so heisst das, dass sie mit sich multiplicirt wieder zu ihrem Wesen zurückkehrt; wird dann diese Summa wieder mit sich multiplicirt, kehrt sie wieder zu ihrem Wesen zurück. $5 \times 5 = 25$. $25 \times 25 = 625$. $625 \times 625 = 390625$, so bewahrt die 5 stets sich selbst, und dasselbe thun ihre Produkte.

Die Sechs ist darin ähnlich der Fünf, doch haftet diese Eigenschaft ihr nicht so an und währt nicht so wie dies bei der Fünf der Fall ist. $6 \times 6 = 36$.

Vollständig heisst eine solche Zahl, deren Theile, wenn sie addirt werden, sie selbst als Summe ergeben. Sechs ist die erste derselben, die Hälfte ist Drei, Drittheil ist Zwei, Sechsthcil ist 1. $3 + 2 + 1 = 6$. Diese Eigenschaft hat keine Zahl vor ihr, aber einige nach ihr, wie 28, 492, 7128.

Die Sieben ist die vollkommene Zahl, denn sie vereinigt in sich den Sinn aller Zahlen. Alle Zahlen sind grade oder ungrade. Von den Graden giebt es eine erste und eine zweite, und ebenso ist's mit den Ungraden.

Zwei ist die erste grade Zahl und Vier die zweite. Drei die erste Ungrade, Fünf die zweite. Addirt man die erste Grade zur zweiten Ungraden, oder die erste Ungrade zur zweiten Graden, so entsteht 7. $2 + 5$ oder $3 + 4$.

Ferner gilt von ihr, dass, wenn man die Eins, die Wurzel der Zahl, zu der Sechs, der vollständigen Zahl, addirt, daraus 7 entsteht.

Diese Eigenthümlichkeit hat keine Zahl vor der Sieben, und hat sie deren noch mehr, die später hervorgehoben werden, wenn gezeigt wird, dass das Gezählte der Natur der Zahl gemäss ist.

---

*) Für Summe und Prodekt haben die Araber das Wort (Igtimâ').

Acht heisst die Würfelzahl. Eine jede Zahl, die mit sich multiplicirt wird, heisst Wurzel, ihr Produkt Quadrat; multiplicirt man das Quadrat mit seiner Wurzel, so heisst die Summe Würfel. Zwei, die erste Zahl, ergiebt mit sich multiplicirt Vier als Quadrat, und Vier mal Zwei ergiebt Acht. [13]

Körperzahl heisst die Acht, denn der Körper entsteht aus zusammengehäuften Flächen, die Flächen aus einander benachbarten Linien, die Linien aus aneinander gereihten Punkten, wie dies in der Geometrie dargestellt wird. Die kleinste Linie aber besteht aus zwei Punkten, die kleinste Fläche aus zwei Linien, der kleinste Körper aus zwei Flächen. So ergiebt sich aus diesen Vordersätzen, dass der kleinste Körper aus 8 Theilen besteht. Der erste derselben ist die Linie, diese besteht aus zwei Theilen; multiplicirt man die Linie mit sich, so entsteht daraus die Fläche, das wären vier Theile; und multiplicirt man die Fläche mit einer ihrer Längen, so entsteht daraus die Tiefe. Somit besteht die Summe des Körpers aus acht Theilen. Länge 2, Breite 2, Tiefe 2. ($2 \times 2 \times 2$)

Neun ist die erste Ungrade, die ein Quadrat ist, denn $3 \times 3 = 9$. Weder 3 noch 5 noch 7 ist ein Quadrat.

Zehn bildet die erste Stufe der Zehner, ebenso wie die Eins die erste Stufe der Einer bildet. Das bedarf keiner weiteren Erklärung. Sie hat eine Eigenthümlichkeit, welche der Eigenthümlichkeit der Eins gleicht; sie hat nur von einer Seite eine Grenzzahl, nämlich Zwanzig. Von ihr ist die Zehn die Hälfte, wie dies auch bei der Eins stattfindet, die ja die Hälfte der Zwei ist.

Elf ist die erste stumme Zahl, denn sie hat keine aussprechbaren Theile; man sagt einer von eilf Theilen, aber nicht ein Elftheil cf. 13, 17, 19 etc.

Zwölf ist die erste Ueberschusszahl; denn ergeben die Theile einer Zahl, wenn man sie summirt, mehr als sie selbst, so heisst eine solche Zahl eine Ueberschusszahl. Zwölf ist die erste derselben, ihre Hälfte $= 6$, ihr Drittheil $= 4$, ihr

Viertheil =3, ihr Sechstheil =2 und ein halbes Sechstheil 1. Diese Theile addirt ergeben 16, was ja mehr ist als 12.

Kurz, hiernach giebt es keine Zahl, die nicht eine Eigenthümlichkeit hätte, die ihr speciell und keiner anderen zukäme; doch unterlassen wir dieselben zu erwähnen.

Die Zahl zerfällt in zwei Theile, Ganze und Brüche. Die Ganzen zerfallen wieder in zwei Theile, Grade und Ungrade. Grade ist eine jede Zahl, die sich in zwei richtige Hälften theilen lässt. Ungrad aber eine jede Zahl, die um eins grösser oder kleiner ist, als die Grade. Die grade Zahl wächst aus der Zwei durch Wiederholung hervor. 2, 4, 6, 8, 10.

Die graden Zahlen zerfallen in drei Arten: Grad-Grad, Grad-Ungrad, Grad-Grad-Ungrad.

Grad-Grad ist eine jede Zahl, die sich in zwei richtige, einander gleiche Hälften theilen lässt, dann ihre Hälfte immer wieder in zwei Hälften, bis die Theilung bei der Eins endet. 64, 32, 16, 8, 4, 2, 1. Diese Zahl wächst aus der Zwei als ihrem Anfang hervor, wie man immerfort in's Unbegrenzte eine Summe mit zwei multipliciren mag. Wer sich das recht klar machen will, der verdopple die Felder des Schachbretts, denn nur solche Zahlen, nämlich Grad-Grade, werden daraus hervorgehn.

Diese Zahlen haben noch andere Eigenthümlichkeiten, die Nikomachus in seinem Buche weiter ausführt; davon sei einiges hier erwähnt. Er sagt: [14] Ordnet man diese Zahlen in ihrer natürlichen Reihenfolgen nämlich: 1, 2, 4, 8, 16, 32, 64, so ist's ihre Eigenthümlichkeit, dass bei der Multiplication der beiden Endzahlen miteinander dasselbe herauskommt, als wenn man die Mittelzahl mit sich multiplicirt. Dies gilt für den Fall, dass es nur eine Mittelzahl giebt; giebt es aber zwei Mittelzahlen, so ist das Produkt der beiden Endzahlen gleich dem Produkt der einen Mittelzahl mit der andern multiplicirt, z. B. 64, (1, 2, 4, 8, 16, 32, 64).

64 ist die eine Endzahl und Eins die andere. Es giebt hier nur eine Mittelzahl acht. Nun ist $1 \times 64 = 2 \times 32 = 4 \times 16 = 8 \times 8$. Fügt man zu dieser Reihe noch eine Stufe (128), so ergiebt die Multiplikation der beiden Endzahlen mit einander dasselbe Produkt, als die beiden Mittelzahlen mit einander multiplicirt $(8 \times 16 = 128 = 1 \times 128 = 2 \times 64 = 4 \times 32$.

Die gradgraden Zahlen haben ferner die Eigenthümlichkeit, dass ihre Summe, wenn man sie bis zu irgend einem Punkt hin addirt, immer um eins kleiner ist, als die Zahl, zu der man gekommen. $1+2+4=8 \cdot 1$. $1+2+4+8=16-1$. $1+2+4+8+16=32-1$.

Grad-Ungrad ist eine jede Zahl, welche sich einmal in zwei Hälften theilen lässt, aber in der Theilung nicht bis zur Eins gelangt, so 6, 10, 14, 18, 22, 26; diese und ihres gleichen lassen sich einmal theilen, doch kommen sie dann nicht bis Eins. Diese Zahlen gebn aus der einmaligen Multiplication einer jeden ungraden Zahl mit Zwei hervor.

Grad-Grad-Ungrad ist eine jede Zahl, welche sich öfter als einmal in zwei Hälften theilen lässt, aber in der Theilung nicht bis zur Eins gelangt, so 12, 20, 24, 28. Diese Zahlen gehen daraus hervor, dass man die Grad-Ungraden Zahlen einmal oder öfter mit zwei multiplicirt. Andere Eigenthümlichkeiten dieser Zahlen unterlassen wir hier anzuführen.

Die ungrade Zahl zerfällt in zwei Arten: Urungrad (Primzahl) und Zusammengesetzt-Ungrad. Von Zusammengesetzt-Ungraden giebt es zwei Arten, gemeinschaftliche und gesonderte.

Urungrad ist jede Zahl, die durch keine andere Zahl als Eins gebildet wird, so 3, 5, 7, 11, 13, 17, 19, 23 etc.

Eigenthümlichkeit dieser Zahlen ist, dass sie keine andere Theile hat, als solche, die nach ihr benannt sind. Drei hat nur Drittheile, Fünf nur Fünftheile, Sieben nur Siebentel (nicht Hälften etc.), so 11, 13, 17.

Ueberhaupt werden alle stummen Zahlen nur durch Eins gebildet, denn der Name ihrer Theile wird von ihnen abgeleitet.

Zusammengesetzt-Ungrad ist jede Zahl, welche ausser durch die Eins noch durch eine andere Zahl gebildet werden kann, so 9, 25, 49, 81. [15]

Gemeinschaftlich-Ungrad sind je zwei Zahlen, welche ausser durch Eins noch durch eine andere Zahl gebildet werden, so 9, 15, 21. Denn die Drei bildet sie alle, ebenso werden 15, 25, 35 durch die Fünf gebildet. Alle solche Zahlen heissen gemeinschaftliche in Beziehung auf die Zahl, welche sie bildet.

Gesondert-Ungrad sind je zwei Zahlen, welche ausser durch die Eins noch durch zwei andere Zahlen gebildet werden, doch bildet die, so die eine schafft, nicht auch zugleich die andere so 9 u. 25. Drei bildet die Neun als Zahl, aber nicht die 25. Fünf bildet die 25 zur Zahl, aber nicht die Neun. Diese und ähnliche Zahlen nennt man Gesonderte.

Dasselbe gilt auch von je zwei ungraden Quadratzahlen.

Eigenthümlichkeit einer jeden ungraden Zahl, welche es auch sei, ist die, dass, wenn man sie in irgend zwei Theile theilt, stets der eine der zwei Theile eine grade und der andere eine ungrade Zahl ist.

Eigenthümlichkeit der graden Zahl aber ist's, dass, wenn man sie in zwei Theile theilt, ihre beiden Theile entweder beide grade oder beide ungrade Zahlen sind.

Die Zahlen lassen sich in einer andern Beziehung in drei Arten theilen: in vollständige-, Ueberschuss- und Mangelzahlen.

Vollständig ist eine jede Zahl, die, wenn man ihre Theile summirt, selbst als Summe herauskommt. Vgl. $6=1+2+3$. $28=1+2+4+7+14$, ferner 496, 7128. Von diesen Zahlen findet man in einer jeden der Zahlenstufen nur eine: Sechs unter den Einern, 28 unter den Zehnern, 496 unter den Hunderten und 7128 unter den Tausenden.

Eine Ueberschusszahl ist eine jede Zahl, deren Theile summirt eine grössere Summe als sie selbst ergeben, so 12, 20, 60, 72 u. dergl. Die Hälfte von Zwölf ist Sechs, das

Drittheil Vier, das Viertheil Drei, das Sechstheil Eins. Die Summe dieser Theile ergäbe 16, das ist mehr als 12.

Mangelzahl nennt man dagegen eine solche, deren Theile, wenn man sie summirt, weniger ergeben, als sie selbst; so 4, 8, 10 u. dergl. Zahlen. Die Hälfte von acht ist Vier, die Hälfte davon Zwei, das Achttheil Eins macht zusammen Sieben, die geringer als Acht ist. Nach dieser Regel beurtheilt man alle Mangelzahlen.

———

In einer andern Beziehung kann man die Zahlen in zwei Klassen theilen: in die einander entsprechenden und nicht entsprechenden.

Sich entsprechend sind je zwei Zahlen, von denen die Eine eine Ueberschuss- und die andere eine Mangelzahl ist, so dass, wenn man die Theile der Ueberschusszahl summirt, ihre Summe die Mangelzahl ergiebt; addirt man aber die Theile der Mangelzahl, so sind sie in der Summe gleich der Ueberschusszahl; so ist 220 eine Ueberschusszahl, 284 aber eine Mangelzahl; summirt man die Theile von 220, so ergeben sie die Summe 284; [16] summirt man aber die Theile der Mangelzahl, so ergeben sie 220. Diese Zahlen heissen „sich entsprechend" doch giebt es ihrer nur wenige.

Eigenthümlichkeit der Zahl ist ferner, dass sie bis in's Endlose Vervielfachung und Hinzufügung annimmt. Dies geschieht auf fünf Arten:

a) nach der natürlichen Reihenfolge 1, 2, 3, 4, 5, 6 etc.

b) nach der Reihenfolge der Ungraden 1, 3, 5, 7, 9, 11 etc.

c) nach der Reihenfolge der Graden 1, 2, 4, 6, 8 etc.

d) im Wurf, wie es passt und wie man es in den Rechnungen findet.

e) durch die Multiplication.

Eine jede dieser Arten hat eine Anzahl von Eigenthümlichkeiten, über welche die Bücher der Arithmetik weitläufiger handeln; wir wollen davon etwas hier erwähnen.

Eine Eigenthümlichkeit der natürlichen Reihenfolge ist's, dass wenn man sie von Eins bis zu irgend einem Punkt hin summirt, die Summe gleich dem Produkt ist, das aus der Multiplication der Endzahl $+1$ mit ihrer Hälfte hervorgeht. Fragt man: wieviel ergiebt die Addition von $1—10$ in der natürlichen Folge, so ist die Regel, dass man zu zehn eins hinzufügt und dann diese Zahl mit der Hälfte von Zehn multiplicirt. $5 \times 11 = 55$. Dies gilt von dieser Klasse als Regel.

Eigenthümlichkeit von der Reihenfolge der Graden 1, 2, 4, 6, 8, 10, 12 ist, dass die Summe immer eine uugrade Zahl ist.

Ferner ist ihnen eigenthümlich, dass bei einer Summirung derselben in der natürlichen Reihenfolge bis zu irgend einem Punkte hin die Summa gleich ist dem Produkt, das aus der Multiplication von der einen Hülfte dieser Endzahl $+1$ mit der andern Hälfte herauskommt, doch muss man zur Summe noch Eins hinzufügen. Sagt man: wieviel ergiebt die Summirung der graden Zahlen von $1—10$, so nimmt man die Hälfte von Zehn $+1 = 6$ und multiplicirt sie mit der andern Hälfte $5 \times 6 = 30$. Dann fügt man zu der ganzen Summe $1 = 31$. Dies gilt von allen graden Zahlen.

Eine Eigenthümlichkeit von der Reihe der ungraden Zahlen ist die, dass, wenn man sie in ihrer natürlichen Folge addirt, die Summe einmal eine Grade, das anderemal eine Ungrade ergiebt; diese Summen sind alle Quadratzahlen, von denen eine der andern folgt; 4, 9, 16, 25 und $1+3$, $1+3+5$, $1+3+5+7$.

Eine andere Eigenthümlichkeit der Reihe von ungraden Zahlen ist die, dass, wenn man sie in ihrer natürlichen Reihenfolge von Eins bis zu irgend einer Zahl addirt, die Summe gleich ist dem Quadrat der voll hergestellten Hälfte. Fragt man: wieviel ergiebt $1—11$ nach der Reihenfolge der Ungraden, so nimmt man die Hälfte von 11 und stellt dieselbe als voll her $= 6$. Dann multiplicirt man dies mit sich. $6 \times 6 = 36$. Dies gilt von dieser Klasse, und kann man sich danach richten.

Den Grundpfeiler der Rechnung bildet die Kenntniss der Multiplication. Multiplication ist die Vervielfachung einer von zwei Zahlen um so viel als eine andere Einer hat. Fragt man: wieviel ist 3×4, so heisst das, was ist die Summe von Drei viermal genommen.

Die Zahl zerfiel, wie wir früher dargestellt haben, in Ganze und Brüche; die Multiplication einer Zahl mit einer andern zerfällt in zwei Arten, die einfache und zusammengesetzte. Die einfache zerfällt wieder in drei Arten.

a) Ganze mit Ganzen 2×2. 3×4. 4×5 u. dergl.

b) Brüche mit Brüchen $\frac{1}{2} \times \frac{1}{2}$. $\frac{1}{4} \times \frac{1}{5}$ u. dergl.

c) Ganze mit Brüchen $2 \times \frac{1}{2}$. $3 \times \frac{1}{4}$ u. dergl.

Die zusammengesetzte Multiplication zerfällt ebenfalls in drei Arten.

Ganze und Brüche mit Ganzen und Brüchen. $2\frac{1}{2} \times 4\frac{1}{2}$ u. dergl.

Ganze und Brüche mit Ganzen. $3\frac{1}{4} \times 5$. [17]

Ganze und Brüche mit Brüchen. $2\frac{1}{2} \times \frac{1}{7}$.

Die Multiplication der ganzen Zahlen zerfällt in vier Stufen, die von Einern, Zehnern, Hunderten und Tausenden; die Summe aber in zehn Arten.

a) Einer mit Einern, von denen einer Eins und zehn Zehn ausmachen.

b) Einer mit Zehnern, von denen eins Zehn und zehn Hundert ausmachen.

c) Einer mit Hundert, von denen eins Hundert und zehn Tausend ausmachen.

d) Einer mit Tausend, von denen eins Tausend und zehn Zehntausend ausmachen.

Das wären vier Capitel. Dann folgt die Multiplication der Zehner mit Zehnern.

a) Zehner mit Zehnern, die einmalige ergiebt 100, die zehnfache 1000.

b) Zehner mit Hunderten, die einmalige 1000, die zehnfache 10000.

c) Zehner mit Tausenden, die einmalige 10000, die zehnfache 100000.

Das wären drei Capitel.

Dann folgt die Multiplication der Hunderte mit Hundert.

a) Hunderte mit Hunderten. Die einmalige 10000, die zehnfache 100000.

b) Hunderte mit Tausenden. Die einmalige 100000, die zehnfache 1000000.

Das wären zwei Capitel.

Dann folgt die Multiplication der Tausend mit Tausend, die einmalige 1000000, die zehnfache 10000000. Das ist ein Capitel.

Ergiebt zusammen 10 Capitel.

Sinn der Worte Quadrat, Kubus und anderer, so bei den Algebristen und Mathematikern gebräuchlich sind.

Multiplicirt man irgend eine Zahl mit irgend einer andern, so nennt man das Produkt Viereckzahl. Sind die beiden Zahlen einander gleich, so nennt man das Produkt, Viereck-Quadrat-Zahl. Jene beiden Zahlen aber nennt man die beiden Wurzeln dieser Zahl. $2 \times 2 = 4$. $3 \times 3 = 9$. $4 \times 4 = 16$. 4, 9, 16 sind Viereck-Quadratisch. 2, 3, 4 aber Wurzeln, 2 die von 4, 3 die von 9, 4 die von 16. Hiernach behandelt man alle Viereck-Quadrate und Wurzeln.

Wenn man irgend zwei verschiedene Zahlen eine mit der andern multiplicirt, so heisst die Summe Viereckszahl Unquadrat.

Die beiden Zahlen heissen Wurzeln derselben, auch heissen sie die beiden Schenkel dieses Vierecks. Dies sind Ausdrücke der Mathematiker 2×3, 3×4, 4×5 u. dergl. Die Summen solcher Zahlen oder das Pordukt der einen mit der andern heissen Viereck-Unquadrat. Jede Viereckzahl Quadrat oder Unquadrat ergiebt, wenn sie mit irgend einer Zahl multiplicirt wird, eine Summe, die man Körperzahl heisst. Ist die Viereckzahl ein Quadrat und wird dasselbe mit seiner Wurzel multiplicirt, so heisst das Produkt Körper-Würfelzahl. 4 ist eine Quadratzahl $\times 2$ ihrer Wurzel ergiebt 8. Dasselbe gilt von der 9; es ist ein Viereck-

quadrat, mit seiner Wurzel 3 multiplicirt, ergiebt 27. Dasselbe gilt von der 16. Dies ist ein Viereckquadrat, mit 4,
seiner Wurzel multiplicirt, ergiebt es 64. 8, 27, 64 heissen Körper
Würfelzahl. [18] Würfel heisst ein Körper, dessen Länge,
Breite, Tiefe einander gleich sind, er hat 6 viereckige einander gleiche Flächen mit gleichen und rechten Winkeln,
er hat 12 einander parallele, 8 Körper- und 24 Flachwinkel.

Multiplicirt man das Viereck-Quadrat mit einer Zahl,
die kleiner ist, als ihre Wurzel, so nennt man das herauskommende Produkt eine Quaderzahl. Der Körper des Quader hat zwar einander gleiche Länge und Breite, doch ist
die Höhe geringer als beide; er hat sechs viereckige Flächen
mit je einander gleichen Schenkeln und rechten Winkeln, jedoch sind zwei davon einander gegenüberliegend, 2 mit
einander gleichen Schenkeln und rechten Winkeln, und 4
länglich mit 12 Schenkeln, von denen je 2 einander parallel
sind. Er hat 8 Körper- oder 24 Flachwinkel.

Multiplicirt man eine Viereck-Quadratzahl mit einer Zahl,
die grösser ist als ihre Wurzel, so nennt man die daraus
hervorgehende Summe eine Brunnenkörperzahl, z. B. 4 ist
eine Quadratzahl $\times$ 3, die ja grösser ist als ihre Wurzel
2, $=$ 12; ebenso 9 $\times$ 4 $=$ 36; dies sind brunnenkörperliche Zahlen. Denn ein Brunnenkörper ist ein solcher, dessen Höhe
grösser ist als seine Breite und Länge; er hat sechs viereckige Flächen, wovon je zwei sich einander gegenüberstehn
und gleiche Schenkel und Winkel haben. Vier derselben
sind länglich, sie haben rechte Winkel und einander parallele Schenkel. Er hat 12 Schenkel, je zwei einander parallel, er hat dann 8 Körper- und 24 Flachwinkel.

Multiplicirt man eine Viereck-Unquadratzahl mit ihrem
kleineren Schenkel, so heisst die Summe quaderkörperlich;
multiplicirt man sie aber mit ihrem grösseren Schenkel, so
heisst sie brunnenkörperlich, z. B. 12 ist eine unquadratische
Viereckzahl, der eine ihrer beiden Schenkel ist drei, der andere vier. Multiplicirt man 12 mit 3, $=$ 36, so ist dies ein

Quaderkörper; multiplicirt man 12 mit 4=48, so ist das ein Brunnenkörper. Multiplicirt man aber zwölf mit einer Zahl, die geringer als drei ist, so heisst die Summe tafelkörperlich.

Tafelkörper ist der, dessen Länge grösser ist, als seine Breite, dessen Breite aber wieder grösser als seine Tiefe ist; er hat 6 Flächen, von denen je zwei sich einander gegenüberstehn und einander gleich sind; auch hat er 12 Schenkel, von denen je zwei einander parallel sind; er hat 8 Körper- oder 24 Flachwinkel.

Eine jede Quadratzahl ergiebt, wenn man dazu die beiden Wurzeln plus Eins hinzufügt, eine Quadratzahl als Summe 9+6+1=16.

Jede Quadratzahl ferner, von der ihre beiden Wurzeln minus eins abgezogen werden, ergiebt eine Quadratzahl als Rest (16—7=9). 25—9=16).

Multiplicirt man von je zwei (sich folgenden) Quadratzahlen die Wurzel der Einen mit der Wurzel der Andern und fügt man dazu ein Viertheil, so ist die Summe ein Quadrat. 2×3 =6+¼=6¼, die Wurzel davon ist 2½. Denn 2½×2½=²⁵/₄ =6¼. Das Beispiel bezieht sich auf 4 und 9.

Wenn man von zwei Quadratzahlen, die in der Reihenfolge stehn, die Wurzel der Einen mit der Wurzel der Andern multiplicirt, so kommt eine Mittelzahl heraus, die zwischen beiden in einem Verbindungsverhältniss (mittleren Proportion) steht. Vgl. 4 und 9 aus 2 und 3. $2 \times 3 = 6$. 4 : 6 = 6 : 9. Nach dieser Regel behandele man sie alle. [19]

Sätze aus dem zweiten Buche des Euklid.

I. Theilt man von zwei Zahlen die eine in irgend wieviel Theile und multiplicirt man dann die andere mit der getheilten, so ist das Produkt beider gleich dem Produkt, das aus der Multiplikation der nicht getheilten Zahl mit allen Theilen der getheilten Zahl zusammen, Theil für Theil addirt hervorgeht. Vgl. $10 \times 15 = 10 \times 7 + 10 \times 3 + 10 \times 5$.

II. Theilt man irgend eine Zahl in irgend wieviel Theile und multiplicirt man dann diese Zahl mit sich, so ist das

Produkt gleich der Multiplikation derselben mit allen ihren Theilen $10=7+3$. $10\times10=10\times7+10\times3$.

III. Theilt man eine Zahl in zwei Theile, so ergiebt die Multiplikation dieser Zahl mit einem ihrer Theile dasselbe Produkt, als wenn man diesen Theil der Zahl mit sich und mit dem andern Theil der Zahl multiplicirt $10=7+3$. $10\times7=7\times7+3\times7$.

IV. Theilt man eine Zahl in zwei Theile, so ergiebt die Multiplikation dieser Zahl mit sich dasselbe Produkt, als wenn man jeden Theil mit sich multiplicirt und das doppelte Produkt des einen Theile mit dem andern hinzufügt $10=3+7$. $10\times10=7\times7+3\times3$ $+7\times3$ doppelt genommen; $49+9+42$.

V. Theilt man eine Zahl in ihre beiden Hälften und dann in zwei verschiedene Theile, multiplicirt man dann den einen der zwei verschiedenen Theile mit dem andern und erhebt man die Differenz eines der Theile und der Hälfte zum Quadrat, so ist die Gesammtsumme gleich dem Quadrat der Hälfte. $10=5+5$ und $=7+3$. $7\times3+4$ (dem Quadrat der Differenz zwischen 5 und 7 d. i. 2) $=5\times5$.

VI. Halbirt man eine Zahl und fügt man dann zur ganzen Zahl ein Plus hinzu, so ergiebt die Multiplikation dieser Zahl und dieses Plus mit diesem Plus und die Hälfte der Zahl zum Quadrat erhoben zusammen genommen dasselbe Resultat als die Hälfte dieser Zahl mit dem Plus zum Quadrat erhoben 10 $(=2\times5)$ $+2$. $12\times2+5^2=(2+5)^2=49$.

VII. Theilt man eine Zahl in zwei Theile, so ergiebt das Quadrat dieser Zahl plus dem Quadrat des einen Theils zusammen dasselbe Resultat als die Multiplikation dieser Zahl mit diesem Theil doppelt genommen plus dem Quadrat des andern Theils.
$10=7+3$. $10\times10+7\times7=2\times(10\times7)+3^2=149$.

VIII. Theilt man eine Zahl in zwei Theile und fügt man dann zu der ganzen Zahl den einen der beiden Theile, so ist diese Summe zum Quadrat erhoben, gleich der Multiplikation der Grundzahl ohne das Plus mit diesem Plus vierfach genommen $\times$ dem Quadrat des anderen Theils.

$10=7\times 3. \; 10+3 \; 13^2=10\times \; (3\times 4) \; 12+7^2. \; 13\times 13=169. \; [20.]$
$10\times 12=120+7\times 7 = 49.$

IX. Theilt man eine Zahl in ihre beiden Hälften und dann in zwei verschiedene Theile, so ist die Summe der Quadrate dieser zwei verschiedenen Theile gleich der doppelten Summe von dem Quadrat der Hälfte $\times$ dem Quadrat der halben Differenz jener beiden Theile $10 = 7+3 = 5+5.$ $7\times 7+3\times 3= (5^2+2^2) \times 2. \; 58 = 29\times 2.$

X. Theilt man eine Zahl in ihre Hälften und fügt man dann zur Zahl ein Plus, so ist das Quadrat diese rSumme mit dem Quadrat dieses Plus $=$ der doppelten Summe vom Quadrat der halben Grundzahl $\times$ dem Quadrat der halben Grundzahl mit dem Plus $10+2 = 12. \; 12\times 12+ (2\times 2) = 148.$ $5\times 5+7\times 7 = 74\times 2 = 148.$

Die Gelehrten stellen die Theorie der Zahlenkunde deshalb vor die Theorie aller anderen Uebungswissenschaften, weil diese Wissenschaft in einer jeden Seele der Kraft nach begründet ist.

Der vernünftige Mensch braucht diese Wissenschaft nur mit seiner blossen Denkkraft zu betrachten, ohne für sie Beispiele aus einer andern Wissenschaft herzunehmen; dagegen werden von ihr die Beispiele für alle Lehr- und Lerngegenstände entlehnt.

Wenn wir in dieser Abhandlung Beispiele von den Linien der Geometrie hernehmen, so geschah dies nur für die Anfänger, bei denen die Denkkraft noch schwach ist; der Einsichtsvolle und Scharfsinnige bedarf deren nicht.

Das Eine unserer Ziele, die wir bei dieser Abhandlung haben, haben wir vorn angegeben; das andere Ziel ist das, auf die Seelenkunde aufmerksam zu machen und zur Erkenntniss der Substanz der Seele anzutreiben.

Denn der Vernünftige weiss, wenn er die Zahlenkunde betrachtet und über die Menge ihrer Gattungen, die Theilung ihrer Arten und die Eigenthümlichkeiten derselben nachdenkt, dass diese Zahlen alle nur Accidensen sind, deren wirkliches Vorhandensein und deren Bestand in der Seele und nicht im Körper beruht, dass die Seele also eine

Substanz sei. Denn das Accidens hat nur Bestand in der Substanz und wird nur an ihr befunden.

Die Weisen, Gelehrten haben, wenn sie die Uebungswissenschaften behandeln und ihre Schüler zu denselben antreiben, nur das dabei im Auge, dass sie von ihnen den Weg und Uebergang zu den Naturwissenschaften gewinnen. Bei den Naturwissenschaften ist dann das Ziel und die Absicht die, dass man von ihnen Weg und Anfang zu den theologischen Wissenschaften gewinne. Denn diese bilden das höchste Ziel der Gelehrten und das Endziel, welches sich aus den wahrhaften Erkenntnissen erhebt.

Die erste Stufe bei der Behandlung der Theologie ist die Erkenntniss der Seele und ihrer eigentlichen Substanz; dann die Forschung nach ihrem Anfang und ihrem Ursprung, bevor sie sich dem Körper anhing.

Dann folgt die Frage, wohin sie nach der Trennung vom Körper, dem Tode, zurückkehren werde; dann die Forschung danach, wie die Guten belohnt werden und wie sie in der Geister-, d. i. der zukünftigen Welt sein werden.

Es ist eine Anlage des Menschen, dass ihm nach der Erkenntniss seines Herrn, der ihn schuf, herstellte, ihn unterhielt und gross zog, verlangt. Doch hat er keinen Weg, seinen Herrn kennen zu lernen, ausser nach der Erkenntniss seiner Seele. Daher heisst es in der Ueberlieferung: wer sich erkennt, erkennt auch seinen Herrn, und wer am besten sich erkennt, erkennt auch am besten seinen Herrn. [21.] Demgemäss muss jeder Vernünftige nach der Kenntniss seiner Seele und der Erkenntniss ihrer Substanz streben; er muss sie wohl herstellen; so heisst es im Koran 9, 7: Bei der Seele und dem, der sie herstellt und ihr Gottlosigkeit oder Gottesfurcht eingab etc. und so noch viele Stellen im Koran. Die Weisen und Philosophen vor dem Islam handelten über die Kenntniss der Seele vor der Offenbarung des Koran, so die Tora*) und das Evangelium. So oft sie nun mit den natürlichen Kräften ihrer Herzen danach forschten und

---

*) Das alte Testament.

mit den Schlüssen ihres Verstandes die Erkenntniss ihrer
Substanz zu fördern suchten, um das eigentliche Wesen
der Seelensubstanz darzuthun, trieb sie dies dazu, philosophische Bücher zu schreiben, wie wir deren im Anfang
dieser Abhandlung gedachten.

Sie handelten darüber weitläufig, und viele erkannten
weder den Sinn noch das Ziel der Verfasser; sie wurden aus
einer Sprache in die andere übertragen und fehlerhaft und
verändert wiedergegeben. So blieb der Sinn derselben den
Betrachtenden verborgen, und ward es den Forschern schwer,
die Ziele der Schriftsteller zu erkennen. Wir aber haben
den Kern ihres Sinnes aufgefasst und sie in der möglichst
kurzen und gedrungenen Fassung in 51 Abhandlungen
zusammengestellt.

Geometrie.

Die zweite Abhandlung der lautern Brüder behandelt die Anfangsgründe der Mathematik; sie erklärt, was dieselbe sei und wie viel Arten sie habe. Sie hat das Ziel, die Seelen von dem sinnlich Wahrnehmbaren zu dem nur geistig Fassbaren hinzuleiten und heisst „Geometrie".

Der Wissenschaften, welche die Philosophen hervorbrachten und in denen sie ihre Schüler übten, giebt es vier Gattungen: I. Die Uebungswissenschaften; II. die logischen Wissenschaften; III. die Naturwissenschaften; IV. die theologischen Wissenschaften.

Die Uebungswissenschaften zerfallen wieder in vier Arten: a. Die Arithmetik d. i. die Kenntniss der Zahl, der Menge ihrer Arten und deren Eigenthümlichkeiten. Den Anfang dieser Wissenschaft bildet die Eins, welche vor der Zwei ist.

b. Die Geometrie d. i. die Mathematik d. i. die Erkenntniss der Maasse für die Dinge mit Dimensionen. Sie behandelt, wie viel Arten derselben es gebe und deren Eigenthümlichkeiten. Den Anfang dieser Wissenschaft bildet der Punkt, die Spitze der Linien.

c. Die Astronomie d. i. die Wissenschaft von den Sternen oder die Kenntniss von der Zusammenfügung der Sphären, der Einzeichnung des Thierkreises, von der Zahl der Sterne, ihrer Natur, und wie sie den Beginn des Seienden beweisen. Den Anfang dieser Wissenschaft bildet die Sonne und ihre Bewegung.

d. Die Musik d. i. die Kenntniss der Komposition und der Beziehungen zwischen den Dingen mit verschiede-

nen Substanzen und einander entgegengesetzten Kräften. Den
Anfang dieser Wissenschaft bilde die Relation (die Beziehungen der einander gleichen Mengen), dass 3 : 6 = 2 : 4.

[22] Die logischen Wissenschaften behandeln die Kenntniss von dem Sinn der vorhandenen Dinge, die in den Gedanken
der Seele geformt sind. Den Anfang bilden die Kategorien.

Die Naturwissenschaften bestehen in der Erkenntniss
von den Substanzen der Körper und von den Accidensen,
die ihnen zustossen. Den Anfang dieser Wissenschaft bildet
Bewegung und Ruhe.

Die theologischen Wissenschaften bestehen in der Erkenntniss der blossen Formen, die von der Materie dieser
Welt losgetrennt sind, dann in der Kenntniss von den Substanzen der Seele, von den Engeln, Seelen, Satanen, Genien,
dem Geist ohne Körper, denn die Körper haben drei Dimensionen. Den Anfang dieser Wissenschaft bildet die Kenntniss
von der Substanz der Seele.

Für eine jede Art dieser Wissenschaften haben wir eine
Abhandlung wie als Einleitung oder Vorwort geschrieben.
Die erste die über die Zahl etc.

In dieser zweiten Abhandlung wollen wir den Ursprung
der Mathematik d. h. die drei Maasse, die Menge ihrer Arten
und deren Eigenthümlichkeiten angeben und hervorheben,
wie dieselben aus dem Punkt, der Spitze der Linie, hervorgehen. Denn der Punkt ist in der Mathematik das, was die
Eins, die ja vor der Zwei ist, in der Zahlenkunde ist.

Die Mathematik zerfällt in zwei Arten, in die sinnliche
und die geistige. Die sinnliche Mathematik besteht in der
Kenntniss der Maasse und deren Bedeutungen, wenn man
das Eine mit dem Andern in Beziehung setzt; sie werden
durch Gesicht und Tastsinn erfasst. Die geistige Mathematik
hingegen wird nur erkannt und verstanden. Mit dem Auge
sieht man die Linie, die Fläche und den Körper mit Dimensionen, und ebenso Alles, was als Accidens ihnen zukömmt,
wie die Schwere zu dem tritt, was schwer ist. Dies wird nur
durch die Praxis erkannt, wogegen die Schwere etwas An-

deres ist als das Schwere. Der Maasse giebt es drei: Linien,
Flächen, Körper.

Die sinnliche Mathematik dringt in jedes Gewerk ein,
denn jeder Handwerker wendet, wenn er sein Werk ent-
wirft, ehe er es ausführt, eine Art Mathematik an. Die
geistige Mathematik ist aber die Erkenntniss der Dimensionen, so wie auch die Erkenntniss davon, welche Bedeutung ihnen zustösst, wenn man die eine derselben mit der
andern in Beziehung setzt. Sie formt sich in der Seele durch
den Gedanken. Es sind drei Arten: Länge, Breite, Tiefe.
Diese geistigen Dimensionen sind die Eigenschaften der sinnlichen Maasse. Die Linie ist eins der Maasse und hat nur
eine Eigenschaft, die Länge; die Fläche ist ein zweites Maass,
mit zwei Eigenschaften: die Länge und Breite; der Körper
ist ein drittes Maass, mit drei Eigenschaften: Länge, Breite,
Tiefe.

Die Behandlung der vom Körper abstrahirten Dimensionen ist Werk der Philosophie.

Wir beginnen mit der Beschreibung der sinnlichen Mathematik, denn sie liegt dem Verständniss der Schüler
näher.

Die Wurzel der sinnlichen Linie, die ja eins der Maasse
ist, ist der Punkt.

Wir handelten davon schon in der Abhandlung über die
Zahl, denn die Eins ist die Wurzel der Zahl; so tritt auch,
wenn man den sinnlich fassbaren Punkt an einander reiht,
die vom Gesicht fassbare sinnliche Linie hervor.

Wir behaupten aber nicht, dass dieser Punkt derjenige
sei, der keine Theile hat, sondern nur der geistige Punkt
ist eben der, der keine Theile hat.

Ferner behaupten wir, dass die körperliche Linie der
Ursprung der Fläche sei, so wie der Punkt Ursprung der
Linie und die Eins Ursprung der Zwei, und wieder die Zwei
Ursprung aller graden Zahlen ist, wie wir vordem darthaten,
denn wenn die Linien sich ausbreiten, so tritt für das
Gesicht die Fläche hervor.

Endlich behaupten wir, dass die Fläche Ursprung des
Körpers sei, so wie die Linie Ursprung der Fläche und der
Punkt Ursprung der Linie, so wie auch die Eins Ursprung
der Zwei, [23] und Eins und Zwei der Ursprung der Zahl ist,
denn wenn von den Flächen eine über die andere sich häuft,
so tritt für das Gesicht die Tiefe des Körpers hervor.

Die Arten der Linien.

Die Linien zerfallen in drei Arten:
a. Die gerade, sie wird durch das Lineal gezogen.
b. Die Bogenlinie, sie wird durch den Zirkel gezogen.
c. Die krumme, sie wird aus beiden zusammengesetzt.

Die Beinamen der graden Linie.

Setzt man von den geraden Linien die eine mit der
andern in Beziehung, so sind sie einander gleich, oder einander parallel, oder einander berührend, oder einander begegnend, oder sich einander schneidend.

Einander gleich sind solche, die eine Länge haben.

Einander parallel sind solche, die in einer Ebene auf
beiden Seiten immerfort fortgeführt, sich nie begegnen.

Einander begegnend sind solche, die sich auf einer der
beiden Seiten treffen und einen Winkel bilden.

Einander berührend sind solche, von denen die eine die
andere berührt, so dass zwei Winkel entstehen.

Einander schneidend sind solche, durch deren Schnitt-
punkte vier Winkel entstehen.

Die Namen der graden Linien.

Steht eine grade Linie auf einer andern im gleichmässigen Stand, so nennt man die stehende Linie Säule und
die andere Basis. Lehnen sich zwei Linien zu einem Winkel
aneinander, so heissen sie die beiden Schenkel des Winkels.
Eine jede Linie, die einem Winkel gegenübersteht, heisst
Sehne dieses Winkels.

Die Linien, welche irgend eine Fläche begrenzen (wört-
lich ihr angelehnt werden), heissen Seiten dieser Fläche.

Jede Linie, welche von einem Winkel des Vierecks aus-
geht und zu einem andern hinführt, heisst Durchmesser (Dia-
gonale) dieses Vierecks.

Jede Linie, welche von dem Winkel eines Dreiecks aus-
geht und bis zu der ihr gegenüberliegenden Seite geht, dann
auf der gegenüberliegenden Linie im rechten Winkel steht,
heisst Steinfall (Loth) oder Säule; die Linie aber, auf welche
der Steinfall stattfindet, heisst Basis.

Die Arten der Winkel.

Die Winkel zerfallen in zwei Theile, in Flachwinkel
und Körperwinkel.

Flachwinkel sind solche, welche von zwei Linien die
nicht eine grade Linie bilden, umschrieben werden.

Körperwinkel sind solche, welche von drei Linien in
einem Winkel umschrieben werden; je zwei derselben bilden nie
eine grade Linie.

Der Flachwinkel zerfällt in Betreff der Linien in drei
Arten; er besteht entweder aus zwei geraden Linien, oder aus
zwei Bogenlinien, oder aus einer graden und einer Bogenlinie.

Die Winkel, welche von zwei graden Linien umschrieben werden, zerfallen in Beziehung ihrer Eigenschaft in drei:
rechte, stumpfe und spitze.

Wenn eine gerade Linie auf einer andern gleichmässigen
Standes steht, so entstehen an ihren beiden Seiten zwei einander gleiche Winkel; ein jeder von ihnen heisst ein rechter
Winkel. Steht aber diese Linie im ungleichmässigen Stand,
so entstehen an ihren beiden Seiten zwei verschiedene Winkel, von denen der eine grösser ist als ein rechter, und der
heisst stumpf; der andere kleiner als der Rechte, und der
heisst spitz; ihre Summe ist gleich zwei Rechten, denn der
spitze Winkel ist um so viel kleiner, als der stumpfe grösser
ist als ein rechter. [24]

Die Bogenlinien.

zerfallen in vier Arten; sie umschreiben entweder einen Kreis,
einen Halbkreis, mehr als einen Halbkreis oder ein Bogenstück kleiner als der Halbkreis.

Der Mittelpunkt des Kreises ist ein Punkt in der Mitte des Kreises; alle Linien, die von ihm zum Umkreis gehen, sind einander gleich.

Durchmesser des Kreises ist die gerade Linie, die den Kreis in zwei Hälften schneidet und durch den Mittelpunkt geht.

Sehne ist die gerade Linie, welche die zwei Enden einer Bogenlinie verbindet. — Lehnt man einen Pfeil (irgend wo) an den Bogen, so nennt man dies den verkehrten Einschnitt; lehnt man ihn aber an die Mitte der Sehne und die Mitte des Bogens, heisst man das den gleichmässigen Einschnitt.

Parallele Bogenlinien sind solche, die nur einen Mittelpunkt haben.

Sich schneidende Bogenlinien sind solche, deren Mittelpunkte verschieden sind.

Sich berührende Bogenlinien sind die, von denen die eine die andere von innen oder von aussen berührt, aber nicht durchschneidet.

Der krummen Linien gedenken wir nicht weiter, denn sie werden nicht angewandt.

Die Figur.

Die Figur ist eine Fläche, welche von einer oder mehreren Linien umschrieben wird. Der Kreis ist eine Figur, welche nur von einer Linie umschrieben wird und im Innern einen solchen Punkt hat, dass alle Linien, die von diesem zu jener ausgehen, einander gleich sind. Halbkreis ist eine Figur, welche von zwei Linien, einer Bogenlinie und einer geraden, umschrieben wird.

Die Arten der Figuren mit graden Linien.

Die erste dieser Figuren ist das Dreieck; es wird von drei Linien umschrieben und hat drei Winkel. Das Viereck ist eine Figur, welche von vier Linien umschrieben wird und vier Winkel hat. Das Fünfeck wird von fünf Linien umschlossen und hat fünf Winkel. Das Sechseck wird von sechs Linien gebildet und hat sechs Winkel, ebenso das Siebeneck. Nach dieser Analogie nehmen die Figuren zu so wie die Zahlen.

Die Linie wird vom Gesicht erfasst, sie besteht aus aneinander gereihten Punkten. Die kleinste Linie besteht aus zwei Punkten, dann aus drei, vier etc.; sie nimmt stets 'um eins zu, wie die Zahl in der natürlichen Reihenfolge. Die kleinste dreieckige Figur besteht aus drei Theilen, dann aus sechs, dann aus zehn, dann aus fünfzehn. Nach dieser Analogie nimmt es zu in der natürlichen Reihenfolge der Zahlen.

$$\begin{pmatrix} 3 & 6 & 10 & 15 & 21 & 28 & 36 & 45 & 55 \\ 3 & 4 & 5 & 6 & 7 & 8 & 9 & 10 \end{pmatrix}$$

Das erste Viereck wird aus vier Theilen, dann aus neun, dann aus sechzehn, dann aus fünfundzwanzig gebildet. Nach dieser Analogie nehmen die Vierecke in der natürlichen Folge der Einer zu, sie sind alle Quadrate. (4, 9, 16, 25, 36, 49). [25].

Das Dreieck als Ursprung aller Figuren.

Das Dreieck ist der Ursprung aller Figuren mit geraden Linien, so wie die Eins Ursprung aller Zahlen, der Punkt Ursprung der Linie, die Linie Ursprung der Fläche und die Fläche Ursprung des Körper ist.

Lehnt man ein Dreieck an ein anderes mit einer gleichen Seite, entsteht aus beiden ein Viereck; lehnt man daran noch ein gleiches Dreieck, entsteht ein Fünfeck; fügt man dazu noch ein solches, entsteht ein Sechseck u. s. f. Nach dieser Analogie entstehen die geradlinigen Figuren mit vielen Winkeln, wenn man ein Dreieck zum andern fügt; sie nehmen immerfort zu ohne Ende, so wie sich die Zahl von den Einern aus mehrt, indem man stets Eins bis ins Unendliche hinzufügt.

Also lassen sich die gradlinigen Figuren zusammensetzen; aus den Flächen lassen sich dann Körper, aus den Linien Flächen und aus den Punkten Linien zusammenfügen. Ebenso wie sich aus der Eins die Zahl zusammensetzen lässt; denn der Punkt ist in der Messkunst wie die Eins in der Zahlen-

kunde, und wie die Eins keine Theile hat, so hat auch der
ideelle Punkt keine Theile. Die Flächen zerfallen ihrer Qualität nach in drei Arten:
ebene, gesenkte und gewölbte. Die ebenen sind wie die
Fläche der Tafel; gesenkte wie der Grund der Gefässe; ge-
wölbte wie die Decken der Thürme. Von den Figuren nennt man auch die eine eiförmig,.
andere neumondförmig, andere taunzapfenartig konisch, andere
mirobolanförmig, andere trommelförmig, noch andere olivenförmig.

Die Körper.

Die Flächen sind die Grenzen der Körper, die Grenzen
der Flächen sind Linien, die Grenzen der Linien Punkte,
denn eine jede Linie muss von einem Punkt ausgehen und
in eine andere auslaufen; jede Fläche muss in eine oder
mehrere Linien auslaufen, und jeder Körper in eine oder
mehrere Flächen. Es giebt Körper, die von einer Fläche umschlossen
werden, nämlich die Kugel; andere werden von zwei Flächen
umschlossen, d. i. die Halbkugel, von diesen ist die eine
gewölbt, die andere ebenrund. Andere werden von drei
Flächen umschlossen, so die Viertelkugel. Andere werden
von vier dreieckigen Flächen umgrenzt, sie heissen die Feuer-
Figur; andere von fünf Flächen, andere von sechs vierecki-
gen Flächen und gehört hierher der Würfel, der quaderför-
mige, der brunnenförmige und der tafelförmige Körper. Würfel
ist der Körper, dessen Höhe gleich seiner Breite und dessen
Breite gleich seiner Tiefe ist; er hat sechs viereckige
Flächen mit einander gleichen Seiten und rechten Winkeln;
er hat acht Körperwinkel oder vierundzwanzig Flachwinkel, dann zwölf einander gleiche Seiten, je vier derselben
laufen einander parallel. Quaderkörper ist ein solcher, dessen Länge und Breite
einander gleich sind, dessen Tiefe aber geringer ist; er hat
sechs viereckige Flächen, zwei davon sind weit, einander
gegenüberstehend, mit einander gleichen Seiten und rechten

Winkeln. Die vier anderen Flächen sind länglich, haben einander gleiche Seiten und rechte Winkel. Er hat zwölf Seiten, vier kurze, einander gleich und parallel, und acht lange, einander gleich, von denen je vier einander parallel laufen; er hat acht Körper-, d. i. vierundzwanzig Flachwinkel. [26]

Bruunenkörper ist ein solcher, dessen Länge und Breite zwar einander gleich, dessen Tiefe aber grösser ist als jene. Er hat sechs viereckige Flächen, zwei davon stehen einander gegenüber mit einander gleichen Seiten und rechten Winkeln. Vier davon sind länglich, mit einander gleichen Seiten und rechten Winkeln. Er hat zwölf Seiten; vier davon sind lang, einander gleich und parallel, acht aber kurz, einander gleich und parallel. Er hat acht Körperwinkel d. i. vierundzwanzig Flachwinkel.

Tafelkörper ist ein solcher, dessen Länge grösser ist als seine Breite, und dessen Breite grösser als seine Tiefe; er hat sechs viereckige Flächen, zwei davon sind lang, sich einander gegenüberstehend und einander gleich. Seine je zwei sich gegenüberstehenden Seiten stehen rechtwinklig auf einander; zwei andere Flächen sind lang, aber eng mit einander gleichen Seiten und rechten Winkeln; zwei andere Flächen sind kurz und eng mit einander gleichen Seiten und rechten Winkeln. Dieser Körper hat zwölf Seiten, vier davon sind lang, vier aber kurz, und vier noch kürzer; er hat acht Körperwinkel, d. h. vierundzwanzig Flachwinkel.

Kugelkörper ist derjenige, den nur eine Fläche umschliesst; in seinem Innern ist ein solcher Punkt, dass alle Linien, die von ihm zu der Fläche der Kugel ausgehen, einander gleich sind. Dieser Punkt heisst das Centrum der Kugel. Wenn die Kugel sich dreht, so giebt es auf ihrer Fläche zwei sich gegenüberstehende, ruhende Punkte, diese heissen die Pole der Kugel. Verbindet man beide durch eine gerade Linie, so geht diese Linie durch das Centrum der Kugel; diese Linie heisst die Axe der Kugel.

Wir haben etwas von dem Ursprung der sinnlichen Geometrie als Einleitung erwähnt und sagten, dass ein jeder

Werkmann dieser bei seiner Kunst bedürfe. Man wendet
nämlich die Geometrie beim Entwurf vor der Ausführung
an. Ein jeder Werkmann setzt Körper einen mit dem
andern zusammen und fügt sie aneinander. Er muss zuerst
den Raum bestimmen, an welchem Orte er es arbeite, und
dann die Zeit, zu welcher er die Arbeit beginne. Ferner
die Möglichkeit, ob er derselben fähig ist oder nicht, auch
mit welchem Geräth oder Werkzeug er es schaffen kann,
dann wie er es schaffe und die Theile desselben zusammen-
füge, dass es sich schicke und zusammensetzen lasse. Dies
thut die Geometrie, sie greift somit in alle Gewerke ein,
die ja in der Zusammensetzung der Körper eines mit dem
andern bestehen.

Viele Thiere schaffen von Natur schon Werke, dies ist
ihnen ohne Unterricht eingegeben, so die Bienen, die sich
Häuser schaffen; sie bauen Häuser in Stockwerken von runder
Gestalt, wie Schilde, eins über das andere; die Oeffnungen
der Häuser machen sie alle mit sechs Seiten und Winkeln.
Dies thun sie mit sicherer Weisheit, denn es ist die Eigenthümlichkeit dieser Figur, dass es weiter ist als das Viereck
und das Fünfeck. Auch bedecken sie die Löcher, bis
kein Zwischenraum zwischen ihnen ist, so dass die Luft
darin eindringen, den Honig verderben und ihn faulen machen
könnte.

So ist es auch mit der Spinne; sie webt ihr Netz in
den Winkeln der Häuser. Die Mauern sind für dasselbe
dann ein Schutzdach, dass nicht die Stürme es zerreissen
und seine Tracht vernichten. Fragt man wie sie spinnt, so
geschieht dies so, dass sie die Einschläge in geraden Linien
zieht, denn das ist leicht; die Fäden des Gewebes aber im
Rund, weil dies leicht zu machen.

Einige Menschen schaffen ganz neue Werke durch ihre
Naturanlage und die Schärfe ihres Geistes; die meisten
aber nehmen sie durch Zustimmung und Belehrung von
den Lehrern.

Die Wissenschaft der Geometrie dringt in alle Werke,
und besonders gilt das von der Messkunst. Sie ist eine

Kunst, deren die Arbeiter, Schreiber, Handwerker und Guts-
besitzer bei ihren Geschäften bedürfen, sei es die Steuern
einzunehmen, Kanäle zu graben, Posten einzurichten und dergleichen mehr.

Der Maasse, mit denen man in Irak die Ländereien
misst, giebt es fünf: 1) Seil; 2) Rohr, Ruthe; 3) Elle;
4) Faust; 5) Zoll, Finger.

Der Zoll hat die Dicke von sechs fest aneinander gereihten Gerstenkörnern, so dass die Oberseite des einen
sich dicht an die Unterseite des andern anschliesst.

Die Faust hat 4 Zoll.

Die Elle hat 8 Faust = 32 Zoll.

Die Ruthe hat 6 Ellen = 48 Faust = 192 Zoll.

Das Seil hat 10 Ruthen = 60 Ellen = 480 Faust =
1920 Zoll.

Multiplicirt man diese Längenmaasse eins mit dem
andern, so gehn daraus Geviertmaasse hervor; summirt man
sie, kommen Feldmaasse heraus.

Ihre Berechnung ist folgende:

1 □Zoll sind 36 Gerstenkörner in 6 gleichen Reihen
eng zusammengelegt.

1 □Faust = 16 □Zoll.

1 □Elle = 64 □Faust = 1024 □Zoll.

1 □Ruthe = 36 □Ellen, 2304 □Faust, 36864 □Zoll.

1 □Seil = 100 □Ruthen = 3600 □Ellen, 230400
□Faust, 3686400 □Zoll.

Das □Seil als Einheit gesetzt, heisst 1 Garib.

¹/₁₀ Garib ist ein Kafiz (360 □Ellen, 23040 □Faust,
368640 □Zoll).

¹/₁₀ Kafiz ist ein Aschir (36 □Ellen, 2304 □Faust,
36864 □Zoll).

¹/₁₀ Aschir ist ein Tsaub (3³/₅ □Elle, 230⁴/₅ □Faust,
3686⁴/₅ □Zoll).

Der Kafiz ist beinahe 19 × 19 Elle (361 oben 360).

Der Aschir entsteht aus der Multiplikation einer Ruthe
mit sich.

Der Garib entsteht aus der Multiplikation des Seils mit sich. Der Kafiz entsteht aus der Multiplikation des Seils mit der Ruthe; zehnfach genommen ergiebt dies den Garib.

Multiplicirt man das Seil mit der Elle, so ist die Summe $1\frac{1}{5}$ Aschir; 6 davon = 1 Kafiz.

Multiplicirt man das Seil mit der Faust, so ergiebt sich, $\frac{1}{6} + \frac{1}{9} = \frac{15}{54} = \frac{5}{18}$ eines Aschir, so dass $3\frac{3}{5}$ dieses Maasses einen Aschir geben und je 36 desselben einen Kafiz. *)

Multiplicirt man Seil $\times$ Zoll **) = 1920 : 36864 = $19\frac{77}{384}$ $\square$Zoll also etwa $\frac{1}{20}$ Aschir.

Die Ruthe mit sich multiplicirt ergiebt einen Aschir, zehnmal genommen ein Kafiz 192 $\times$ 192 = 36864.

Die Ruthe mit der Elle multiplicirt ergiebt $\frac{1}{6}$ Aschir sechsmal genommen einen Aschir 192 $\times$ 36 = 6144 $\times$ 6 = 36864.

Die Ruthe mit der Faust multiplicirt ergiebt $\frac{1}{48}$ Aschir 192 $\times$ 4 = 768 $\times$ 48 = 36864.

Die Ruthe mit dem Zoll multiplicirt ergiebt 85 mal genommen nahe zu $\frac{2}{5}$ Aschir. 192 $\times$ 85 = 16320. $\frac{16320}{36864} = \frac{85}{192}$; $\frac{85}{192} = \frac{2}{5}$.

Elle mit Elle multiplicirt ergiebt $\frac{1}{4}$ von einem Neuntel Aschir = $\frac{1}{36}$, je 100 = $2\frac{2}{9}$ Aschir (genau $2\frac{1}{9}$) (32 $\times$ 32 = 1024 : 36864 = 36.)

Dies wäre die Darlegung von den Maassen der Länge und Breite. Die Maasse der Tiefe entstehen dann dadurch, dass man Länge und Breite mit einander multiplicirt und ihre Summe wieder mit der Tiefe vervielfältigt, da kommen dann die Körper-Maasse heraus.

Wenn man Brunnen, Flüsse, Teiche, Graben, Kanäle graben, oder Posten und Schleusen herrichten, oder Gebäude begründen will, muss man die Geometrie anwenden.

In einem jeden Gewerk erfasst den Zweifel, der dasselbe [28], ohne Mathematik zu verstehn unternimmt oder

---

*) Die Rechnung ist ungenau, das Seil hat 1920 Zoll $\times$ 4 = 7680; der Aschir = 36864 $\frac{1}{11}$ = $\frac{1}{5}$.

**) Die Handschrift ist durchaus corrumpirt, ist also ergänzt, die Berechnung in Zahlen ist hinzugefügt.

nur mangelhafte Kenntniss davon hat und sich darum nicht
kümmert. Man erzählt, Jemand hätte von einem Mann ein
Stück Landes für 1000 Dirham gekauft, das 100 Ellen lang
und ebenso viel breit sei; darauf sprach der Verkäufer:
Nimm statt dessen zwei Stück, ein jedes 50 Ellen lang
und breit, und meinte, damit geschehe jenem sein Recht.
Sie stritten nun vor einem Richter, der nicht Mathematik
verstand, und dieser war irriger Weise derselben Ansicht,
dann aber stritten sie vor einem andern Richter, der der
Mathematik kundig war und der entschied, dass dies nur
die Hälfte seines Anrechts wäre.

Auch erzählt man, ein Mann daug einen andern, er sollte
ihm eine Grube vier Ellen lang, vier breit und vier tief, für
acht Dirham graben; der aber grub einen solchen zwei Ellen
lang, zwei breit und zwei tief und verlangte vier Dirham,
die Hälfte des Lohns. Sie stritten vor einem Mufti, der
nichts von der Mathematik verstand, und der urtheilte, dies
sei eben Recht. Darauf holten sie das Urtheil eines der
Mathematik Kundigen ein, und der entschied, sein Lohn sei
nur ein Dirham.

Einst fragte man einen Mann, der sich der Rechnung
befleissigte, sie aber nicht verstand, welches ist das Verhältniss von 1000 × 1000.: 1000 × 1000 × 1000. Der sprach,
dies sind ⅗ von jenem; doch der der Rechnung Kundige
sagte, es ist der 10 × 10 × 10te Theil ¹⁄₁₀₀₀. So erfasst der
Zweifel jeden, der eine Kunst betreibt, ohne derselben ge-
wachsen zu sein.

Ein Mensch allein würde ein trübes Leben führen*); er
bedarf zur Annehmlichkeit des Lebens der verschiedensten
Arbeiten, deren ein Mensch allein nicht mächtig ist, denn
das Leben ist kurz und der Künste giebt es viele. Daher
kommen in einer jeden Stadt und einem jeden Dorfe viele
Menschen zusammen, dass einer dem andern beistehe. Die
einen treiben Gewerke, andere Handel, andere betreiben die
Bauten, andere sind mit der Leitung, noch andere mit den

---

*) Im Auszug mitgetheilt.

Wissenschaften und deren Lehre beschäftigt. Die Einen
sind Diener für die Bedürfnisse der Andern. Sie gleichen
hierin den Brüdern, die von einem Vater abstammen und
in einer Behausung sich in ihrem Leben beistehn. Gewicht
Maass, Preis, Lohn sind bei einer weisen Leitung wohl bestimmt, damit dies ein Antrieb für sie sei, eifrig ihr Werk
und ihre Kunst zu betreiben, da ein jeder nach dem Maass
seines Eifers Lohn empfängt.

Ebenso kann der Einzelne aus dieser Welt des Seins
und des Vergehens, aus dem Reiche der Versuchung und
Vergänglichkeit der Adamskinder nur mit der Hülfe der
Brüder entkommen, um zu der Welt der Sphären, zu den in
der Weite des Himmels dem Erhabenen nahgestellten Engeln zu gelangen.

„Es wird auf Kalila wa Dimna die beiden Schakalen
hingewiesen, die bei gegenseitigem Beistand aus dem Netz
entkamen. Man nehme nur die [29] Gleichnisse her von
den Dingen dieser Welt, um auf die Dinge der andern Welt
hinzuweisen, so weit diese dem Verstand des Menschen
fassbar sind."

Die geistige Mathematik.

ist eines der Ziele für die Weisen, die in den theologischen
Wissenschaften fest und in den Uebungswissenschaften wohl
geübt sind. Man setzt die Mathematik hinter die Zahlenlehre, um die Schüler von dem sinnlich Wahrnehmbaren zu
den Kategorien und von den körperlichen Dingen zu den
geistigen überzuführen. Die Betrachtung der sinnlichen
Mathematik hilft zum Scharfblick in den praktischen Künsten; die Betrachtung der geistigen Mathematik führt zum
Scharfblick in den geistigen Künsten, denn diese Wissenschaft ist eine von den Thoren, die zur Erkenntniss von der
Substanz der Seele führen. Diese Erkenntniss ist der Ursprung der Wissenschaften, das Element der Weisheit und
die Wurzel der praktischen und theoretischen Künste.

Die geistige Linie ist als eine abstrakte nur zwischen
zwei Flächen sichtbar. Das ist die gemeinschaftliche Tren-

nungslinie zwischen der Sonne und der Finsterniss; wenn
weder Sonne noch Finsterniss ist, wird keine Linie geschaut.. Die geistige Fläche wird als abstrakte nur
zwischen zwei Körpern geschaut, und dies ist z. B. die gemeinschaftliche Trennungslinie zwischen Oel und Wasser.
Der geistige Punkt wird in seiner Abstraktheit nur da
geschaut, wo die Linie in zwei Theile im Sinne getheilt
wird. Der Ort, auf den die Hindeutung fällt, ist dieser
Punkt.

. Stellen wir uns die Bewegung dieses Punktes auf
einem Wege vor, so entsteht in unsrem Geist eine ideelle
grade Linie.

Stellt man sich aber die Bewegung dieser Linie in
andere Ebenen vor, als die ist, worin sie vorher war, so
entsteht in deinem Sinn ein ideeller Körper; hat er sechs
viereckige Flächen mit rechten Winkeln; so ist er ein Würfel.
Die sinuliche Linie ist die geschriebene. Bei den Weisen
und Philosophen ist sie aber ein Körper, so klein er immer
sei; ebenso ist auch ein jeder Theil derselben ein Körper.
Nach Ansicht der Sophisten ist, wenn die Theile klein
sind und noch getheilt werden, nicht mehr ein jeder Theil derselben ein Körper, sondern sie nennen ihn dann eine blosse
Substanz; so lange er nämlich die Theilung annimmt, heisst er
Körper; Substanz aber, wenn er die Theilung nicht mehr annimmt. Die Philosophen aber behaupten das Gegentheil
davon.

Ist die Distance der Flächenbewegung geringer, als
die Distance der Linienbewegung, so entsteht daraus ein
Quaderkörper; ist aber die Distance der Flächenbewegung
grösser als jene, entsteht ein Brunnenkörper; ist sie ihr aber
gleich, entsteht ein Würfel.

Eine jede grade Linie, die in der Vorstellung bestimmt
ist, muss zwei Enden haben; dies sind ihre Spitzen und
heissen ideelle Punkte. Stellt man es sich vor, dass der
eine dieser zwei Punkte sich bewege, bis er zu dem Punkt, von
wo er ausging, zurückkehrt, und der andere ruhe, so ensteht
hierdurch eine ideelle Kreisfläche und ist der ruhende Punkt,

der Mittelpunkt des Kreises; der sich bewegende Punkt lässt in deinen Gedanken durch ihre Bewegung die Peripherie des Kreises entstehn. Die erste Fläche, welche aus der Bewegung des Punktes entstand, ist das Dreieck, dann der Viertelkreis, dann der Halbkreis, dann der Kreis selbst. Stellt man sich die Bogenlinie vor, die den Halbkreis bildet, so ruhen die beiden Spitzen; bewegt sich aber diese Linie weiter, bis sie zu ihrem Ausgangspunkt zurückkehrt, so entsteht in den Gedanken durch ihre Bewegung eine Kreisfläche.

Es ist durch das bisher Erwähnte klar, dass die geistige Mathematik die Betrachtung der drei Dimensionen Länge, Breite und Tiefe, [30] frei von den Körpern der Natur sei.

Diejenigen, welche die sinnliche Mathematik behandeln, reissen, wenn sie darin geübt sind, und ihre Denkkraft erstarkte, die drei Dimensionen von den drei Maassen Linie, Fläche, Körper los; sie bilden sie ihren Seelen ein und betrachten dieselben frei von der Materie. Hierbei wird die Substanz ihrer Seelen für diese ihr eingebildeten Dimensionen wie die Materie und sie sind wie die Form. Sie nennen dieselben Maasswerthe und verstehen darunter die Dimensionen, sie können dadurch der Betrachtung der sinnlichen Mathematik entbehren.

Dann philosophiren sie darüber und gehen von ihnen Kunde, von ihren Gattungen, Arten, Unterarten; auch davon, was für Bedeutung ihnen zukommt, wenn man eins mit dem andern in Verbindung setzet. Sie sagen, die Linie ist ein Werth mit einer Dimension, die Fläche einer mit zweien, nämlich in der Idee, der Körper einer mit drei Dimensionen.

Die grade Linie ist die kürzeste Verbindung zweier Punkte. Der Punkt ist die Spitze der Linie. Die Bogenlinie ist eine solche, bei der man unmöglich drei Punkte in einer Richtung denken kann. Der Winkel ist die Berührung zweier Linien, die in nicht grader Richtung liegen. Figur ist das, was von einer oder mehreren Linien umschrieben

wird. Kreis ist eine von einer Linie umschriebene Figur;
in ihrem Innern ist ein Punkt, von dem es gilt, dass alle
von ihm zu jener Umgebungslinie ausgehenden Linien einander gleich sind.

Dreieck ist eine Figur, die von drei Linien umschrieben
wird und drei Winkel hat. Viereck ist eine von vier Linien
umschriebene Figur, sie hat vier Winkel. Dieser Analogie
und diesen Beispielen gemäss behandeln sie die geometrischen
Figuren, ohne auf einen Naturkörper hinzuweisen.

Die meisten Menschen, welche die Wissenschaft der
Mathematik betrachten, meinen, die drei Dimensionen Länge,
Breite und Tiefe hätten eine Existenz und ein Bestehen
in ihrem Wesen. Sie wissen aber nicht, dass diese Existenz
eben nur die Substanz des Körpers ist, oder in der Substanz
der Seele liegt. Die Seele dient ihnen als Materie, und sind
sie in ihr wie Formen, wenn nämlich die Denkkraft sie von
den sinnlichen Dingen abstrahirt hat.

Das Hauptziel bei der Behandlung der Uebungswissenschaften ist nämlich das, dass die Seele der Lernenden sich
darin übe, die Formen der sinnlichen Dinge auf dem Wege
der Sinneskraft zu erfassen und sie durch die Denkkraft ihrem
Wesen einzubilden, so dass, wenn das Sinnlich-wahrnehmbare
aus der Bezeugung der Sinne geschwunden ist, die Grundzüge bleiben. Diese lässt die Sinneskraft zur Vorstellungskraft, die Vorstellungskraft zur Denkkraft und die Denkkraft zu der Gedächtniss-Kraft als der Seele eingeformte
gelangen.

Dann kann die Seele hierbei des Dienstes der Sinnes-
kräfte bei der Erfassung des Gewussten entbehren; sie betrachtet ihr Wesen und findet die Formen aller geistigen
Dinge in ihrer Substanz. Sie kann der Körper dann entbehren und stellt sich das Seiende vor.

[31] „Hierdurch wird die Seele frei, sie entgeht den
Banden der Natur und gelangt zu der geistigen und geist-
lichen Reinheit; dies ist das Endziel für die Bestrebungen
dieser Philosophen.“

Die geometrischen Figuren, ihre Unterarten mit besonderen Eigenthümlichkeiten, wie wir solche auch schon bei den Zahlen hervorhoben.

Zunächst das Dreieck. Die Figur mit drei Seiten und
drei Winkeln. Es zerfällt in sieben Arten:
1. Gleichseitig mit spitzen Winkeln.
2. Spitzwinklig, gleichschenklig.
3. Spitzwinklig mit ungleichen Seiten.
4. Rechtwinklig, gleichschenklig.
5. Rechtwinklig mit ungleichen Seiten.
6. Stumpfwinklig, gleichschenklig.
7. Stumpfwinklig mit ungleichen Seiten.

Jedes einzelne dieser Dreiecke hat eine Eigenthüm-
lichkeit, die den andern fehlt. Dies ist im ersten Buch des
Euklid im ersten Abschnitt mit seinen Beweisen dargelegt.
Wir erwähnen hier nur die Eigenthümlichkeiten, die in ihrer
Weite sie alle umfassen.

I. Jedes Dreieck, wie es auch sei, muss zwei spitze
Winkel haben, der dritte kann spitz, recht, oder stumpf sein.

II. Die drei Winkel eines jeden Dreiecks sind zusammen zweien Rechten gleich.

III. Die längste Seite eines Dreiecks ist die Sehne des
grössten Winkels.

IV. Je zwei Seiten eines Dreiecks zusammengenommen
sind grösser als die Dritte.

V. Verlängert man die eine Seite eines Dreiecks, so entsteht ein Aussenwinkel, und dieser ist grösser als irgend ein
Winkel, der ihm gegenübersteht; er ist gleich den beiden ihm
gegenüberstehenden inneren Winkeln.

VI. Trifft der (Stein) Lothfall eines Dreiecks die Mitte
seiner Grundlage, so ist dieses Loth die Distanz dieses
Dreiecks.

VII. Bei einem rechtwinkligen Dreieck ist das Quadrat
der Sehne eines Winkels kleiner als das Quadrat der
Sehne des rechten Winkels. Das Quadrat der Sehne des
rechten Winkels ist gleich den beiden Quadraten der beiden
anderen Schenkel.

Bei einem spitzwinkligen Dreieck ist das Quadrat der Sehne des spitzen Winkels kleiner als das Quadrat der beiden übrigen Schenkel und zwar um das Viereck, so gebildet wird aus dem Schenkel, worauf das Loth fällt, mit dem doppelten Stück vom Fallort des Lothes bis zum Winkel.

Bei einem stumpfwinkligen Dreieck ist das Quadrat der Sehne des stumpfen Winkels grösser als das Quadrat der beiden Schenkel und zwar um das Viereck, das aus einem der Schenkel und dem doppelten Stück von ihm bis zum Fallort des Perpendikels gebildet wird.

Das Viereck hat vier Seiten und vier Winkel; es zerfällt in fünf Arten:

1. Das Viereck mit gleichen Seiten und rechten Winkeln.

2. Das längliche Viereck mit rechten Winkeln, je zwei einander gegenüberstehende Seiten sind einander gleich.

3. Das verschobene Viereck mit gleichen Seiten, doch verschiedenen Winkeln.

4. Das dem verschobenen ähnliche Viereck, in dem je zwei einander gegenüberstehende Seiten gleich sind.

5. Das Viereck mit verschiedenen Seiten und Winkeln.

Jede dieser Figuren hat Eigenthümlichkeiten, deren Ausführung zu weit führen möchte; wir erwähnen nur, was ihnen allesammt eigenthümlich ist.

I. In einem jeden Viereck sind die vier Winkel vier Rechten gleich.

II. Ein jedes Viereck lässt sich in zwei Dreiecke theilen; fügt man dazu noch ein Dreieck, so entsteht ein Fünfeck.

Ein Fünfeck ist eine Figur, die von fünf Seiten umschlossen wird; sie ist die erste der Figuren mit vielen gleichen Winkeln und einander gleichen Seiten, von denen eine jede von einem Kreise umschlossen werden, oder selbst einen Kreis umschliessen kann.

Je mehr eine dieser vielwinkligen Figuren Winkel hat, desto grösser ist sie und umspannt eine weitere Dimension, als die, welche weniger Winkel hat, wenn auch der sie umschreibende Kreis derselbe ist.

Multiplicirt man einen Perpendikel der Dreiecke des
Vielecks mit ihren Basen, so ergiebt dies den Inhalt (die
Dimension) dieser vieleckigen Figur.

Dem gleichseitigen und gleichwinkligen Sechseck ist's
eigenthümlich, dass eine jeder seiner Seiten gleich dem hal-
ben Durchmesser des ihn umgebenden Kreises ist. Kurz es giebt keine Figur, die nicht eine oder eine Anzahl von Eigenthümlichkeiten hätte. Wir unterlassen sie zu
erwähnen, um nicht weitschweifig zu werden. Den Eigenschaften des Sechsecks hat Euklid einen besonderen Abschnitt
in seinem Buche gewidmet.

Die Kreisfigur ist eine Fläche, welche von einer einzigen
Linie umgeben wird; ihr Mittelpunkt liegt in ihrer Mitte.
Alle ihre Durchmesser sind einander gleich. Sie hat einen
weiteren Umfang, als alle vielwinkligen Figuren mit gleich
langer Umfassungslinie.

Alle Figuren sind im Kreise der Kraft nach vorhanden.

Die Kugelgestalt ist ein von einer Fläche umgebener
Körper; er theilt die Eigenthümlichkeit des Kreises und steht
mit allen Körpern in demselben Verhältniss wie der Kreis
zu den anderen Flächen.

Die Eigenthümlichkeiten des Kreises werden im letzten
Abschnitt vom Buche des Euklid dargestellt.

Das Endziel der mathematischen Bücher des Euklid und
anderer ist, die Eigenthümlichkeiten der drei Maasse Linien,
Flächen und Körper und ihre eigentlichen Werthe darzustellen, sowie auch anzugeben, welche Beziehungen zwischen dem
einen zum andern stattfinden.

In der vorigen Abhandlung haben wir etwas von den
Eigenthümlichkeiten der Zahlen und in dieser etwas von den
Eigenthümlichkeiten der Figuren angegeben; jetzt wollen
wir etwas von den Eigenthümlichkeiten beider zusammen
hervorheben.

Verbindet man einige Zahlen und einige mathematische
Figuren mit einander, so gehen daraus andere Eigenthümlichkeiten hervor, die eine jede einzelne derselben allein
nicht hat.

1. Schreibt man neun Zahlen in dieser neunfach geformten Gestalt, so kommt, wie man auch immer zähle, die Summe 15 heraus. (Figur 1.)

Fig. 1.

2	7	6
9	5	1
4	3	8

Schreibt man 16 in dieser Figur mit 16 Fächern, so kommt, wie man auch immer zähle, 34 heraus. (Figur 2.)

Fig. 2.

4	14	15	1
9	7	6	12
5	11	10	8
16	2	3	13

3. Dasselbe gilt von 25; schreibt man sie in einer Form mit 25 Fächern, so kann man zählen, wie man will, die Summe ist 65. (Figur 3.)

Fig. 3.

21	3	4	12	25
15	17	6	19	8
10	24	13	2	16
18	7	20	9	11
1	14	22	23	5

4. Schreibt man 36 in dieser Form, so ist die Summe, wie man auch immer zähle, 111. (Figur 4.)

Fig. 4.

11	22	32	5	23	18
25	16	7	30	13	20
27	6	35	36	4	3
10	31	1	2	33	24
14	19	8	29	26	15
24	17	28	9	12	21

5. Schreibt man 49 in dieser Form mit 49 Fächern, so ist die Summe, wie man immer zähle, 175.

Dasselbe gilt von 64, in einer Figur mit 64 Fächern, wie man auch immer zähle, die Summe ergiebt stets 260.

Ebenso verhält es sich mit 81; so in einer Figur mit
81 Fächern niedergelegt, wie man auch immer zähle, die
Summe ist stets 369.*)

[34] Als Nutzen der Zahlenfigur in den neun Feldern wird
dann angegeben, dass, wenn man sie auf zwei irdene Scher-
ben, die das Wasser nicht begiesst, schreibt und sie vor
einen mit Talk beworfenen Spiegel hängt, es sich dann trifft,
dass der Mond in der neunten Station steht und mit dem
Herrn der neunten Station verbunden ist, die Nativitaet dies
erleichtert.**) Dies ist die Form. Hiernach verfahren die,
so Talismane aufstellen.

Es giebt nichts unter dem Vorhandenen, es werde in
den Uebungs-, Natur- und theologischen Wissenschaften behandelt, es hätte denn eine Eigenthümlichkeit, die den anderen fehlt; auch haben ihre Gesammtheiten Eigenthümlichkeiten, die den Einzelheiten abgehen. Dies gilt von
den Zahlen-Figuren und Formen, von Ort und Zeit, von
aromatischen (medicinischen) Pflanzen, von Speisen, Farben,
Gerüchen, Tönen, von Wort und That, von Consonanten und
Vocalen. Verbindet man diese Dinge nach den Beziehungen
der Zusammensetzungen, so treten ihre Eigenthümlichkeiten
und ihre Wirkungen hervor.

Die Richtigkeit unsrer Behauptung wird bewiesen durch
die Wirkungen der Heilmittel, Pflaster und Tränke, durch
die musikalischen Melodien und ihre Wirkung auf Leib und
Seele. Das ist keinem verständigen Philosophen verborgen,
und stellten wir etwas davon in der Abhandlung der Musik dar.

Die Betrachtung der sinnlichen Mathematik hilft
zum Scharfblick in den Gewerken; die der geistigen
Mathematik giebt die Erkenntniss von den Eigenthümlichkeiten der Zahlen und Figuren, sie lässt die Eigenschaft
von den Einwirkungen der einzelnen Himmelskörper und der
musikalischen Töne auf die Seelen der Hörenden ersehen.

---

*) Es folgt pag. 34 die Beschreibung von Schachzügen, die bei leer
gelassenem Schema unverständlich sind.

**) Zusatz: oder mit dem Herrn seines Hauses von der neunten Station.

Die Betrachtung, wie unsere Sinne ihre Objecte erfassen, lässt erkennen, wie die vom Leibe getrennte Seele auf die mit dem Körper in der Welt des Entstehens und Vergehens verbundene Seele wirkt.

Somit liegt in der Wissenschaft der geistigen Mathematik für die Betrachtenden ein Weg zur Erkenntniss der Seele, so Gott hilft und leitet.

Die Astronomie oder Sternkunde.

Die Sternkunde zerfällt in drei Arten.

a) Die Kenntniss von der Zusammenfügung der (Himmel-) Sphären, von der Menge der Sterne, der Eintheilung derselben in Sternzeichen, von den Dimensionen, der Grösse und Bewegung der Sterne und dergl. Dieser Theil der Sternkunde heisst die Wissenschaft der Himmelsform.

b) Die Kenntniss von den astronomischen Tafeln, sie richtig herzustellen, dann die Zeitberechung zu bestimmen u. dergl.

c) Die Kenntniss davon, wie man durch den Umschwung des Himmels, den Aufgang der Sternzeichen, und die Bewegung der Sterne richtig auf das Seiende, noch bevor es unter dem Mondkreis ist, schliesst. Diese Art heisst die Astrologie.

Von allen drei Arten der Sternkunde erwähnen wir hier etwas als Anleitung für die Anfänger.

Die Grundzüge der Sternkunde bestehen in der Kenntniss von drei Dingen: Sterne, Sphären und Sternzeichen.

Die Sterne sind kugelrunde leuchtende Körper. 1029 grosse Sterne werden von den Instrumenten erreicht. Sieben davon heissen Wandelsterne; es sind Saturn, Jupiter, Mars, die Sonne, die Venus, Merkur, Mond. Die andern heissen Fixsterne. Ein jeder dieser sieben Wandelsterne hat eine ihm specielle Sphäre.

Die Sphären sind durchsichtige hohle Kugelkörper; es giebt deren neun, eine gefügt in das Innere der andern wie die Ringe einer Zwiebel. Uns zunächst liegt die Sphäre des Mondes. Dieselbe umgiebt die Luft von allen Seiten, wie die Schale des Eies das Weisse desselben umgiebt.

Die Erde ist im Innern der Luft wie das Gelbe im Weissen des Eies.

Hinter der Mondsphäre ist die Sphäre des Merkur. Dann folgt die der Venus, dahinter die der Sonne; hinter der Sonnensphäre folgt die des Mars, dann die des Jupiter, darauf die des Saturn. Hinter der Sphäre des Saturn folgt die der Fixsterne und hinter der der Fixsterne folgt die Umgebungssphäre.

Die Umgebungssphäre ist in einem fortwährenden Umschwung wie ein Wasserrad; es kreist von Ost nach West über der Erde und von West nach Ost unter der Erde. Jeden Tag macht sie einen Umschwung, sie dreht mit sich die übrigen Sphären und Sterne. (Vgl. den Koranspruch 21, 34 „Alles in einer Sphäre preist Gott").

Die Umgebungssphäre ist in zwölf Theile getheilt. Diese gleichen den [36] Schnitten einer Melone. Ein jeder dieser Theile heisst Sternzeichen. Dies sind ihre Namen: Widder, Stier, Zwillinge, Krebs, Löwe, Aehre, Wage, Scorpion, Bogen, Steinbock, (Wasserträger) Urne, Fisch. Ein jedes Sternzeichen hat 30 Grad, macht zusammen 360 Grad. Jeder Grad zerfällt in 60 Theile: Minuten, macht zusammen 21600 Minuten. Jede Minute zerfällt wieder in 60 Theile: Zweitheile; diese wieder in 60 Theile; Drittheile u. s. f. Viertheile, Fünftheile, Sechstheile.

Die Sternzeichen sind verschieden geartet, sowohl in Hinsicht der Zahl, als der Eigenschaftsannahme. Wir heben das Nothwendigste hervor.

Die Zeit zerfällt in vier Theile: Frühling, Sommer, Herbst, Winter; dann giebt es vier Seiten: Ost, West, Süd, Nord. Ebenso giebt es vier Elemente: Feuer, Luft, Wasser, Erde; dann giebt es vier Naturen: Hitze, Kälte, Trockniss, Frische; dann vier Mischungen: Gelb- und Schwarzgalle, Speichel, Blut; dann vier Winde: Nord-, Süd-, Ost-, Westwind.

Von den zwölf Sternzeichen sind sechs nördlich und sechs südlich; sechs graden Aufgangs, sechs curvischen Aufgangs; sechs männlich, sechs weiblich; sechs täglich, sechs nächtlich; sechs unter der Erde, sechs über derselben.

Sechs steigen auf bei Nacht und sechs bei Tage; sechs steigen auf, sechs sinken nieder; sechs sind rechts und sechs
sind links; sechs stehen seitens der Sonne und sechs seitens
des Mondes.

Die sechs nördlichen Sternzeichen sind Widder, Stier,
Zwillinge, Krebs, Löwe, Aehre.

Die sechs südlichen sind Waage, Scorpion, Bogen, Steinbock, Urne, Fisch.

Ist die Sonne in den nördlichen Sternzeichen so ist die
Nacht kürzer und der Tag länger; weilt sie in den südlichen,
so ist die Nacht länger und der Tag kürzer.

Grad aufgehend sind Krebs, Löwe, Aehre, Waage, Scorpion, Bogen. Ein jedes derselben steigt auf in mehr denn
zwei Stunden. Weilt die Sonne in einem dieser Sternzeichen,
so sinkt sie vom Norden zum Süden nieder und von der oberen
Abscisse zur unteren; die Nacht ist kürzer als der Tag.

Curvischen Aufgangs sind Steinbock, Urne, Fisch, Widder, Stier, Zwillinge.

Ein jedes von ihnen steigt auf in weniger als zwei
Stunden. Weilt die Sonne in einem von ihnen, so steigt
sie auf von Süden nach Norden und von der unteren zur
oberen Abscisse. Der Tag ist kürzer als die Nacht.

Die sechs männlichen und täglichen sind Widder, Zwillinge, Löwe, Waage, Bogen, Urne.

Die sechs weiblichen und nächtlichen sind Stier, Krebs,
Aehre, Scorpion, Steinbock, Fisch.

Die sechs, welche bei Tage aufgehn, sind die sechs
Sternzeichen, von dem, in welchem die Sonne weilt, bis
zum siebenten Zeichen davon.

Die sechs, welche bei Nacht aufgehn, sind die vom siebenten Zeichen bis zu dem, [37] in welchem die Sonne ist.

Die sechs auf der Seite der Sonne sind die vom Löwen
bis zum Steinbock.

Die sechs auf der Seite des Mondes sind die von der
Urne bis zum Krebs.

In einer anderen Beziehung zerfallen die Sternzeichen in:

a) Frühlingliche; sie steigen im Norden auf, wenn der Tag länger ist, als die Nacht; es sind ihrer drei: Widder, Stier, Zwillinge.

b) Sommerliche; sie steigen vom Norden nieder, wenn die Nacht viel kürzer ist, als der Tag; es sind ihrer drei: Krebs, Löwe, Aehre.

c) Herbstliche; sie steigen im Süden nieder, wenn die Nacht den Tag überwiegt; es sind ihrer drei: Wage, Scorpion, Bogen.

d) Winterliche, steigen auf im Süden, wenn der Tag viel kürzer ist, als die Nacht. Steinbock, Urne, Fisch.

Noch in einer anderen Beziehung zerfallen diese Sternzeichen in vier Theile:

1. Die Dreifachen, so feurig, heiss, trocken, östlich und von einer Natur sind: Widder, Löwe, Bogen.

2. Die Dreifachen so staubartig, kalt, trocken, südlich, und von einer Natur sind: Stier, Aehre, Steinbock.

3. Die Dreifachen so luftartig, heiss, feucht, westlich, und von einer Natur sind: Zwillinge, Wage, Urne.

4. Die Dreifachen so wasserartig, kalt, feucht, nördlich und von einer Natur sind: Krebs, Scorpion, Fisch.

In anderer Beziehung zerfallen diese Sternzeichen in drei Theile:

Vier von ihnen sind wandelbarer Zeit: Widder, Krebs, Wage, Steinbock.

Vier von ihnen sind feststehender Zeit: Stier, Löwe, Scorpion, Urne.

Vier von ihnen sind doppelter Körper (glücklich und unglücklich): Zwillinge, Aehre, Bogen, Fisch.

Es ist klar, dass, wenn es der Sternzeichen mehr oder weniger als zwölf gäbe, die Theilung in der erwähnten Weise nicht durchginge; demnach sind es in nothwendiger Folge der Weisheit zwölf, denn der Schöpfer thut nur das Weiseste und Sicherste.

Der Herr schuf die Sphären in kugliger Gestalt, denn dies ist die vortrefflichste aller Gestalten, sie ist die weiteste, leidet am wenigsten Beschädigung und ist am

schnellsten in der Bewegung, ihr Mittelpunkt liegt gerade
in der Mitte, und sind ihre Durchmesser einander gleich.
Eine einzige Fläche umschliesst sie, und ein anderer Körper
berührt sie immer nur an einem Punkt. Diese Eigenschaften
finden sich an keiner anderen Gestalt, als an dieser. Auch
setzte Gott ihre Bewegung als die kreisförmige, denn diese
ist die vortrefflichste aller Bewegungen.

Die zwölf Sternzeichen vertheilen sich zwischen diese
Sterne, nämlich die sieben Wandelsterne, in verschiedenen Weisen, sie machen in denselben in der verschiedensten Beziehung Theilung und (Grenz-) Linien, so Haus
(Glück) und Schaden; untere und obere Abscisse, Aufstieg
und Niederstieg. Dann gehört hieher die Herrschaft der
Dreisschen, die der Grenzen und die der Anfänge; die Herrschaft der Knotenpunkte (Haupt und Schweif des Drachens),
die Herrschaft der Zwölf [38], dann die Herrschaft der
Pfeilorte und andere. Die Wandelsterne sind wie der Geist,
und die Sternzeichen wie der Leib.

Haus und Schaden.

Der Löwe ist das Haus der Sonne, der Krebs das des Mon-
des, die Zwillinge und die Aehre sind die beiden Häuser des
Mercur; Stier und Wage die der Venus; der Widder und
Scorpion sind die des Mars; Fisch und Bogen die des Ju-
piter; Steinbock und Urne die des Saturn. Ein jeder dieser
Sterne hat ein Haus von Seiten der Sonne und eins von
Seiten des Mondes. Der Schaden eines jeden Sterns ist
seinem Haus grad gegenüberstehend. Von diesen Sternen
sind die Einen in den Häusern der Anderen. Bestimmte
(Himmels-) Oerter sind der Hochstieg und der Niederstieg,
die obere und die untere Abscisse, das Haupt und der
Schwanz des Drachens.

Nähere Erklärung: Hochstieg ist die herrlichste Stelle
der Sterne im Himmelsrund; ihr Niederstieg das Gegentheil.

Obere Abscisse ist der höchste Ort des Sternes im
Himmelsrund, und die untere Abscisse das Gegentheil davon.

Hochstieg der Sonne ist im Widder, dem Haus des

Mars; ihre obere Abscisse in den Zwillingen, dem Haus des
Mercur. Hochstieg des Saturn ist in der Wage, dem Haus der
Venus; seine obere Abscisse in dem Bogen, dem Haus des
Jupiter. Sein Knotenpunkt ist in dem Krebs, dem Haus des
Mondes. Knotenpunkt ist der Durchschnitt der Sonnenbahn
durch die Sternbahn. Dies findet, wenn die Sonne durch die
Sternzeichen geht, an zwei Punkten statt; der eine ist der
Kopf des Drachens, der andere der Schweif desselben. Wenn
der Saturn durch die Sternzeichen geht, so durchschneidet
sein Lauf sechs Sternzeichen rechts von der Sonnenbahn, dann
geht er über zu der anderen Seite und durchwandelt die
sechs Sternzeichen links von der Sonnenbahn. So schneiden
sich die beiden Bahnen an zwei Orten, von denen der eine
der Kopf, der andere der Schweif des Drachens heisst.

Ein jeder der fünf Wandelsterne hat den Durchschnittspunkt wie der Saturn; dies ist in den astronomischen Tafeln
erwähnt. In den Tabellen ist der Durchschnittspunkt des
Mondes angegeben; die beiden Durchschnittspunkte heissen
auch die beiden Knoten. Sie werden nur kurz in den Tabellen behandelt, denn sie werden übertragen auf die Sternzeichen und Grade. Sie haben einen Wandel wie die Sterne
und haben auch dieselbe Bedeutung wie jene.

Kommen Sonne und Mond in einer Zeit bei einem dieser
beiden Knoten in einem Sternzeichen und in einem Grade
zusammen, so verfinstert sich die Sonne. Dies geschieht nur
am Ende eines Monats, denn der Mond wandelt dem Ort
der Sonne gegenüber in Sternzeichen und Graden, so dass
er das Licht der Sonne vor unseren Blicken hindert; wir
sehen sie verdunkelt (eigentlich defect), so wie ein Stück
einer Wolke es vor unseren Blicken verhüllt. [39]

Dies findet somit statt, wenn er unserem Auge und auch
der Sonne gegenüber vorüberzieht.

Steht die Sonne bei einem der beiden Knoten und kommt
der Mond zum anderen, wird der Mond verfinstert. Eine
Mondfinsterniss findet nur in der Mitte des Monats statt,
denn der Mond ist in der Mitte des Monats in dem Sternzeichen, welches dem Sternzeichen, in welchem sich die Sonne

4*

befindet, gerade gegenüber steht. Dann steht die Erde in
der Mitte, so dass das Licht der Sonne gehindert wird, den
Mond zu erleuchten, dann sieht man den Mond verfinstert,
da er nicht an sich Licht hat, sondern sein Licht von der
Sonne nimmt.

Der Hochstieg der Sonne ist im Widder, und ihre obere
Abscisse im Orion- (Zwillinge); ihr Drachenkopf im Bogen.

Der Hochstieg des Jupiter ist im Krebs, seine obere
Abscisse in der Aehre, sein Drachenkopf im Orion.

Der Hochstieg des Mars ist im Steinbock, seine obere
Abscisse im Löwen, sein Drachenkopf im Widder.

Der Hochstieg der Venus ist im Fisch, ihre obere Abscisse im Orion, ihr Drachenkopf im Stier.

Der Hochstieg des Mercur ist in der Aehre, ihre obere
Abscisse in der Wage, der Drachenkopf im Widder.

Der Hochstieg des Mondes ist im Stier, seine obere
Abscisse bewegt sich in den Sternzeichen hin und her. Dies
wird aus Tabellen und astronomischen Tafeln klar.

Dem Hochstieg eines jeden Sternes gegenüber steht der
Niederstieg desselben, im siebenten Zeichen davon, dem
Grade des Hochstiegs grad entsprechend; der oberen Abscisse
gegenüber steht die untere Abscisse, und dem Kopf des
Drachens grade gegenüber ist die Stelle des Drachenschweifs,
im siebenten Sternzeichen davon.

Die Herrschaft der Dreifachen, ihre Anfänge und ihre Grenzen.

Von den Wandelsternen hat einer mit den Häusern des
andern Gemeinschaft. Ferner haben sie in jenen Theilungen;
diese heissen Anfänge, auch haben sie in ihnen Linien, die
die Grenzen heissen.

Erklärung: Die drei Sternzeichen von einer Natur heissen
die Dreifachen, (wie oben schon gesagt ist.) Die Leitung der
drei Sternzeichen heisst Herrschaft. Die Dreifachen führen auf
drei Lebensdauern der Geborenen. Die drei Feuerherren
sind am Tage Sonne und dann Jupiter; in der Nacht erst
Jupiter und dann die Sonne; ihr Genoss bei Tag und bei
der Nacht ist der Saturn. Die drei Erdherren sind am Tage

Venus und dann der Mond; in der Nacht der Mond und
dann die Venus; ihr Genoss ist bei Tag und bei der Nacht
der Mars.

Die drei Luftherren sind am Tage Saturn, dann der
Mercur; in der Nacht Mercur, dann der Saturn; ihr Genoss bei Tag und bei der Nacht Jupiter.

Die drei Wasserherren sind am Tage Venus und dann
Mars, in der Nacht Mars und dann Venus, ihr Genoss bei
Tag und bei der Nacht ist der Mond.

Die Herren der Anfänge. [40]

Jedes der zwölf Sternzeichen zerfällt in drei Drittheile,
und jedes Drittheil in zehn Grade; sie heissen Anfänge in
Bezug auf einen Wandelstern, der dann der Herr des Anfangs heisst; es wird durch denselben die Form des Gebornen und das Aeussere der Dinge angegeben.

Nähere Erklärung: Die ersten zehn Grade des Widders
sind Anfang des Mars, die zweiten Anfang der Sonne, die
letzten Anfang der Venus.

Vom Sternzeichen Stier sind die ersten zehn Grade
Anfang des Mercur, die zweiten des Mondes, die letzten des
Saturn.

Vom Sternzeichen Orion sind die ersten zehn Grade
Anfang des Jupiter, die zweiten zehn Grade die des Mars,
die letzten zehn die der Sonne.

Nach dieser Analogie geht es bis zum Ende des Fisches;
je zehn Grade gehören einem Stern an, nach der Folge der
Sphären.

Die Grenzen und Ihre Herren.

Ein jedes dieser Sternzeichen zerfällt in fünf Theile von
verschiedenen Graden, der kleinste Theil hat zwei Grade,
der grösste zwölf. Ein jeder dieser Theile heisst Grenze,
und wird derselbe auf einen der fünf Wandelsterne bezogen,
der Herr der Grenze heisst. Durch denselben wird der Cha-

rakter des Gebornen angezeigt, doch hat weder Sonne noch Mond darin Autheil.

Sie zu berechnen haben wir einen Kreis gezogen und je zwei Buchstaben geschrieben, den ersten für den Namen des Herrn der Grenze, den zweiten als Nummer des Grades desselben. Ebenso für die Berechnung der Anfänge, ein Buchstabe zeigt den Herrn derselben an, und der andere den wievielten Grad des Anfangs. Zeichen des Saturn (zuchal oder kaiwan) ist kaf, des Jupiter (muschtari) mim, des Mars (mirrich oder bahram) ba, der Sonne (schams) ist sin, des Mondes (qamar) ist kof, der Venus (zuhra) ze, des Mercur (utarid) Ajin. Der weiteste Kreis enthält die Berechnung der Grenzen je zwei Buchstaben, der mittlere Kreis die Berechnung der Anfänge, der kleine Kreis die Namen der Sternzeichen.*)

Die Wandelsterne.

Zwei der Wandelsterne sind die beiden Leuchtenden: Sonne und Mond. Zwei derselben sind die beiden Glück: Venus und Jupiter. Zwei derselben sind die beiden Unglück: Saturn und Mars. Einer ist gemischter Natur, nämlich Mercur, ebenso die beiden Knotenpunkte Kopf und Schweif.

Ihre Natur.

Sonne: männlich, täglich, heiss, trocken, leuchtend Glück.

Saturn: kalt, trocken, männlich, täglich, Unglück.

Venus: kalt, feucht, weiblich, nächtlich, Glück.

Mercur: zart, gemischter Neigung, Glück mit Glück, Unglück mit Unglück.

Mars: heiss, trocken, weiblich, nächtlich, Unglück.

Jupiter: heiss, feucht, männlich täglich, Glück.

Mond: kalt, feucht, weiblich, nächtlich, leuchtend, Glück.

Das Haupt des Drachens gleich Jupiter. Der Schweif gleich Saturn.

---

*) Leider fehlt die Figur, wofür Raum gelassen.

Ihr Licht.

[41] Das Licht der Sonne ist 15 Grad vor ihr und ebensoviel hinter ihr.

Das Licht des Mondes ist 12 Grad vor ihm und ebensoviel hinter ihm.

Das Licht des Saturn und Jupiter ist 9 Grad vor ihnen
und ebensoviel hinter ihnen.

Das Licht des Mars ist 8 Grad vor ihm und ebensoviel
hinter ihm.

Das Licht der Venus und des Mercur eines jeden ist
7 Grad vor ihnen und ebensoviel hinter ihnen.

Was vom Tag und von der Nacht ihnen angehört.

Nacht und Tag und die Stunden beider sind zwischen
die 7 Wandelsterne vertheilt.

1ste Stunde vom ersten Tag (Sonntag) und dem fünften
(Donnerstag) Nacht gehören der Sonne.

1ste Stunde vom zweiten Tag (Montag) und Freitags
Nacht gehört dem Monde.

1ste Stunde vom 3. Tag, Dienstag, und Sonnabend Nacht
gehört dem Mars an.

1ste Stunde vom 4. Tag, Mittwoch, und Sonntag Nacht gehört dem Mercur an.

1ste Stunde vom 5. Tag, Donnerstag, und Montag Nacht
gehört dem Jupiter.

· 1ste Stunde vom 6. Tag, Freitag, und Dienstag Nacht gehört der Venus.

1ste Stunde vom 7. Tag, Sonnabend, und Mittwoch Nacht
gehört dem Saturn.

Die übrigen Stunden der Nacht und des Tages sind
zwischen diese Sterne nach der Reihenfolge ihrer Sphären
vertheilt. Die erste Stunde vom Sonntag gehört der Sonne,
die zweite der Venus, da ihre Sphäre unter der der Sonne
ist; die dritte dem Mercur, dessen Sphäre unter der der
Venus liegt; die vierte dem Monde, dessen Sphäre unter der

des Mercur folgt; die fünfte dem Saturn, die sechste dem
Jupiter, die siebente dem Mars, die achte der Sonne, die
neunte der Venus, die zehnte dem Mercur, die elfte dem
Monde, die zwölfte dem Saturn. So werden alle Stunden
des Tages und der Nacht berechnet, man fängt von der
ersten Stunde nach der Reihenfolge ihrer Sphären an, wie
wir darthaten.

Die Zahlen, welche diesen Sternen angehören.

Einem jeden dieser Wandelsterne wohnt eine Hinwei-
sung auf bestimmte Zahlen von Jahren, Monaten, Tagen und
Stunden bei. Durch sie wird die Menge der Lebensjahre
für das Geborene angegeben, so wie auch die Dauer, wie
lange die Wesen in der Welt des Entstehens und Vergehens
weilen angedeutet wird.*)

Der Umschwung des Himmels und Theilung seiner Viertel.

Der Umgebungskreis schwingt immerfort um, wie ein
Wasserrad; er kreist von Ost nach West über und von
West nach Ost unter der Erde.

So ist denn stets die Hälfte des Himmels, 6 Sternzeichen, 180 Grad, über der Erde. Diese heisst die Rechte und
die andere Hälfte 6 Sternzeichen 180 Grad unter der Erde,
sie heisst die Linke. So oft nun ein Grad vom Ostpunkt
aufsteigt, geht seinesgleichen im Westpunkt vom siebenten
Sternzeichen unter; so gehen denn stets 6 Sternzeichen bei
Tage und sechs bei Nacht auf.

Es ist stets ein Grad im östlichen Horizont, ein anderer
seines gleichen im westlichen, ein anderer steht gerade in
der Mitte des Himmels, dieser heisst Pflock des Zehnten
und ein anderer seines gleichen ist herabgesunken unter die
Erde und heisst Pflock des Vierten [42]. Es ist somit der
Himmel stets in vier Viertel, ein jedes zu 90° getheilt.

---

*) Es sind hier 5 Zeilen im Manuscript leer gelassen.

Vom Ostpunkt bis zum Pflock des Himmels sind 90
Grad; diese heissen das in die Luft aufsteigende östliche
Viertheil. Vom Pflock des Himmels bis zum Westpunkt
sind 90 Grad, diese heissen das herabsinkende Westviertheil.
Vom Westpunkt bis zum Pflock der Erde sind 90 Grad;
sie heissen das in die Finsterniss sinkende Südviertel. Vom
Pflock der Erde bis zum Ostpunkt sind 90 Grad; sie heissen
das aufsteigende Nordviertheil.

**Der Umschwung der Sonne durch die Sternzeichen, die Veränderungen
der Jahresviertel.**

Die Sonne kreist durch die 12 Sternzeichen in je $365\frac{1}{4}$
Tage einmal; sie weilt in einem jeden Sternzeichen 30 Tage
+ einen Bruch und in einem jeden Grade einen Tag und
eine Nacht + einen Bruch; sie ist bei Tag über, bei Nacht
unter der Erde. Sie steigt im Sommer hoch in der Luft
durch die nördlichen Sternzeichen und kommt dem Zenit
unserer Häupter nah.

Aber im Winter ist sie in den südlichen Sternzeichen
und steht niedrig in der Luft, sie ist fern vom Zenit unserer Häupter. In ihrer oberen Abscisse erhebt sie sich hoch
im Himmel und ist von der Erde fern, aber in ihrer unteren
Abscisse sinkt sie nieder am Himmel und kommt sie der
Erde näher. *)

Eintritt der Sonne in die Viertel des Himmels.

Tritt die Sonne in den ersten Grad vom Sternzeichen
Widder, ist Tag und Nacht gleich, das Klima (die Zeit)
gemässigt, es wendet sich der Winter und beginnt der Frühling. Die Luft ist lieblich, es weht der Frühlingswind, es
schmilzt der Schnee. Die Wasser fliessen in den Rinnsalen,
die Ströme dehnen sich, die Quellen sprudeln, es sprosst das
Gras, die Saat wird lang, es wächst das Kraut, es glänzen
Blüthen und Blätter an den Bäumen, die Blumen öffnen sich,

---

*) Es gehören zu diesem Abschnitt zwei Figuren, die aber nicht ausge-
führt sind.

das Antlitz der Erde wird grün. Die Thiere gebären, ihre
Euter sind milchreich. Die Jungen erstehen und sie breiten
sich aus über das Angesicht der Erde. Die Erde treibt ihre
Zierde hervor und ist geschmückt. Die Menschen freuen
sich und wünschen sich Glück. Die Welt gleicht einer jungen Maid, die sich schmückt und erglänzt für die Schauenden.

Eintritt des Sommers.

Gelangt die Sonne zum Ende der Zwillinge und zum
Anfang des Krebses, erreicht die Länge des Tages und die
Kürze der Nacht ihre höchste Höhe. Dann beginnt der
Tag abzunehmen, der Frühling wendet sich und es tritt der
Sommer ein. Die Hitze wird stark, und die Luft warm, es
weht der Samum. Die Wasser schwinden, die Halme werden trocken, [43] die Körner fest, es zeitigt die Ernte, die
Früchte kommen zur Reife, die Thiere werden fett, die Kraft
der Körper wird stark, die Erde giebt reiche Frucht und
wird die Fülle gross, reichlich fliessen die Gaben der Güte,
die Menschen sind froh, es ist ja, als wäre die Welt eine
reiche spendende Braut.

Eintritt des Herbstes.

Kommt die Sonne zum Ende der Aehre und zum Anfang der Wage, so ist zum zweiten Mal Tag und Nacht
gleich, es beginnt die Nacht zuzunehmen über den Tag, der
Sommer wendet sich fort und es beginnt der Herbst. Die
Luft wird kalt, es weht der Nordwind, das Klima verändert
sich, die Flüsse werden trocken, die Quellen versiegen, die
Baumblätter werden gelb, die Früchte werden gepflückt.
Man tritt die Tennen und sammelt das Korn, das Grün
verschwindet, das Antlitz der Erde ist staubig und die Thiere
werden mager, das Gewürm verkriecht sich, die Vögel und
das Wild wenden sich wärmeren Strichen zu, die Menschen
sammeln Speise für den Winter, die Welt gleicht einer Altern-
den, von der sich die Tage der Jugend abwandten.

Eintritt des Winters.

Kommt die Sonne zum Ende des Bogens und Anfang des Steinbocks, so erreicht die Länge der Nacht ihre höchste Höhe, es beginnt von da der Tag zuzunehmen. Der Herbst wendet sich fort, der Winter tritt ein, die Kälte wird stark, die Luft wird dick, es fallen die Blätter der Bäume ab, es sterben die meisten Thiere, oder kriechen ein in das Innere der Erde. Die Kraft der Körper wird schwach, und das Antlitz der Erde vom Schmucke bloss, Wolken entstehen, der Feuchtigkeit wird viel, die Luft dunkel und finster das Antlitz der Erde, die Zeit ist alt und ist der Mensch gehindert, sich zu tummeln, es ist als würde die Welt alt und hinfällig und wäre der Tod ihr nah.

Kommt aber die Sonne zum Ende des Fisches und zum Anfang des Widders, so wird die Zeit wieder wie das Jahr vorher. Das ist so die Weise und also ist die Bestimmung des Herrlichen Erhabenen.

Umschwung des Saturn durch die Sternzeichen und seine Lage zur Sonne.

Der Saturn kreist durch die 12 Sternzeichen in beinahe 30 Jahren einmal, er weilt in einem jeden Sternzeichen $2^{1}/_{2}$ Jahr, in einem jeden Grade einen Monat und in einer jeden Minute 12 Stunden. In jedem Jahre steht er mit der Sonne einmal in Opposition, wenn die Sonne im 7ten Grad von ihm ist, sie steht 2 mal mit ihm im Viertheil; und zwar einmal gen Rechts und einmal gen Links. Ferner steht der Saturn mit der Sonne in Conjunction, einmal dann, wenn er mit ihr in einem Sternzeichen und in einem Grade ist, dann überschreitet ihn die Sonne und erscheint dann der Saturn nach 20 Tagen im Osten am Morgen vor dem Sonnenaufgang. Dann läuft der Saturn von der Zeit, in der er sich von der Sonne trennte, bis dass er wieder mit ihr in Conjunction tritt 381 Tage; davon läuft er 123 Tage gerade gen Osten, 134 rückkehrend und 124 Tage gerade gen Westen. So ist die Weise beider in einem jeden Jahre. Nach der Bestimmung des Herrlichen Wissenden.

Umschwung des Jupiter durch die Sternzeichen und seine Lage zur Sonne.

Der Jupiter kreist durch die 12 Sternzeichen in beinahe 12 Jahren einmal; er weilt in einem jeden Sternzeichen ein Jahr und in je 2½ Graden einen Monat, in je 5 Minuten einen Tag und eine Nacht. — Mit ihm steht die Sonne in Opposition in einem jeden Jahre einmal, wenn sie im 7ten Sternzeichen von ihm ist. Sie steht von ihm im Viertheil zweimal, einmal rechts und einmal links; ferner steht der Jupiter mit der Sonne in jedem Jahre einmal in Conjunction, wenn er mit ihr in einem Sternzeichen und in einem Grade ist. Dann geht die Sonne an [44] ihm vorüber und es erscheint der Jupiter nach 20 Tagen im Osten am Morgen vor dem Aufgang. Der Jupiter geht von der Zeit, in der sich die Sonne von ihm trennt, bis zu der Zeit, wo er sich mit ihr wieder verbindet, 399 Tage, nämlich 144 Tage geradezu gen Ost, 111 Tage rückkehrend und 144 Tage geradezu gen West und so immerfort. *)

Umschwung des Mars durch die Sternzeichen, seine Lage zur Sonne.

Der Mars kreist durch den Himmel in beinahe 2 Jahren weniger beinah einen Monat; er weilt in jedem Sternzeichen etwa 45 Tage, einmal etwas mehr, und einmal etwas weniger. Er steht in einem jeden Grade 1 Tag und einen Tagtheil; kehrt er zurück zum Sternzeichen, verweilt er darin etwa 6 Monate, etwas mehr oder weniger. Die Sonne steht in diesem Zeitraum einmal mit ihm in Opposition, wenn er rückkehrt vom 7ten Sternzeichen, sie steht im Viertheil von ihm, einmal rechts und einmal links. Ebenso steht sie einmal mit ihm in dieser Zeit in Conjunction, wenn sie mit ihm in einem

---

*) Im ursprünglichen Manuscript waren Figuren dazu angegeben, in dem Pariser fehlen dieselben, die durch leergelassene Stellen angedeutet sind.

Sternzeichen und in einem Grade weilt. Dann schreitet über
ihn die Sonne hin, und wandelt der Mars unter den Strahlen
der Sonne zwei Monate, (so dass er nicht gesehen wird.)
Dann erscheint derselbe am Morgen im Osten vor dem Aufgang der Sonne zwei Monate. Es wandelt der Mars von
der Zeit, wo sich die Sonne von ihm trennte bis sie sich
wiederum mit ihm verbindet 858 Tage. 325 Tage gerade
östlich, 78 Tage rückkehrend, 455 Tage gerade westlich, das
ist seine Weise.

Umschwung der Venus durch den Himmel und ihre Lage zur Sonne.

Die Venus kreist durch die Sternzeichen wie die Sonne,
nur dass sie einmal den Lauf beeilt und der Sonne zuvor-
kommt und ein ander Mal im Laufe zögert und zurückbleibt,
dann ist sie hinter ihr. So trennt sie sich einmal von ihr
als rückkehrend, ein andermal geradeaus gehend. Wenn sie
sich von der Sonne in rückgängiger Bewegung trennt, erscheint sie nach fünf Tagen aufgehend von Osten am Morgen, bevor die Sonne aufgeht. Man sieht sie gegen Ende
der Nacht acht Monate aufgehen, dann nennt man sie östlich. Darauf beeilt sie ihren Lauf und hängt der Sonne an
und läuft unter ihren Strahlen drei Monate. Man sieht sie
nicht, dann erscheint sie am Abend im Westen nach Untergang der Sonne. Man sieht sie acht Monate im Anfang
der Nacht untergehen, sie heisst dann westlich.

Von der Zeit, in der sich die Venus als geradeaus ge-
hende von der Sonne trennt, bis sie sich zum zweitenmale
mit ihr verbindet, sind es 578 Tage, von diesen geht sie
50 Tage rückgängig und die anderen Tage geradeaus gehend, sie ist höchstens 48 Grad vor und ebensoviel hinter
der Sonne.

Umschwung des Mercur durch den Himmel und seine Lage zur Sonne.

Der Mercur verhält sich zur Sonne wie die Venus.
Doch gebraucht er von der Zeit, wo sich die Sonne von ihm,

da er geradeaus geht, trennt, bis zur Zeit, in der er sich wieder in demselben Zustand mit ihr verbindet 125 Tage. Von diesen ist er 22 Tage rückgängig, die anderen geht er geradeaus. [45]

Er ist höchstens 27 Grad vor oder hinter der Sonne. Er kehrt in jedem Jahre dreimal zurück, er entflammt sechsmal, er erscheint dreimal im Osten und dreimal im Westen.

Umschwung des Mondes durch den Himmel und seine Lage zur Sonne.

Der Mond kreist durch die Sternzeichen in jedem arabischen Jahre zwölfmal, er weilt in jedem Sternzeichen $2^1/_8$ Tag, in jeder Station einen Tag und eine Nacht, in jedem Grade nahezu 2 Stunden. Er steht mit der Sonne in einem jeden Monat einmal in der Opposition, und im Viertheil zweimal, einmal rechts und einmal links, und steht mit ihr allmonatlich einmal in Conjunction. Er wird dann zwei Tage nicht gesehen, darauf erscheint er im Westen, nachdem die Sonne untergegangen ist, als Neumond, dann nimmt er jede Nacht an Licht um ($^1/_7$ Siebentheil) $^1/_{14}$ zu, hat am 14ten Vollicht, bis dass er dann im anderen Theil des Monats abnimmt.

Der Mond und seine Stationen.

Der Mond hat in den Sternzeichen 28 Stationen, so sagt Gott (im Koran 36, 39). Dem Monde haben wir Stationen bestimmt, bis er wiederkehrt wie der alte Palmzweig (wieder ausschlägt).

In je drei Sternzeichen sind 7 Stationen, in einem jeden Sternzeichen $2^1/_8$ Stationen. Dies sind ihre Namen:

1) acharatan, die zwei Widderhörner,
2) butain, Widderbauch,
3) tsurajja, die Plejaden,
4) dabaran, Stierauge,
5) hak'a, 3 Sterne im Orionhaupt,
6) han'a, fünf Sterne in der linken Orionschulter,

7) dsira, Arm, zwei Sterne über den Zwillingen.
Dies sind die Mondstationen des Frühlings.

8) natsra, Nüstern des Löwen,

9) tarf, das Auge des Löwen,

10) gabha, Stirn des Löwen,

11) zubra, Widerrist des Löwen,

12) sarfa, Wendung, Herz des Löwen,

13) awwa, Hund, 5 Sterne in der Jungfrau,

14) simak, Schlüsselbein, Aehrenspitze.
Dies sind die Mondstationen des Sommers.

15) ghafr (Bauch) φ, c, k, im Fuss der Jungfrau,

16) zubana, Fühlhörner des Scorpion,

17) iklil, Krone,

18) kalb, Herz im Scorpion,

19) schaula, Schwanz des Scorpion,

20) naäim Strauss, im Körper des Pegasus,

21) balda, Stadt und Ort, wo kein Sternbild zu sehen.
Dies sind die Mondstationen des Herbstes.

22) sadu-d-dsabichi (Glück des Schlächters) im Steinbock,

23) sadu-l-bulóa, Glück (des Schlundes),

24) sadu-s-su'ud, Doppelglück $= \beta \xi$ im Wasserträger
c. im Schwanz des Steinbocks,

25) sadu-l-akhbija, Glück d. Zelte $\gamma \zeta \pi \eta$ im Wasserträger,

26) farghu-d-dalwi al mukaddami, vordere Henkel der
Urne,

27) farghu-d-dalwi al muakhari, hintere Henkel der Urne,

28) batnu-l-huti, Bauch des Fisches.
Dies sind die Stationen des Winters.

Die 12 Sternzeichen.

1) Der Widder ist das Haus des Mars, Hochpunct der
Sonne, Tiefpunct des Saturn. Schaden der Venus. Dies
Sternzeichen ist tagartig, östlich, männlich, wandelbar, Natur
der Gelbgalle, es ist frühlingsartig. Tritt die Sonne in den

ersten Grad desselben, ist Tag und Nachtgleiche, der Tag beginnt zu- und die Nacht abzunehmen. Dies währt 3 Monate = 90 Tage. Er hat 3 Anfänge und 5 Grenzen.

2) Der Stier ist das Haus der Venus, Hochpunkt des Mondes. Schaden des Mars. Dies Sternzeichen ist erdartig, nächtlich, südlich, fest, frühlingsartig, die Natur der Schwarzgalle, er hat 3 Anfänge und 5 Grenzen.

3) Orion ist das Haus des Mercur, Hochpunkt des Kopfes, Tiefpunkt des Schweifes der Drachen. Schaden des Jupiter. Dieses Sternzeichen ist luftartig, männlich, tagartig, westlich, frühlingsartig, blutartig, mit zwei Körpern. An seinem Ende erlangt die Taglänge ihre höchste Höhe und ist die Nacht sehr kurz. Es hat 3 Anfänge und 5 Grenzen.

4) Krebs ist Haus des Mondes, Hochpunkt des Jupiter, Tiefpunkt des Mars. Schaden des Saturn. Dies Sternzeichen ist wasserartig, weiblich, nächtlich, verkehrt, sommerlich und speichelartig. Im Anfange desselben beginnt die Nacht zu- und der Tag abzunehmen. Dies währt 90 Tage, er hat 3 Anfänge und 5 Grenzen.

5) Löwe ist das Haus der Sonne, ist weder Hoch- noch Tiefpunkt. Schaden des Saturn. Dies Sternzeichen ist feuerartig, männlich, tagartig, östlich, sommerlich, fest. Seine Natur ist die der Gelbgalle, es hat 3 Anfänge und 5 Grenzen.

6) Die Aehre ist das Haus des Mercur, ist Hoch- und Tiefpunkt der Venus (im Manusc. ihr Hoch- und Tiefpunkt ist die Venus), sie ist der Schaden des Jupiter. Dies Sternzeichen ist erdartig, nächtlich, weiblich, südlich, sommerlich und hat 2 Körper. Ihre Natur ist die der Schwarzgalle. An ihrem Ende ist Tag und Nacht zum zweitenmal einander gleich. Es hat 3 Anfänge und 5 Grenzen. *)

8) Der Scorpion ist das Haus des Mars, ist Tiefpunkt des Mondes und Schaden der Venus. Dies Sternzeichen ist wasserartig, nächtlich, weiblich, herbstlich, nördlich, speichelartig. Er hat 3 Anfänge und 5 Grenzen.

---

*) Leider ist das Sternzeichen die Wage ausgelassen.

9) Der Bogen ist das Haus des Jupiter. Hochpunkt des Drachenschweifes, Tiefpunkt des Drachenhauptes und Schaden des Mercur. [46] Dieses Sternzeichen ist feuerartig, männlich, tagartig und hat 2 Körper; es ist herbstlich. Seine Natur ist die Gelbgalle, an seinem Ende ist die Nacht am längsten und der Tag am kürzesten. Er hat 3 Anfänge und 5 Grenzen.

10) Der Steinbock ist das Haus des Saturn, Hochpunkt des Mars, Tiefpunkt des Jupiter, Schaden des Mondes. Dieses Sternzeichen ist erdartig, nächtlich, wandelbar. Seine Natur ist die Schwarzgalle, es ist winterlich, südlich. Im Anfang desselben beginnt der Tag zu- und die Nacht abzunehmen; dies geschieht drei Monate hindurch. Er hat 3 Anfänge und 5 Grenzen.

11) Die Urne ist das Haus des Saturn, es fällt in ihr weder der Hoch- noch der Tiefpunkt eines Gestirns, doch ist sie der Schaden der Sonne. Dies Sternzeichen ist luftartig, männlich, tagartig, westlich, fest, winterlich, blutartig, hat 3 Anfänge und 5 Grenzen.

12) Der Fisch ist Haus des Jupiter, Hochpunkt der Venus, Tiefpunkt des Mercur, sowie der Schaden desselben. Dieses Sternzeichen ist wasserartig, weiblich, nächtlich, nördlich, speichelartig. Am Ende desselben ist Tag und Nacht einander gleich, dann tritt die Sonne in den Anfang des Widders und beginnt die Zeit von Neuem, wie beim Beginn der Welt. Also ist die Bestimmung des Herrlichen.

Die Wandelsterne laufen durch die 12 Sternzeichen mit verschiedenen Bewegungen, wie wir dies vorher darthaten. Oefter kommen zwei, drei, vier, fünf, sechs oder auch alle sieben in einem Sternzeichen zusammen. Treffen zwei derselben in einem und demselben Grade des Sternzeichens zusammen, so sagt man, sie sind beide in Conjunction. Zu den meisten Zeiten sind sie in den Sternzeichen von einander getrennt. Man erkennt ihre Oerter in den Graden der Sternzeichen, auch ob sie getrennt sind oder zusammen kommen, aus der Tabelle und astronomischen Tafeln.

Wird ein Kind geboren oder entsteht ein Ding, so muss

nothwendig in diesem Augenblick irgend ein Grad von dem östlichen Horizont aufsteigen. L Von diesem bis zum vollendeten dreissigsten Grad heissen die aufsteigenden Grade: Haus des Lebens. Es ist gleich, ob diese dreissig Grade einem oder zwei Sternzeichen angehören. II. Vom vollendeten 30sten bis vollendetem 60sten Grad heisst: Haus des Besitzes. III. Bis zum vollendeten 90sten Grad heisst: Haus der Brüder. IV. Bis zum vollendeten 120sten Grad heisst: Haus der Väter. V. Bis zum vollendeten 150sten Grad heisst: Haus der Kinder. VI. Bis zum vollendeten 180sten Grad heisst: Haus der Krankheit. VII. Bis zum vollendeten 210ten Grad ist es das Haus der Gatten. VIII. Bis zum vollendeten 240sten Grad ist es das Haus des Todes. IX. Bis zum vollendeten 270sten Grad ist es das Haus der Wanderer. X. Bis zum vollendeten 300sten Grad ist es das Haus des Herrschers. XI. Bis zum vollendeten 330sten Grad ist es das Haus der Hoffnung. XII. Bis zum vollendeten 360sten Grad ist es das Haus der Feinde.

Ein jedes dieser Häuser und die Andeutungen derselben führen auf eine Menge von Dingen. Wir unterlassen es, dieselben hier hervorzuheben, da sie in den Büchern der Astrologie angegeben sind.

„Nach diesem kurzen Abriss der Astronomie und Astrologie folgt die Ausbeutung dieser Wissenschaft für die mystischen Tendenzen dieser Verbrüderung."

Die Betrachtung der Sterne und Sphären, ihrer Bewegungen, Grösse und Eigenthümlichkeiten erregt in der Seele

die Sehnsucht, zu den Sternen aufzusteigen. Dies könne
natürlich nicht in diesen schweren, dichten Körpern geschehen, sondern nur von der Seele, die vom Körper gelöst und
nicht durch schlechte Handlung, falsche [47] Ansichten,
Thorheit und schlechten Charakter verderbt ist. Dieser Aufstieg ist dann aber in einem Augenblick, zeitlos. Die Seele
ist da, wohin ihr Streben und ihre Liebe geht, so wie die
Seele des Liebenden dort weilt, wo der Geliebte ist.

Liebt dagegen die Seele diese sinnliche Welt und diesen
sinnlichen Leib mit seinen Begierden, sehnt sie sich nicht
zum Aufstieg in jene Sphärenwelt, es eröffnen sich ihr
dann nicht die Thore des Himmels, sie bleibt in der Welt
der Gegensätze unter dem Mondkreis, im Grunde dieser wan-
delbaren, aus Gegensätzen bestehenden Körper, die einmal
vom Entstehen zum Vergehen und ein andermal vom Vergehen zum Entstehen sich wandeln.

Hierfür werden folgende Koranstellen angeführt: 4, 59:
So oft ihre Haut reift, geben wir ihnen an der Stelle derselben eine andere, auf dass sie die Strafe kosten. — 78,
23: Sie weilen in der Hölle Zeitläufe, so lange Himmel und
Erde währt, kosten sie weder Kühlung noch Trank.

In der Ueberlieferung vom Propheten heisst es: das
Paradies ist in dem Himmel, aber das Feuer auf der Erde.

Als Lehre der alten Weisheit wird der Spruch angeführt: Wer es vermag, seinen Körper abzustreifen, der
Sinne sich zu entäussern, und die Zuflüsterungen zu be-
schwichtigen, der steigt zum Himmelskreis des Orion auf,
das ist der beste Lohn.

Ptolemäus liebte die Astronomie; er machte die Mathematik zu einer Leiter, auf der er zum Himmelskreis anstieg;
dort maass er die Sphären, ihre Dimensionen, die Sterne
und ihre Grösse. Dies buchte er dann im Almagist. Dieser
Aufstieg geschah natürlich mit der Seele, nicht mit dem
Leibe.

Von Hermes dem dreifachen in der Weisheit (trismegistos),
und dies ist der Prophet Idris, wird berichtet, er sei zur
Sphäre des Saturn aufgestiegen, und sei mit ihm dreissig

5 *

Jahre umgeschwungen, bis er alle Zustände des Himmels als Zeuge schaute, dann sei er herabgestiegen und hätte den Menschen die Astronomie verkündet. Zum Beleg hierfür wird die Koranstelle 19, 58 angeführt: Wir erhoben ihn (den Idris) auf eine hohe Stelle.

Aristoteles sagt in seinem Buche „Theologumena" in räthselhafter Weise: Ich war bisweilen allein mit meiner Seele; ich streifte meinen Körper ab, und ward wie eine blosse Substanz ohne Körper; da trat ich ein in mein eigentliches Wesen und aus allen Dingen heraus; ich sah in meinem Wesen solche Schönheit und solchen Glanz, dass ich darüber verwundert und bestürzt war. Denn wisse, ich war ein Theil von den Theilen der Welt, jedoch einer der vortrefflichsten und erhabensten.

Pythagoras sagt in seinem goldnen Brief (Testament): Wenn du thust, was ich dir sage, o Johannes, so trennst du dich von diesem Körper, dass du in der Luft weilest, dann schwebst du hin und her, kehrst aber nicht zum Menschthum zurück und nimmst den Tod nicht an.

Der Messias sprach zu den Aposteln in einem seiner Testamente: Wenn du diesen Bau verlässest, so stehe ich in der Luft zur Rechten vom Throne meines Vaters, und ich bin bei euch, wohin ihr auch gehet; ihr seid nicht von mir geschieden, auf dass ihr mit mir einst im Himmelreich seid.

Der Prophet sagt in einer Anrede an seine Genossen: Ich stehe für euch auf dem Szirat, denn ihr werdet morgen zur Grube niedersteigen, dann stelle ich euch mir nah am Tage der Auferstehung. Wer also aus der Welt tritt, wie ich euch verlasse, der soll sich nicht ändern noch verwandeln nach mir.

Diese Berichte und Aussprüche beweisen das Bestehen der Seele, nachdem sie den Körper verlassen.

„Demgemäss folgen Ermahnungen, nach der Reinheit der Seele deshalb zu streben. [49] Diesen Werth, den die Astronomie für die Mystik hat, heben diese Philosophen deshalb besonders hervor, weil die meisten Astronomen über die Religion und die Geheimnisse der Propheten Zweifel hegen."

Es liege, so behauptet diese Schule, darin, dass es gerade neun Himmelsstufen (Sphären) gebe, dass der Sternzeichen gerade zwölf seien, dass es der Wandelsterne sieben und der Mondstationen 28 gebe, eine ganz besondere Weisheit. Denn dies sei also, damit nach der Lehre des Pythagoras die vorhandenen Dinge den Eigenthümlichkeiten der Zahl entsprechen. Die pythagoräische Schule stellte es ja auf, dass eine jede Zahl eine Eigenthümlichkeit habe, die den anderen Zahlen fehle, und von den vorhandenen Dingen eine jede Art durch eine bestimmte Zahl begrenzt werde. Sie sagen: die vorhandenen Dinge entsprechen der Natur und den Eigenthümlichkeiten der Zahl. Wer daher die Natur der Zahl, ihre Arten und die Eigenthümlichkeiten dieser letzteren kenne, dem wäre die sichere Weisheit offenbar.

7 Wandelsterne giebt es, denn 7 ist die erste vollkommene Zahl $(2 \times 3 + 1 = 7)$; 9 Sphären giebt es, weil 9 die erste ungerade Quadratzahl ist $(3 \times 3 = 9)$; 12 Sternzeichen giebt es, weil 12 die erste übervolle Zahl ist $(3 \times 4 = 12)$; 28 Mondstationen giebt es, weil 28 die erste vollständige Zahl ist $(7 \times 4 = 28)$. Also sind sie nach göttlicher Weisheit auf diese Zahlen beschränkt.

Von den sieben Wandelsternen sind 2 Lichter, 2 glücklich, 2 unglücklich, 1 gemischter Deutung [49].

Von den zwölf Sternzeichen sind 4 wandelbar, 4 feststehend, 4 doppelkörperlich.

Darin, dass die beiden Knoten (Kopf und Schweif des Drachen) in ihrer Mitte liegen, liegt noch eine besondere Weisheit. Dies weist darauf hin, dass ein Theil der vorhandenen Dinge offenbar, klar, den Sinnen nicht verborgen, der andere Theil dagegen verborgen, geheim, den Sinnen unerfassbar ist.

Offenbar und klar sind die Substanzen der Körper und deren Accidensen. Verborgen und geheim sind die Substanzen der Seele und ihre Zustände. Offenbar und klar sind auch die Dinge dieser Welt. Verborgen und dem Verstande der meisten verhüllt sind die Dinge der anderen Welt. Gott bestimmte, dass das Offenbare, Klare auf das Verborgene und Geheime hinweise.

Von der Sonne und dem Mond ist der Mond ein Hinweis auf die Dinge dieser Welt, auf ihre Zustände und Bewohner, wie sie ab- und zunehmen, wie sie sich ändern und hinschwinden. Dagegen deutet das andere Licht, die Sonne, auf die Dinge der andern Welt, auf den Zustand ihrer Bewohner, ihre Vollendung und Vollkommenheit, ihr Licht und ihre Strahlen.

Von den beiden Glückssternen, dem Jupiter und der Venus, zeigt der Eine, die Venus, das Glück der Kinder dieser Welt an; beherrscht sie die Geburtsstunde, deutet dies auf ein lieblich Leben, Speis und Trank, Geschlechtsumgang und Geburten. Wer solches hat, gehört zu den Glücklichen dieser Welt.

Der Jupiter dagegen kündet das Glück der Kinder jener Welt an; beherrscht er die Geburtsstunde, deutet dies auf gesunde Natur, rechten Glauben, Aufrichtigkeit, Enthaltsamkeit, wahre Gottesfurcht; wer also sich befindet, gehört zu den Glücklichen der anderen Welt.

Von den beiden Unglückssternen, Saturn und Mars, ist der Saturn der Unglücksstern für die Kinder der Welt; beherrscht er die Geburtsstunde, so deutet dies auf Elend, Unglück, Unfruchtbarkeit, Krankheit, Unfall in den Geschäften. Der, welchen solches trifft, gehört zu den Unglücklichen dieser Welt.

Der Mars ist dagegen der Unglücksstern für die Kinder der andern Welt; beherrscht er die Geburtsstunde, deutet er die Uebel der Unrechtschaffenheit, Schändlichkeit, Mord, Diebstahl, Verderben an. Wer also thut in dieser Welt, gehört zu den Unglücklichen in der anderen Welt.

Bei demjenigen, dessen Geburtsstunde vom Jupiter und der Venus beherrscht wird, weist das Doppelglück auf das Glück in dieser und in jener Welt hin. Wessen Geburtsstunde aber vom Saturn und Mars beherrscht wird, bei dem deutet das Doppelunglück auf das Unglück in dieser und in jener Welt hin. Der Mercur ist gemischt, Glück und Unglück; er deutet auf die Dinge in dieser und in jener Welt hin und beweist, dass Eins mit dem Andern zusammenhängt. Von den Sternzeichen sind die einen wandelbar und deuten sie auf die Wandelung in den Zuständen von den Kindern dieser Welt; die andern sind fest, sie deuten auf den Bestand von den Zuständen der Kinder der anderen Welt. Die Sternzeichen mit zwei Körpern beweisen den Zusammenhang von den Dingen dieser Welt mit denen der anderen Welt.

Man sagt, der Aufgang der Welt sei der Krebs; dies ist ein wandelbares Sternzeichen, und ebenso die Pflöcke (die Cardinalpunkte) desselben. Die beiden Knoten d. i. der Kopf und der Schweif des Drachen, sind weder zwei Sterne noch zwei Körper, sondern zwei verborgene Dinge, wie wir das darstellten. Sie bewegen sich aber durch die Sternzeichen, [50] so wie die Sterne sich bewegen; sie deuten auch ebenso wie die Sterne auf Seiendes hin. Der Kopf des Drachen hat die Bedeutung der Glückssterne, der Schweif die der Unglückssterne; beide sind verborgenen Wesens und sichtbarer Wirkung. Diese Eigenschaft derselben beweist, dass es in der Welt Seelen giebt, deren Wesen zwar verborgen, doch deren Wirkungen sichtbar sind. Das sind die geistigen Wesen, nämlich die Gattungen der Engel, die Stämme der Genien und die Schaaren des Teufels. Die Gattungen der Engel sind vortreffliche Seelen, die mit der Erhaltung der Welt und der guten Stellvertretung in derselben betraut sind. Sie waren einst mit Körpern begabt, dann aber läuterten sie sich, wurden einsichtig; sie trennten sich von ihren Körpern und bestanden in ihrem Wesen allein; so entkamen sie (der sinnlichen Welt) und schweiften umher in der Weite der Sphären und der Ausdehnung des Himmels. Sie sind glücklich, froh, heiter und in Lust, so lange Himmel und Erde bestehen.

Die Efrit unter den Genien und die widerspenstigen
Satan sind schlechte verdorbene Seelen, die einst mit Körper
begabt waren, dann aber von ihrem Körper sich trennten,
doch ohne Einsicht und ungeläutert; sie blieben blind, die
Wahrheit zu sehen, taub, das Rechte zu hören, stumm, ohne
sinnige Rede über die feinen Bedeutungen. Sie schweifen
umher in den Finsternissen des Meers der Materie, und
tauchen in den Grund der finstern, mit drei Dimensionen begabten Dinge d. i. der Körperwelt und sinken nieder in den
Tiefgrund des Orkus. „So oft ihre Haut reift im Unglück,
geben wir ihnen dafür eine andere, das ist also mit ihnen,
so lange Himmel und Erde bestehen." — Sie weilen dort Zeitläufe und empfinden nicht die Frische des Hauchs aus der
Geisterwelt, noch kosten sie die Lust vom Trank der Erkenntniss, also bleibt es bis zum Tag der Heimsuchung.

Sichtbare Wirkungen vom Kopf und Schweif des Drachen
sind die Verfinsterungen der beiden (grossen) Lichter, denn
jene beiden sind die sichersten Ursachen der Mond- und
Sonnenfinsterniss. Die göttliche Weisheit bestimmte die Verfinsterung der zwei grossen Lichter, damit aller Verdacht
und Zweifel aus dem Herz der Zweifelnden weiche, dass
jene zwei Götter wären; denn wären sie zwei Götter, würden
sie sich nicht verfinstern lassen. Dies Unheil (die Verfinsterung) trifft die beiden herrlichsten Lichtkörper durch zwei
verborgene Ursachen, und deutet dies darauf hin, dass die
grösste Versuchung vom Satan den Propheten zustosse, denn
die Propheten sind die Sonne und der Mond der Menschen-
kinder. Dass dies also sich verhalte, beweist die Erzählung
vom Iblis mit Adam dem Menschenvater, da er ihn aus dem
Paradies brachte. Dann wie er mit Noah in der Arche fuhr,
und dann, dass er eine Wurfmaschine herstellte, den Abra-
ham ins Feuer zu werfen. Auch des Teufels Zuflüsterung
an Mose ist dafür Beweis, da er zu ihm sprach: „Vielleicht
ist doch das Wort, welches du hörst, nicht ein Wort von
dem Herrn der Welt." Da sprach Mose: Herr, ich blicke
auf dich. Der Herr aber sprach: fürwahr, nicht siehst du

mich (Kor. 7, 139). Dasselbe beweisen die Erzählungen von dem Messias, Zacharias, Johannes und anderen.

Wir heben dies hervor, denn die meisten Astronomen bezweifeln die zukünftige Welt und haben wirre Vorstellungen über die Satzungen der Religion; sie kennen die Geheimnisse des Prophetenthums nicht, verleugnen die Abrechnung und Heimsuchung. Doch wir beweisen ihnen die Wahrheit von dem, was sie leugnen. Das ist ja überhaupt das Ziel unsrer Abhandlungen (den Zwiespalt zwischen Glauben und Wissen aufzuheben). [51]

Werth der Astrologie.

Ueber die Wahrheit und den eigentlichen Werth der Astrologie haben die Gelehrten verschiedene Ansichten.

Die Einen meinen: Die Himmelskörper geben Hindeutungen auf das, was in dieser Welt sein werde, bevor es ist.

Die Zweiten meinen: Sie übten That und Einwirkung zugleich mit ihrer Hindeutung aus.

Die Dritten leugnen eine jede That-, Einwirkungs- oder Hindeutungskraft derselben, die Sterne seien vielmehr wie das Feste und das Todte.

Die Astrologen, sie kennen die Hindeutungen durch die sorgfältige instrumentale Beobachtung der Bewegung und Einwirkung der Sterne. Sie betrachten dieselben, überlegen dann ihre Zustände, dann forschen sie nach dem Wandel der Sterne im Lauf der Tage, Monde und Jahre, wie solcher bei Volk auf Volk, Zeitlauf nach Zeitlauf, stattfand. Sobald sie etwas davon erfassen, stellen sie dies in ihren Büchern fest.

Die, welche dies leugnen, gehören zu den Skeptikern; sie unterlassen es, diese Wissenschaft zu betrachten, und denken nicht daran, die Zustände der Sphären, deren einzelne Körper, die Bewegung und den Umschwung derselben sich zu überlegen; sie kümmern sich nicht darum, danach zu forschen, noch auch den Wandel derselben zu beschauen. Sie wissen nichts davon und verleugnen es; sie sind Gegner der Vertreter dieser Wissenschaft und binden mit ihnen in

Zank und Hass an. -- Die endlich, welche behaupten, die
Sterne übten Kraft und Einfluss auf das, was unter dem
Mondkreis ist, aus, die erkennen dies auf einem andern Wege
als dem der Astrologen; durch eine strengere Forschung,
und genauere Ueberlegung. Dies ist der Weg der geistigen,
(mystischen) Philosophen, und der Seelenwissenschaft, (Psycho-
logie), der Gottesstärkung und des Beistandes des Herrn.
Wir wollen davon etwas hervorheben, um die, welche die Philosophie lieben und nach ihr begehren, wohl zu leiten.
Die Sterne des Himmels sind Engel Gottes und himmlische Könige; Gott hat sie geschaffen, seine Welt zu pfle-
gen, seine Creaturen zu regieren und seine Geschöpfe zu
leiten. Sie sind die Stellvertreter Gottes in den Sphären,
wie die Könige Stellvertreter Gottes auf der Erde sind, um
die Diener Gottes in bester Weise zu leiten. In dieser Weise
verhält es sich mit den Entscheidungen der Sterne auf das
unter dem Mondkreis Befindliche; sie üben feine Kräfte und
eine so zarte Wirkung aus, dass die meisten Menschen sie
nicht erkennen, so wie thörichte junge Leute die kluge Leitung der Könige nicht recht verstehen. Nur den Vernünftigen und tiefer Eindringenden ist dies klar, wie den Philosophen und den von Gott erleuchteten Theologen.
Wie die Kräfte der einzelnen Körper in der
Hochwelt zu den einzelnen Kräften der Niederwelt,
der Welt des Entstehens und Vergehens gelangen.[52]
Der Ausdruck „Welt" bedeutet alle vorhandenen Körper
mit den daran hängenden Eigenschaften. Sie alle bilden eine
Welt, wie eine Stadt und ein Thier. Alle Körper zerfallen
nun in zwei Theile, nämlich in die Welt der Sphären und
die Welt der vier Elemente: Feuer, Luft, Wasser, Erde,
d. h. die Welt des Entstehens und Vergehens. Die äusserste
Grenze der Sphärenwelt beginnt von der äussersten Oberfläche
der Umgebungsphäre bis zur äussersten Tiefe des Aether-
kreises, das heisst bis zum Mondkreis, da wo er an die Luft
grenzt.
Die Grenze der Elementenwelt geht von der Grundfläche der Mondsphäre bis zum Mittelpunkt der Erde.

Die eine der zwei Welten heisst die Hochwelt, die
andere die Tiefwelt. Denn „hoch" ist das, was dem Umgebungskreis nahe liegt, und „tief" ist das, was dem Mittelpunkt zu liegt.

Das, was über dem Himmel ist, das ist die Ordnung
der Allseele, deren Kräfte in alle Körper und in alle Welten
dringen, vom Umgebungskreis bis zum Mittelpunkt der
Erde.

Die Kraft der Allseele, welche der Welt zudringt, ist
zunächst in den vorzüglichsten Leuchtkörpern, d. h. den
Fixsternen und dann in den Wandelsternen, danach in den
vier Elementen unter ihnen und den aus ihnen entstandenen
Einzelkörpern, Mineral, Pflanze und Thier, eingedrungen. Denn
die Kraft der Allseele emanirt auf die All- und Theilkörper
zusammen, so wie das Licht der Sonne und Sterne die
Luft durchdringt und ihr Strahlenwurf bis zum Mittelpunkt
der Erde geht.

Die Wandelsterne steigen einmal in ihren Bewegungen
zu der höchsten Höhe ihrer Sphäre und ihrer oberen Abscisse auf, sie nahen sich den vorzüglichsten Einzelkörpern,
den Fixsternen, und nehmen von da Licht, Erguss und
Kräfte. Ein andermal steigen sie nieder zur untern Abscisse,
sie nahen sich dabei der Welt des Entstehens und Vergehens, und führen dabei diese Ergüsse und Kräfte den
anderen Einzelkörpern zu, eben so wie die Kraft der Thier-
seele ins Gehirn und durch Vermittlung der Nerven zu allen
Theilen des Körpers gelangt *).

Gelangen nämlich diese Kräfte und Ergüsse mit ihren
Strahlen zu dieser Welt, durchdringen sie zuerst die vier
Elemente, Feuer, Luft, Wasser, Erde. Dies ist dann
Grund, dass das Seiende, Mineral, Pflanze, Thier entstehe.
Ihre verschiedenen Gattungen und Arten entstehen den ver-
schiedenen Himmelskörpern, Orten und Zeiten gemäss. Die

---

*) Die Abhandlung von dem sinnlich Wahrnehmbaren; es ist die später
folgende Abhandlung in der früheren citirt. Offenbar entstanden alle diese
Abhandlungen gleichzeitig wie bei uns die Encyklopädien.

Grenze ihrer Menge, die Arten ihrer Einzelwesen und die verschiedenen Eigenschaften kennt nur Gott, der sie schuf, hervorgehen liess und sie nach seinem Willen formte.

Wie Glück und Unglück des Seienden entsteht.

Die Umgebungssphäre dreht sich immerfort wie ein Rad von Osten nach Westen, und dann von West nach Ost, ebenso bewegen sich die Sterne immerfort nach der Folge der Sternzeichen, wie dies in den astronomischen Tafeln und in den Tabellen dargethan ist. Ebenso sind auch alle Dinge an Entstehen und Vergehen gebunden, sie kommen davon weder bei Tage noch bei der Nacht, weder des Winters noch des Sommers los. — Wenn es sich aber zu einer Zeit trifft, dass die Wandelsterne in ihrer oberen Abscisse [53] in ihrer Strahlkraft, in ihren Häusern (Sternzeichen) und in ihren Grenzen sind, und der eine zum andern in dem vortrefflichsten Verhältniss, dem sogenannten musikalischen d. i. Hälfte, Drittheil, Viertheil, Achttheil stehe, dann hierbei diese Kräfte von der Allseele hervordringen und durch Vermittelung der Sterne zu dieser niederen Welt unter dem Mondkreis gelangen, so entstehen durch diese Mittelursachen (die Wandelsterne) Dinge, die in der besten Mischung, der reinsten Natur und vortrefflichsten Reibung sind. Sie beginnen, nehmen zu, werden vollendet und vollkommen, und gelangen in dem, wonach sie streben, zur höchsten Vollkommenheit und zum weitesten Ziel; diese Zustände und Verhältnisse und was in ihnen entsteht, nennt man glückliche und gute.

Ist aber die Haltung des Himmels, und sind die Oerter der Sterne in umgekehrter Weise, erreichen jene Dinge nicht ihre höchste Vollendung, das nennt man Unglück des Himmels und Ursach der Uebel. Dies liegt nicht in der Grundabsicht, sondern in zutreffenden Mittelursachen; vgl. die Abhandlung über Ansichten und Lehrweisen im Kapitel über Grund- und Mittelursachen der Uebel.

Ursachen der verschiedenen Einwirkungen der Sterne auf die vergehenden Dinge unter dem Mondkreis.

Die Strahlung der Sterne auf die Luft und der Wurf
ihrer Strahlen auf den Mittelpunkt der Erde geschieht nach
einer Regel, aber die Annahme der dieselben Empfangenden
ist nicht eine, sondern nach der Verschiedenheit ihrer Substanzen verschieden.

Wenn die Sonne vom Ostpunkt erglänzt, erleuchtet sie
mit ihrem Licht die Luft, vom Reflex ihrer Strahlen wird
die Oberfläche der Erde warm (cf. die Abhandlung von den
Wirkungen der Höhe); der Lehm wird trocken, der Schnee
schmilzt, das Wachs wird weich, die Frucht reift, das Fleisch
wird stinkend, die Kleider der Walker weiss, doch ihr Antlitz dunkel; es reflectiren die Strahlen von den polirten
Flächen wie vom Angesicht des Spiegels. Dagegen dringt
der Strahl in die durchsichtigen Körper ein wie in Glas,
Beryll und reines Wasser. Das Licht der Blicke wird bei
den meisten Thieren stark, bei anderen aber, wie bei der
Eule, den Fledermäusen, den Milben u. dergl. schwach,
so findet die verschiedenartigste Einwirkung bei den verschiedenen Substanzen, der verschiedenen Zusammensetzung
und Mischung und den verschiedenen Annahmen gemäss
statt, während die Strahlung doch nur eine ist. Ebenso ist
auch die Annahme der Sterneinwirkung bei den Menschen
verschieden.

Ist z. B. der Himmel zu einer Zeit in seiner belobten
Glücksgestalt, in den glücklichen Zuständen der Sterne und
wird dann in derselben eine Anzahl von Geschöpfen und Menschen geboren, so sind dennoch die Einen Königs- und Häupt-
lingskinder, andere Kinder von Präfekten, Kaufleuten und
Wohlhabenden, noch andere Kinder von Armen, Elenden
und Arbeitern; somit nehmen sie das Glück des Himmels
doch nicht in einer Weise auf, sondern ein jeder seiner
Stellung gemäss. Die Kinder der Arbeiter erreichen beim
Glück der Zustände die Stufe von Kaufleuten und Wohlhabenden, die der Kaufleute die der Häuptlings- und Kö-

nigskinder, und die Prinzen erheben sich bei der Annahme des
Himmelsglücks zum Königsthron. [54] Stehen sie im Unglück
des Himmels, gehen sie des Throns verlustig und sinken
alle die Erwähnten zu einer niedrigeren Stufe herab.

Ferner: Fällt eine Anzahl von Geburten in einen Hoch-
stern und zu einer Zeit, doch in verschiedenen Ländern vor,
und führt dann die Haltung des Himmels darauf, dass sie
Dichter und Redner werden, dass die Einen in den arabischen, andere in nabatäischen, noch andere in armenischen
Ländern erstehen, so differiren jene doch in der Annahme
des Glücks. Der Araber nimmt am raschesten an, wegen
der Eigenthümlichkeit seines Landes, die Nabatäer weniger
und die Armenier noch weniger rasch. So differiren die
Einflüsse der Sterne auf das Seiende. Dies ist in den astrologischen Büchern weiter ausgeführt.

Die Wandelsterne sind in ihren ihnen eigenthümlichen
Sphären den verschiedensten Zuständen unterworfen; einmal
laufen sie schnell, ein andermal zögern sie in ihrer Bewegung; sie stehen still, gehen geradeaus oder rückwärts; sie
erheben sich zur oberen oder sinken zur unteren Abscisse.
Ferner sind sie in der Neigung, oder gehen zur Breite, oder
gelangen zum Knoten und dergleichen Verschiedenheiten
mehr. — Sie haben ferner in den Sternzeichen Abtheilungen
und Abschnitte, so die Häuser und die Schäden, die Höhen
und Tiefen, die Dreifachen, die Grenzen, die Lichtstätten
und dergleichen. Ferner sind einige den andern zugewandt,
mit ihnen vereinigt und verbunden, dann abgewandt; sie
gehen auf und unter, stehen in den vier Cardinalpunkten
oder nahe dabei, oder weichen von ihnen ab und dergleichen mehr, wie solches in den Büchern der Astrologie steht
und wir es oben hervorhoben.

Der Lauf der Wandelsterne geht an Sternzeichen hin,
doch ist er von verschiedener Bewegung. Bisweilen kommen zwei derselben, drei, vier, fünf, sechs, oder alle in
einem Sternzeichen zusammen, doch geschieht das selten
einmal in langen Zeiten. In den meisten Zeiten sind sie
durch Sternzeichen, und die Grade derselben von einander

getrennt. Man lernt ihre Stellung zu den Sternzeichen, den
Graden und Minuten, aus den Aufstellungen und den astronomischen Tafeln für jede Zeit und jede Stunde kennen.

Die Sonne gleicht unter den Sternen dem Könige, die
andern Wandelsterne sind seine Helfer und seine Truppen.
Der Mond ist der Vezir der Sonne und ihr Verbündeter.
Der Mercur gleich dem Schreiber, der Mars ist ihr Feldherr.
Der Jupiter ist der Richter, der Saturn der Schatzmeister dersel-
ben. Die Venus ist den Mädchen und Dienern zu vergleichen.

Die Sphären gleichen den Climaten der Erde, die Sternzeichen den Kreisen und Strichen, die Anfänge und Grenzen
derselben sind den Städten, die Grade den Dörfern, die
Minuten den Haltpunkten und Märkten in den Städten zu
vergleichen. Die halben Minuten sind wie die Herbergen
in den Haltestätten und die Läden auf den Märkten.

Die Sterne sind in ihren Sternzeichen wie der Geist in
dem Körper.

Der Stern in seinem Haus gleicht dem Mann in seiner
Stadt und Familie.

Der Stern auf seiner Höhe gleicht dem Mann in seiner
Macht und Herrschaft.

Der Stern in den Dreifachen gleicht dem Mann in seiner
Stätte, seinem Laden, seinem Geschäft.

Der Stern in seinem Anfang ist der Mann in seiner
Kleidung, seinem Schmuck.

Der Stern in seiner Grenze gleicht dem Mann in seiner
Natur und seiner Anlage.

Der Stern auf seiner Oberabscisse gleicht dem Mann
auf seiner höchsten Stufe.

Der Stern im obern Lauf ist der Mann in seinem Com-
fort unter Genossen und Freunden.

Der Stern in seinem Schaden gleicht dem Unglücklichen,
Zurückkommenden.

Der Stern in seiner nicht guten Lage gleicht dem Mann
in unsicherer Stellung.

Der Stern in einem ihm nicht zukommenden Sternzeichen gleicht dem fremden Mann in fremder Stadt. [55]

Der Stern in seinem Sinken gleicht dem geringen, niedrigen Mann.

Der Stern in seiner Unterabscisse gleicht dem Mann in verächtlicher Lage, der von seiner Stufe niedersinkt.

Der Stern unter der Strahlung gleicht dem gefangenen Mann, der verflammende Stern dem Kranken, der stehende dem in seinem Geschäft verwirrten, der rückkehrende Stern dem widerspenstigen, widerstrebenden, der schnelllaufende dem rüstigen, gesunden Mann, der langsame dem schwachen mit schwindender Kraft. — Der Stern in seinem Aufgang ist dem frischen Mann, der Stern in seinem Untergang ist dem altersschwachen zu vergleichen.

Der zugewandte Stern ist Bild des begehrenden, seinem Bedürfniss nachgehenden; der abgewandte gleicht dem, der seine Begierde befriedigt hat.

Zwei mit einander verbundene Sterne gleichen zwei Freunden unter den Menschen.

Der Stern im Pflock (Cardinalpunkt) ist wie der Mann, der des ihm erstehenden Geschicks gewärtig ist.

Der vom Cardinalpunkt abweichende Stern gleicht dem sich Verbergenden, Abwartenden; der weichende gleicht dem Dahingehenden und Schwindenden.

Der Stern im Aufgang ist wie das zur Erscheinung Geborene oder das ins Sein Tretende.

Im zweiten Sternzeichen ist es wie der, welcher erwartet, was sein wird.

Im dritten gleicht er dem, der da geht, die Brüder zu finden.

Im vierten gleicht der Stern dem Mann im Hause seiner Väter oder dem Ding in seiner Grube (Mine, wo es ursprünglich gefunden wird).

Im fünften gleicht der Stern dem Mann, der zum Handel sich gerüstet, und über das, so er hofft, fröhlich ist.

Im sechsten gleicht der Stern dem, der scheu flieht und ermüdet ist.

Im siebenten ist der Stern wie ein Mann, der zum Kampf und Krieg hervortritt.

Im achten Sternzeichen ist der Stern wie der furcht-
same, ängstliche Mann.

Im neunten Zeichen gleicht er dem Reisenden, der fern
von seiner Heimath ist und seinem Gebiete fernsteht.

Im zehnten Zeichen gleicht der Stern dem Mann in
seinem Thun, in dem ihm bekannten und bestimmten Gebiet.

Im elften dem Mann, der liebt, übereinstimmt und zu-
geneigt ist.

Im zwölften Zeichen gleicht der Stern dem Mann, der
gefangen, nicht gern an jenem Orte weilt, und die Stätte, in
der er sich befindet, hasset.

Wenn ein Stern mit einem andern Stern in einem Grad
des Himmels geht (d. h. sich deckt), sagt man, sie sind beide
verbunden. Geht aber der eine bei dem andern vorbei, so sagt
man, er wandte sich fort. Erreicht der eine den andern, so
sagt man, er hat sich mit ihm vereinigt. — Die Vereinigung
geschieht bisweilen mit der Verbindung und der Entsprechung, wenn nämlich zwischen beiden 60 Grad sind
d. h. ein Sechstheil des Himmelskreises, oder 90 Grad d. h.
ein Viertheil desselben, oder 120 Grad d. h. ein Drittheil,
oder 180 Grad d. h. die Hälfte des Himmelsrundes.

Entsprechen sich zwei Sterne im Sechstheil des Himmels d. h. bis 60 Grad, gleichen sie zwei Männern, die sich
aus irgend einer Ursache gegenseitig lieben; entsprechen sie
sich im Drittheil d. h. bei 120 Grad, gleichen sie zwei
Männern, die in Natur und Charakter mit einander übereinstimmen. Entsprechen sie sich im Viertheil d. h. bei 90 Grad,
so gleichen sie zwei Männern, die mit einander rechten,
so dass ein Jeder die Sache für sich beansprucht. Entsprechen sie sich in der Opposition d. i. bei 180 Grad,
so gleichen sie zwei Männern, die mit einander streiten oder
zwei Genossen, die gegen einander gieren. Es geht hieraus
hervor, dass die gegenseitige Entsprechung der Sterne des
einen mit dem andern an sieben Punkten in den Graden des
Himmels stattfindet. (60, 90, 120, 180, 240, 270, 300) Ihre
Entsprechung ist der Gegenwurf ihrer Strahlen.

Die Sterne werfen ihre Strahlen nach allen Graden des Himmels, sie erleuchten dieselben und füllen sie mit Licht und Glanz aus, wie die Fackel alle Theile eines Kreises erleuchtet und mit Licht erfüllt. Die Astronomen heben aber nur 7 Punkte davon hervor, um die Thaten und Einwirkungen der Sterne auf diese Welt von diesen [56] bekannten Graden, von denen stets einer mit dem anderen in Relation steht, kund zu thun.

Die Thaten der Sterne und ihre Einwirkungen auf diese Welt sind ihrem Verhältniss zur Erde gemäss, nämlich je nach Verhältniss ihres Körpers zum Erdkörper und ihrer Distancen zum Mittelpunct der Erde oder im Verhältniss ihrer Bewegungen der des Einen zu der des Andern.

Von diesem Verhältniss heben wir etwas in der Abhandlung über die Musik hervor.

Der Astrolog behauptet nicht die Kenntniss von dem Verborgenen zu haben, obwohl viele Menschen meinen, dass die Astrologie sich die Kenntniss des Verborgenen vindicire, doch ists nicht so, wie sie meinen. Denn die Kenntniss vom Verborgenen zu haben, hiesse, dass man das, was sein werde, ohne Andeutung, ohne eine Grund- oder Mittelursache wisse. Das kann aber keiner der Schöpfung wissen, weder ein Astrolog, noch ein Wahrsager, noch ein Prophet, noch ein Engel. Nur Gott allein kann es wissen.

Alles, was der Mensch weiss, zerfällt in drei Arten.

1) Das, was war, vollendet und vorbei ist in der vergangenen Zeit.

2) Das, was vorhanden ist in der Gegenwart.

3) Das, was sicher sein wird in der Zukunft.

Der Mensch hat zu diesen drei Arten des Wissens drei Wege:

1. Hören und Kundthun für das, was vorübergegangen ist.

2. Die sinnliche Wahrnehmung für das Gegenwärtige, Vorhandene.

3. Die Hinführung auf das in der Zukunft Seiende.

Dieser dritte Weg des Erkennens ist der feinste und

subtilste und zerfällt iu mehrere Arten. Er findet statt durch
die Sterne, durch Ahnung, Omen, durch Wahrsagung, durch
Nachdenken, Gesichte, Ueberlegung; dann durch Traumausle-
gung, Gedanken, Offenbarung und Inspiration.

Dies Letztere ist das herrlichste und findet in der herrlichsten und erhabensten Weise statt. Es wird nicht er-
worben, sondern es ist ein Geschenk Gottes, an wen er will.

Die Sternkunde dagegen wird von dem Menschen er-
worben, er gewinnt sie durch Abmühung, Studium, durch
Fleiss in der Wissenschaft und Eifer. Dasselbe gilt auch
von der Ahnungsdeutung, vom Omen, der Einsicht in den
Büchern, vom Calcul, von der Wahrsagekunst, vom Schluss
aus äusseren Anzeichen, vom Wissen, Traumdeutung und
dergleichen.

Bei allen diesen bedarf der Mensch der Belehrung, der
Betrachtung, des Nachdenkens, der Anschauung und des
Schlusses. In dieser Art von Wissenschaft sucht eine derselben die andere zu übertreffen und jeder Einzelne eignet
sich etwas speciell davon an.

Das Seiende, auf das die Astrologen sich hinführen
lassen, zerfällt in 7 Arten.

1. Religionen und Zeitwechsel. Darauf deuten die
grossen Conjunctionen, welche in je 1000 Jahren nahezu
einmal stattfinden.

2. Uebertragung des Königreiches von einem Befehls-
haber auf einen andern, von einem Volk, einer Stadt, von
einer Familie auf eine andere. Auf diese und ihr Erstehen
weisen die Conjunctionen hin, die nahezu in je 240 Jahren
einmal stattfinden.

3. Die Veränderung der Personen auf dem Thron des
Königreichs und die Kämpfe und Spaltungen, welche dadurch
hervorgerufen werden. Darauf leiten die Conjunctionen,
welche etwa in je 20 Jahren einmal stattfinden.

4. Das Seiende, was jährlich neu ersteht: billige und
theure Zeit, Trockniss und Feuchte, Tag und Nacht, Verderben und Pest, Tod bei Mensch und Thier, Regenmangel,
Krankheit und Seuchen, und Gesundheit. Auf das Entstehen

6*

von dergleichen führt die Erklärung von den Jahren der
Welt, wie solche die Tabellen jährlich bezeichnen.

5. Das Erstehen der Tage, Monat für Monat; Tag für
Tag. Darauf leiten die Zeiten der Conjunction und Opposition, wie dies die Tafeln bestimmen.

6. Die Entscheidungen der Geburtsstunden für einen
jeden [57] einzelnen Menschen. Sie sind nach der Gestalt des
Himmels und der Stellung der Sterne, wie solche beim Grund-
anfang ihrer Geburt stattfand, bestimmt.

7. Die Hindeutungen auf das Verborgene, das Gute
und Schlechte. Die Enthüllung des Geheimen und Deutung
der Fragen. Auf sie wird durch den Aufgangsstern in der Zeit
der Frage und dessen, wonach gefragt wird, hingewiesen.

Es liegt kein Heil für einen jeden Menschen darin, dass
er das Seiende, bevor es ist, wisse. Das würde das Leben
trüben, ihm Sorge machen und ihm Furcht und Trauer, und
Unglück, noch bevor dasselbe eintrifft, bringen.

Die Weisen beschäftigen sich daher mit diesen Wissenschaften, um ihre Seelen zu üben und sich selbst zu genügen, und nehmen diese Wissenschaft zu Hülfe, um zu dem,
was über derselben erhaben ist, sich zu erheben.

Der wahrhaft Vernünftige hat aus dieser Wissenschaft
den Vortheil, dass er aus der Sorglosigkeit und der Thorheit erwache, das wahre Wesen des Vorhandenen erkenne,
das Zukünftige erspähe, um sich dadurch über diese Welt
zu erheben. Dafür wird als ein Spruch des Propheten
angeführt: Für den, der sich der Welt enthält, wiegt leicht
das Unglück und Kor. 57, 23. Damit ihr euch nicht betrübt
über das, was euch entging, noch euch dessen freuet, was
euch zukommt."

„Als Nutzen der Sternkunde wird hervorgehoben, dass
man sich auf die Zukunft vorbereiten und sich davor dadurch
hüten könne, dass man manche Unternehmung unterlässt.
Auch kann man bevorstehende Uebel, durch Gebet und Demuth, durch Reue und Gaben verhüten und dies sei das
herrlichste Ziel und das erhabenste Gesetz."

Mose hatte seinem Volke Israel das Testament gegeben und gesagt: Bewahrt die Gesetze der Tora, die mir Gott offenbarte und thut ihre Gebote. Gott hört dann euer Gebet, erleichtert euren Mangel, giebt reiche Fülle euren Landen, giebt euch der Güter und der Kinder viel und hält von euch fern den geheimen Hass eurer Feinde. Fürchtet ihr die Geschicke der Tage und das Unglück der Zeit, so bereuet vor Gott aufrichtig, bittet ihn um Verzeihung [58], betet zu ihm, fastet und seid aufrichtig im Geheimen und auch öffentlich. Ruft ihn an in Furcht und Demuth, dass er von euch das Uebel, wovor ihr euch fürchtet, abwende und die Versuchungen und Uebel der Welt, so wie die Geschicke von euch nehme. Aehnlich war das Gebot Jesu an die Apostel und Muhammeds an sein Volk. Die Rechts- und Traditionsgelehrten, sowie die Ergebenen und Gottgeweihten verwehren es sich, mit der Sternkunde zu befassen, denn dies sei ein Theil der Philosophie, welche den Jünglingen und Knaben verwehrt sei. Ein jeder, der die Religion und das Gesetz, so viel ihm nöthig, nicht kennt dem frommt das Studium oder das Unterlassen derselben nichts. Wer aber der Gesetzes-Kenntniss sich befleissigt, die Religion und den Nomos recht treibt, dem schadet die Betrachtung der Philosophie nicht, sie unterstützt ihn vielmehr zur wahren Behandlung der Religion.

IV. Geographie.

Die vierte Abhandlung d. l. Br. ist der Geographie gewidmet, d. h. sie behandelt den Zustand der Erde und wie sie geformt ist, auch den Grund, warum die Erde im Mittelpunkt der Welt steht.

Die Behandlung dieser Wissenschaft ist nöthig, damit man erkenne, dass, wenn auch unser Körper aus irdischen Stoffen sei, doch die Seele sich sehne, in die Sphärenwelt aufzusteigen etc.

Zuerst müsse man der Eigenschaft der Erde gedenken, ihrer 6 Seiten und wie sie in der Luft stehen könne.

Die Seiten sind Osten, Westen, Süden, Norden, Oben und Unten.

Osten ist, wo die Sonne aufgeht; Westen, wo sie untergeht.

Süden ist der Umkreis des Hundssternes, Norden da, wo der Steinbock, (Polarstern) und die beiden Kälber kreisen.

Oben ist dem Himmel nah und Unten heisst dem Erdball nah.

Die Erde ist ein Rundkörper, so wie eine Kugel, sie steht in der Luft mit all ihren Bergen, Meeren etc. Die Luft umgiebt sie von allen Seiten, im Ost und West, im Süd und Nord, von dieser und jener Seite.

Die Erde ist von dem Himmel an allen Seiten gleich weit ab.

Der grösste Kreis auf der Erdoberfläche ist 20400 Meilen, 6800 Parasangen. Der Durchmesser dieses Kreises, d. h. der Erddurchmesser ist nahezu 6501 Meilen, 2167 Parasangen.

Der Mittelpunkt der Erde ist ein in der Tiefe in der Mitte des Durchmessers liegender, doch nur vermutheter Punkt. Er liegt von der sichtbaren Oberfläche der Erde und der Oberfläche des Wassers von allen Seiten gleich weit entfernt, da die Erde mit allem, was auf ihr ist, eine Kugel bildet.

Kein Theil von der Oberfläche der Erde auf irgend einer Seite ist tief zu nennen, wie viele in der Betrachtung ungeübte Menschen wähnen, denn sie meinen, dass der unserer Stelle gegenüber liegende Theil der Erdoberfläche der untere Theil derselben sei und auch die Luft, welche ihn auf dieser Seite umgiebt, unten liege. Dasselbe gelte von der halben Sphäre des Mondes, auch von den anderen Sphärenhälften liege die eine tiefer als die andere, so dass die tiefste der Tiefen dort der äusserste Umgebungskreis sei. Doch ist derselbe grade die Höchste der Höhen. Wenn man sich übt in den Wissenschaften der Mathematik, so sieht man ein, dass sich die Sache gerade umgekehrt verhält, als jene meinen. Das Niedrigste der Erde ist ein in der Tiefe derselben, auf der Mitte ihres Durchmessers gedachter Punkt, der der Mittelpunkt der Welt heisst. Tief ist das im Innern, diesem Mittelpunkte Naheliegende, von welcher Seite der Erde es auch sei. Der Mittelpunkt der Erde ist das Allertiefste. Aber die sichtbare Oberfläche, die die Luft berührt, und die Oberfläche der Meere ist Oben, und die umgebende Luft ist auch von allen Seiten über der Erde. Die Sphäre des Mondes ist über der Luft. Dann ist die Sphäre des Mercur darüber und so die anderen Sphären, eine über der anderen, bis zur 9ten Sphäre, welche über alle und die Höchste der Höhen ist. Ihr gegenüber liegt der Mittelpunkt der Erde, die Tiefste der Tiefen.

Wo nur immer der Mensch auf der Oberfläche der Erde steht, im Osten, Westen, Süden, Norden, auf dieser oder jener

Seite, ist seine Sohle immer über der Erde, und sein Kopf
gen Oben, dem Himmel zu, seine Füsse aber unten an der
Erde; er sieht vom Himmel nur die Hälfte, die andere
Hälfte aber verbirgt ihm der Bogen der Erde. Begiebt sich
der Mensch von diesem Orte zu einem anderen, so erscheint
ihm vom Himmel ein Stück, was ihm auf der anderen Stelle
verborgen war.

Je 19 Parasangen nennt man einen Grad, jede Para-
sange ist 3 Meilen, jede Meile 4000 Ellen, jede Elle 6 Faust
(pag. 33, 8 Faust), jede Faust 4 Finger, jeder Finger
6 Gerstenkörner.

Der Grund, warum die Erde in der Mitte der Luft steht.

Ueber den Grund, weshalb die Erde in der Mitte der
Luft stehe, gelten 4 Aussprüche.

1. Der Himmel zieht die Erde von allen Seiten gleichmässig an, deshalb muss sie in der Mitte stehen, weil die
Anziehungskraft von allen Seiten gleich ist.

2. Er stösst sie mit gleichen Kräften ab, deshalb muss
die Erde in der Mitte bleiben.

3. Der Mittelpunkt zieht alle Erdtheile von allen
Seiten zur Mitte. Denn weil der Erdmittelpunkt zugleich
der Mittelpunkt des Alls ist, ist er der Magnet der Schwere.
Da nun die Theile der Erde schwer sind, lassen sie sich
zum Mittelpunkt ziehen. Es kommt ein Theil dem anderen
zuvor und gelangt zum Mittelpunkt. Dann stehen die übrigen Theile um diesen Punkt herum. Denn ein jeder Theil
von ihnen will zum Mittelpunkt gelangen. Aus diesem
Grunde ist die Erde mit allen ihren Theilen eine Kugel,
da sich alle Theile gleichmässig um den Mittelpunkt grup-
piren.

Da ferner die Wassertheilchen leichter sind als die Erd-
theilchen, steht das Wasser über der Erde, und da die Lufttheile leichter sind als die Wassertheile, ist die Luft über
dem Wasser. Endlich, da die Feuertheile leichter sind als
die Lufttheile, sind sie in der Höhe dem Mondkreis zunächst.

4. Es lässt sich der Stand der Erde mitten in der Luft daraus erklären, dass ein jedes Ding einen ihm speziell zu-kommenden, für ihn passenden Ort hat. Gott setzte für einen jeden Allkörper, d. h. Feuer, Luft, Wasser, Erde, einen speziellen Ort, als den für ihn passendsten, fest. Also hat ja auch der Mond, der Merkur, die Venus, die Sonne, der Mars, der Jupiter, der Saturn, eine ihnen spezielle Stelle im Himmel (eine Sphäre). Er bleibt darin, während die Sphäre mit ihm aufschwingt.

Beschreibung der Erde und ihre Eintheilung in Viertel.

Von dem Umfang der Erde ist die Hälfte von dem grossen Umgebungsmeer bedeckt, die andere Hälfte ist da-von enthüllt.

Die Erde gleicht einem Ei, dessen eine Hälfte ins Wasser getaucht ist, während die andere Hälfte daraus hervortaucht. Von dieser Hälfte ist wiederum eine Hälfte wüst, nämlich das, was südlich vom Aequator liegt; die andere Hälfte dagegen das bewohnte Viertheil, ist das, was nördlich vom Aequator liegt.

Der Aequator ist eine nur ideelle Linie. Sie beginnt von Ost nach West, unter dem Kreis vom Anfang des Stern-zeichens Widder. Nacht und Tag sind stets auf dieser Linie einander gleich. Von den beiden Polen steht dort der süd-liche immer fest im Horizonte, am Kreise des Kanopus, der andere ebenso im Norden, nahe dem Steinbock.

Beschreibung des bewohnten Viertheils.

In dem bewohnten nördlichen Viertheil der Erde giebt es 7 grosse Meere, und in jedem Meere eine Anzahl Inseln. Jede dieser Inseln ist 20—100, auch 1000 Parasangen gross.

Hier liegt das Meer von Rum (Griechenland) mit etwa 50 Inseln; dann das Meer von Sikalia mit etwa 30 Inseln, dann das Meer von Gurgan mit etwa 5, (M. 50) das von

Kolzum mit etwa 15 Inseln *), das von Persien mit 7, das von Sind und Hind (Indien) mit etwa 1000 Inseln, endlich das von Sin (China) mit etwa 200 Inseln.

In diesem Viertheil liegen auch 15 kleinere Meere, und jedes derselben ist von 20—200, bis 1000 Parasangen gross; einige sind süss, andere bitter.

Das Meer des Westens, das von Gog und Magog, das von Zang, das grüne Meer und das Umgebungsmeer, liegen ausserhalb des bewohnten Viertheils. Alle diese Meere sind Abzweigungen und Kanäle vom Umgebungsmeer und sie alle sind salzig.

Auf dem bewohnten Viertheil sind dann an 200 Gebirge. Ein jedes derselben hat eine Länge von 20—100, auch 1000 Parasangen. Einige davon gehen von Osten nach Westen, andere von Westen nach Osten, noch andere von Norden nach Süden, oder von Süden nach Norden. Noch andere schrägen diese Richtung. Dann giebt es hier etwa 240 Flüsse, sie fliessen von den Bergen und münden im Meere, auch in Sümpfen oder Teichen. Sie bewässern bei ihrem Durchgang Städte, Dörfer und Marschen, und was dann von ihren Wassern übrig bleibt, ergiesst sich in das Meer, und vermischt sich mit dem Meerwasser. Darauf wird es zu Dunst, steigt in die Luft auf; es verdichten sich daraus Nebelwolken, und treiben die Winde dieselben zu den Spitzen der Berge, und in die trockenen Landstriche; dort fallen sie als Regen nieder und laufen in ihren Rinnsalen und Strömen ab. Sie kehren zu den Meeren von den Höhen wieder zurück. Also ist ihre Weise im Winter und Sommer.

Das ist die Bestimmung des Herrlichen, Weisen.

In dem bewohnten Viertheil giebt es 7 Klimate. Sie enthalten an 17,000 grössere Städte, die etwa von 1000 Königen beherrscht werden.

Dies gilt von einem Viertheil des Erdumfanges. Mit den anderen drei Viertheilen verhält es sich anders.

Die Abtheilungen der 7 Klimate schneiden das be-

---

*) Pariser Codex 10 Inseln.

wohnte Viertheil wie ausgebreitete Teppiche. Ihre Länge geht von Osten nach Westen, und ihre Breite von Süden nach Norden. Sie haben verschiedene Länge und Breite; das längste und breiteste ist aber das erste Klima. Die Länge desselben von Osten nach Westen ist etwa 3000 Parasangen. Die Breite von Süden nach Norden 150 Parasangen. Das kürzeste derselben an Länge und Breite wäre das 7te Klima. Dasselbe ist von Osten nach Westen etwa 1500 Parasangen lang, und von Süden aus etwa 70 Parasangen breit. Die übrigen Klimate liegen an Länge und Breite dazwischen. Also ist ihre Form.

Diese 7 Klimate sind nicht von der Natur gegebene Eintheilungen; sie sind nur ideelle Linien, welche die alten Könige, die das bewohnte Viertheil durchzogen, setzten. Dies thaten sie, damit man die Grenzen der Städte, Reiche und Strassen kenne. Solche sind Feridun a Ibtini,*) die Himjaritischen Herrscher, Suleiman der Sohn Davids der Israelit, Alexander der Grieche, Ardaschir Babakan der Perser.

Bei den anderen drei Viertheilen hinderten hohe Berge und schwierige Wege, wogende Meere, der starke Wechsel des Klimas von der Hitze zur Kälte, und die Finsterniss die Bereisung. Dies ist besonders im Norden, unter dem Kreis des Steinbocks, der Fall. Denn dort ist es sehr kalt. Sechs Monat ist dort Winter und fortwährend Nacht, und ist die Luft dort sehr finster, das Wasser gerinnt durch die zu grosse Kälte, und geht Thier und Pflanze unter.

Dieser Stätte gegenüber im Süden beim Kreis des Kanopuus ist es 6 Monate Sommer. Die Luft ist heiss und wird zum glühenden Feuer. Es verbrennt dort Thier und Pflanze vor zu grosser Hitze; man kann dort weder wohnen noch wandeln.

Im Westen verhindert das Umgebungsmeer die Reise dorthin, weil die Wogen dort aneinander schlagen, und es so sehr finster ist. Im Osten ist man durch hohe Berge verhindert zu wandern. Somit sind die Menschen auf das

---

*) Im Manuscript heisst dieser Herrscher stets Nabodh, der Nabataeer.

bewohnte Viertheil der Erde beschränkt, und wissen sie nichts
von den übrigen drei Viertheilen.

Die Erde ist mit allem, was auf ihr ist, Bergen und Meeren,
in Beziehung auf die Weite der Sphären, nur wie der Punkt
im Kreis. Denn im Himmel befinden sich 1029 Sterne, von
denen der kleinste 18 mal so gross als die Erde, und die
grösseren 107 mal so gross sind. Wegen der grossen Entfernung und der Weite der Sphären sieht man sie aber wie Perlen
ausgestreut auf einem dunklen Teppich.

Bedenkt der Mensch die Grösse des Alls, so wird ihm die
Weisheit des Schöpfers klar, und er erwacht aus dem Schlummer der Thorheit.

„Der Hinblick auf die herrliche Schöpfung wird diesen
moralisirenden Philosophen Anlass zur Ermahnung: Die Anschauung der Welt müsse dem nach Weisheit strebenden ein
Antrieb zu seiner Vorbereitung für den Himmel sein, wogegen der sinnliche Mensch einem thörichten Wanderer gleiche,
der in die herrliche Stadt eines mächtigen Herrschers kam.
Alles Schöne und Herrliche erblickt dort sein Auge, aber er
greift nur nach den bereiteten Speisen und Getränken; er
übernimmt sich, und verlässt seiner unbewusst und trunken
die Stadt, ohne etwas von der wahren Schönheit derselben
wahrzunehmen.“

Die Grenzen der 7 Klimate

werden nach den Stunden des Tages und dem Plus zwischen
ihnen berechnet. Steht die Sonne im Anfang des Stern-
zeichens „Widder“ ist Tag und Nacht in diesen Klimaten
einander gleich. Durchwandert dann die Sonne die Grade
von den Sternzeichen Widder, Stier und Zwillinge werden
die Stunden des Tages eines jeden Klimas verschieden, so
dass, wenn sie zum Ende der Zwillinge und zum Anfang des
Krebses kommt, der Tag in der Mitte des ersten Klimas 13,
des zweiten 13½, des dritten 14, des vierten 14½ Stunden
lang ist.

In der Mitte des fünften Klimas ist er 15 Stunden, in der
Mitte des sechsten Klima 15½ und in der Mitte des siebenten

Klimas grade 16 Stunden. An den Orten unter der Breite von 66 bis 90 Grad ist es die ganzen 24 Stunden Tag. Dies näher auszuführen, würde zu weit führen; es ist im Almagist dargethan.

Länge eines Ortes oder einer Stadt ist ihre Entfernung vom äussersten Punkt des Westens, Breite bedeutet ihre Entfernung vom Aequator.

Aequator ist der Ort, wo Nacht und Tag stets einander gleich sind.

Eine jede Stadt auf dem Aequator hätte 0 Breite, und eine Stadt im äussersten Westen hätte 0 Länge. Vom äussersten Westen bis zum äussersten Osten sind 180 Grad; ein jeder Grad ist 19 Parasangen gross, und eine jede Stadt, deren Länge 90 Grad ist, liegt in der Mitte zwischen Ost und West. Eine Stadt mit höheren Längengraden liegt näher gen Osten, eine solche mit geringeren Längengraden liegt näher an Westen.

Von je 2 Städten liegt die mit grösserer Länge und Breite näher an Osten und Norden, als die andere. Die Differenz zwischen beiden in der Breite ist nahezu bei jedem Grade 19 Parasangen. Bei den Längengraden ist aber ihre Differenz verschieden. Auf dem Aequator ist ein jeder Grad in der Länge 19 Parasangen, im ersten Klima 17 Parasangen, im zweiten 15, im dritten 13, im vierten 10, im fünften 7, im sechsten 5, im siebenten aber nur 3 Parasangen.

Städte ausser den sieben Klimaten sind alle die, welche vom 12ten Grade nördlicher Breite nach dem Aequator zu liegen. Die erste davon wäre die, welche dem Osten nahe liegt.

Die Städte des ersten Klimas gehören dem Saturn an, die Länge dieses Klimas geht von Ost nach West 9000 Meilen = 3000 Parasangen, seine Breite reicht von Süd nach Nord 440 Meilen = etwa 146 Parasangen. Ihre erste Grenze ist in der Nähe des Aequators, da wo die Polhöhe (d. h. die Erhebung des Nordpols des Himmels über den Horizont) 13 Grad ist. Denn die ersten 13 Grad liegen ausserhalb des bewohnten Viertels. Die Stunden seines längsten Tages sind

12 + ¼ + ¼. Die Mitte dieses Klimas ist da, wo die Polhöhe 16⅔ Grad über dem Horizont steht. Der längste Tag
zählt hier nicht mehr als 13 Stunden.

Die Südgrenze des zweiten Klimas ist da, wo die Polhöhe über dem Horizont 20¼ Grad ist, der längste Tag
währt da 13¼ Stunden. In diesem Klima giebt es etwa
20 hohe Berge, die 20 -- 100—1000 Parasangen lang sind.
Auch giebt es hier 30 (G. 80) Flüsse, 20 — 100 — 1000 Para-
sangen lang. Es enthält etwa 50 grössere Städte. Die Nord-
grenze dieses Klimas beginnt im Osten, nördlich von der
Insel Jaqut (Java?), geht über die Distrikte des (südlichen)
Çin (China), dann nördlich von den Strichen Serendib's
(Ceylon), durchschneidet die Mitte der Districte von Hind
(Indien), so wie die Mitte der Striche von Sind. Sie geht
dann durch das persische Meer südlich von den Strichen
Omâns, geht mitten durch die Districte von Schihr, schneidet
Jemen mitten durch, geht dann durch das Meer von Qolzum,
geht mitten durch Habesch (Abessinien), durchschneidet den
Nil von Egypten, läuft dann über Nubien und mitten durch
das Land ' der Berber und das der Libyer *), geht dann
südlich von dem Lande Maritana (Mauretanien) und läuft im
Meere des Westens aus. Die meisten Leute in den Land-
strichen dieses Klimas sind alle schwarz. Gott weiss es.

Die Städte dieses Klimas liegen alle zwischen dem 13.—
20. Grad nördlicher Breite, und die östlichste derselben ist
die erste.

Das zweite Klima gehört dem Jupiter an. Seine Länge
ist von Ost nach West 8,600**) Meilen, seine Breite von
Süd nach Nord 400 Meilen. Seine Südgrenze, die an das
Klima des Saturn reicht, ist da, wo die Polhöhe über dem
Horizont 20⅛ Grad ist. Sein längster Tag zählt 13⅛ Stunde.
Die Mitte ist da, wo der Nordpol 24° 6′ hoch steht. Hier

---

*) Im Manuscript, das besonders in den Namen fehlerhaft ist, steht al-
bala, nach den arabischen Buchstaben liegt die Conjectur al-labî wohl nah.
**) Fehlerhaft im Manuscript 7600. (G. 9600).

dauert der längste Tag 13½ Stunden. Die zweite (Nord-) Grenze ist da, wo die Polhöhe über dem Nordpunkt 27½ Grad erreicht; hier dauert der Tag 13½ + ¼ Stunde. In diesem Klima giebt es etwa 17 lange Gebirge und ebensoviel lange Flüsse, es enthält etwa 50 grössere bekannte Städte.

Die nördliche Grenzlinie des zweiten Klimas beginnt im Osten, geht mitten durch die Districte von Çin und nördlich bei denen von Serendib vorüber, geht dann durch die nördlichen Bezirke Indiens, zieht vorüber bei den Districten [Qandahars, geht mitten durch Kabul*)], nördlich von Sind und nördlich**) von den Strichen von Makran. Diese Grenzlinie schneidet dann das persische Meer, geht über die Striche Oman's, geht mitten durch die Districte Arabiens, schneidet das Meer von Qolzum, geht dann nördlich von Habesch und südlich von der Sa'ide (Ober-Egypten), sie schneidet den Nil dort, geht dann mitten durch die Striche von Barqa und Afriqa, nördlich von den Berberstaaten und südlich von Qairuwan, geht dann mitten durch Maritana (Mauretanien) und endet im Westmeer. Die meisten Einwohner dieses Klimas haben eine vom röthlichen zum schwarzen übergehende Farbe. Gott weiss es. — Von den Städten in diesem Klima ist die erste die dem Osten am nächsten liegende äusserste Stadt Chinas.

Das dritte Klima ist das des Mars, es ist von Ost nach West 8,200 Meilen lang und von Süd nach Nord 950 Meilen breit, es geht von 27½° bis zu 33½°, seine Mitte ist da, wo die Polhöhe über dem Horizont 30 + ½ + ⅙ (⁷/₁₀) Grad ist. Der längste Tag dieses Klimas dauert gerade 14 Stunden, dies Klima enthält 33 lange Gebirge, 22 Flüsse und 128 grössere bekannte Städte. Die Grenzlinie dieses Klimas beginnt im

---

*) Die in Klammern eingeschlossenen Worte stehen zwar im Text, doch sind sie offenbar aus Versehn der Schreiber, welche diese Angaben von der Karte abschrieben und von einem Klima sich in das andere verirrten, entstanden. Ebenso bei cod. Goth.

**) Das Manuscript hat südlich ein Versehn derselben Art, wenn man nicht für Makran, Karmân lesen will.

Osten, geht nördlich von China, südlich von Jadjudj und Madjudj, nördlich über Indien und südlich von den türkischen Districten, dann mitten durch Kabul und über die Striche von Qandahar [und die von Makran], dann südlich von den Strichen Sedjistans, mitten durch Kerman, durchschneidet Persien am Meere, geht über die Striche Iraq's im Süden [geht südlich vorüber von Dijarbekr] und nördlich von Arabien, dann geht diese Grenzlinie mitten durch Scham (Syrien) und über Aegypten durch Alexandria, mitten durch Marmariqi, mitten durch Qasija, mitten durch Qairuwan, mitten durch Tandja und endet im Westmeer, die meisten Bewohner dieser Districte sind roth. — Zu diesem Klima gehören alle Städte von 27° 30′ bis 33° 30′ nördlicher Breite.

Das vierte Klima hat eine Breite von Ost nach West von 7,800 Meilen, seine Breite beträgt von Süd nach Nord 350 Meilen, es reicht von 33° 30′ bis zu 39°. Die Polhöhe (der Mitte des Klimas) 36° 50′. Der längste Tag dauert 14¹/₂ Stunden. In diesem Klima giebt es 25 Berge, 22 grosse Flüsse und etwa 212 grosse bekannte Städte. Das Klima beginnt vom Osten, geht nördlich von China, und südlich von Jadjudj und Madjudj, geht dann durch das südliche Turk und nördliche Indien durch Tokharistan, geht nördlich von Balkh und Bamian, geht dann [nördlich von Makran], geht mitten durch Sedjistan [und Kerman], dann durch Persien und die Districte Khuzistan, dann mitten durch Iraq und mitten durch Diar-Rebi'a und Diar-Bekr, dann geht sie südlich von Thughr (Cilicien) und nördlich von Syrien. Diese Linie durchschneidet dann mitten das Meer von Rum und die Insel von Qibris (Cypern), geht im Meer nördlich von Aegypten und Alexandria, geht dann bei der Insel Siqālia und nördlich von Marmariqi und Qasija und Qairuan und Tandja vorüber, und endet im Westmeer. Die meisten Bewohner dieser Districte haben eine Farbe zwischen roth und weiss. Dies Klima ist das der Propheten und Weisen, es liegt in der Mitte und hat 3 Klimata im Süden und 3 im Norden. Auch hat es bei der Sonnentheilung am meisten

Licht. Die Bewohner dieses Klimas haben die beste Anlage
und den besten Charakter. Nach ihnen kommen dann die
Bewohner der 2 Seiten-Klima des dritten und fünften. Die
Bewohner der andern Klimata stehen in ihrer Anlage diesen
bei weitem nach, denn ihre Brust ist hässlich und ihre Natur
wild, wie dies bei den Zandj und Abessiniern und den meisten
Völkern des zweiten, des sechsten und siebenten Klimas
stattfindet, so bei den Jadjudj und Madjudj, Bulgaren, Slaven und anderen. Die Städte des vierten Klimas liegen
zwischen 33° 30′ bis 39°.

Das fünfte Klima gehört der Venus an, es ist von Ost
nach West 7,400 Meilen lang und von Süd nach Nord 255
Meilen breit, es reicht vom 39° bis zum 43¹/₂.° In der Mitte
ist die Polhöhe 41¹/₃° und der längste Tag dauert gerade
15 Stunden, es hat etwa 30 Berge und 15 Flüsse und zählt
etwa 200 bekannte grosse Städte. Im Osten beginnt die
Grenze mitten im Lande Jadjudj und Madjudj; dann geht
sie mitten durch die Turken, durch Ferghana [und Isbidjab],
dann mitten durch Soghd und Mawar-en-nahr, sie schneidet
den Djihon, geht mitten durch Khorasan, [nördlich von
Sedjistan und Kerman], geht nördlich von Persien mitten
durch Raï und Mahan, nördlich von Iraq, südlich von Azerbidjan, mitten durch Arminia, nördlich von Thughr, dann
mitten durch Rum (Klein-Asien), durchschneidet dort den
Kanal von Konstantinopel, geht nördlich durchs Meer von
Rum (mittelländische Meer), und mitten durch Rumija (Italien), geht nördlich vom Tempel der Venus*), mitten durch
Andalusien und verläuft im Westmeer. Die meisten Bewohner dieser Landstriche sind weiss. Die Städte desselben
liegen zwischen 39 und 43° 30′.

Das sechste Klima gehört dem Merkur, es ist von Ost
nach West 7000 Meilen lang und von Süd nach Nord 220**)
Meilen breit, es reicht von 43¹/₂—47¹/₄°. In seiner Mitte

*) Der Venushafen am Ostende der Pyrenäen, jetzt Port Vendres.
**) Par. 200, Goth. 220, Münch. 210, richtig 214.

beträgt die Polhöhe über dem Horizont 45° 30', sein längster
Tag dauert 15½ Stunden. In diesem Klima giebt's 22 lange
Berge, 32 lange Ströme uud 70 grosse Städte; die Grenzlinie läuft nördlich von Jadjudj uud Madjudj, dann südlich
von Sistan und Taghazghaz, geht dann mitten durch Khaqan,
südlich von Kaimak, nördlich von Ishidjab, Soghd uud Mawar-en-nahr; die Greuzlinie geht dann mitten durch Kharizm,
nördlich von Djordjan und Taberistan und geht mitten durch
die Striche von Azerbidjan, dann mitten durch Armenien
und Malalin, nördlich vom Meere Filistin, dann nördlich von
Konstantinopel, mitten durch Makedonia [mitten durch das
nördliche Afrika], es geht südlich durch das Meer von Si-
qalia, nördlich vom Tempel der Venus und endet im Westmeer. Die meisten Bewohner dieses Klimas sind röthlich
weiss, auch weiss; hierher gehört jede Stadt mit der Breite
von 43°, 30 — 47° 15'.

Das siebente Klima gehört dem Mond an, es ist von
Ost nach West 6,600 Meilen lang und von Süd nach Nord
185 Meilen lang, es reicht von 47° 15' bis zu 50½°. Die
Mitte ist da, wo die Polhöhe über dem Horizont 48⅜° ist,
der längste Tag ist gerade 16 Stunden. In diesem Klima
giebt's etwa 10 Gebirge, 40 lange Flüsse und etwa 22 grössere
Städte.

Die Grenze beginnt im Osten, nördlich (msc. südlich)
von Jadjudj und Madjudj, geht dann südlich von Sistan,
dann geht sie durch die Striche Ghorghor (M. Thugr), durch
die von Kaimak, dann südlich von Allan, nördlich vom
Meere Djordjan und der Striche von Khalnadj (Knalidj), dann
über Djilan, das Thor der Thore (mitten im Kaukasus), mitten
durch das Meer Bontus, südlich von Burdjun, nördlich von Ma-
qedunia südlich vom Meere der Slaven uud dann südlich von
der Insel Alba (Albion?) und verläuft ins Westmeer. Die
meisten Bewohner dieser Striche sind röthlich weiss, alle
Städte zwischen 47, 15 bis 50° gehören hierher.

„Die Abhandlung stellt nun dar, wie die Menschen in
diesen verschiedenen Klimaten in Sprache, Farbe, Charakter,
Sitten und Gewohnheiten, in ihren Werken und Arbeiten

verschieden wären, ebenso wie auch die Thiere, Pflanzen und Minerale in Gestalt, Geschmack, Farbe und Geruch von einander abwichen. Der Grund hiervon liege in der Verschiedenheit der Luft und Landstriche, in der Süsse und Salzigkeit des Wassers, und alles dies hänge wieder von den Sternzeichen (den 12 Zeichen des Thierkreises) mit ihren Graden, wenn sie über die Striche dieser Länder aufgingen, ab, und ihr Aufgang stehe im Verhältnisse zu den Uebergängen der Gestirne durch den Zenith dieser Landesstriche, wie denn auch der Strahlenwurf der Gestirne, der von den Himmelspunkten (Nord, Süd, Ost, West) auf diese Stätten stattfinde, dies bewirke.

Ein alter König hätte einst alle Stätte des bewohnten Viertels zählen lassen und mehr denn 17,000 Städte wären gezählt worden. Die Zahl der Städte nehme aber zu und ab, nach der Constellation der Gestirne, je nachdem sie zum Glück oder Unglück der Welt stattfand."

V. Musik.

Wir haben in zwei Abhandlungen die Kunstwerke geistiger Wissenschaft, d. h. die Gattungen der Wissenschaften hervorgehoben, und ebenso der leiblichen Künste gedacht, indem wir angaben, worin eine jede Kunst der beiden beruhe, wie viel Arten sie habe und was das von ihnen angestrebte Ziel sei [71]. Wir wollen jetzt in dieser Abhandlung die Musik, die aus Körper und Geist zusammen gebildete Kunst, behandeln. Dies ist nun die Kunst der Composition, die in der Erkenntniss der Relation beruht, doch keine Unterweisung in Gesang und Spiel, wenn wir auch dergleichen mit erwähnen.

Alle Künste werden mit den beiden Händen ausgeübt, denn die für dieselben gesetzten Stoffe sind eben nur Naturkörper, und das durch sie hervorgebrachte sind körperliche Gestaltungen. Die Musikkunst allein macht davon eine Ausnahme, denn der dazu gesetzte Stoff ist nur geistige Substanz, nämlich die Seele der Hörer und die Einwirkungen auf dieselben.

Die Weisen der Musik sind Laute und Töne, die auf die Seele denselben Eindruck machen, wie die Künste der Künstler auf die ihrer Kunst gesetzten Stoffe hervorbringen, denn diese Melodien und Töne bewegen die Seele zu schwerer

Arbeit und mühevoller Kunst, auch erheitern sie dieselben und stärken ihren Entschluss zu dem für die Körper anstrengenden und ermüdenden Werk. Als Beispiel dienen die ermuthigenden Kampfgesänge und der Preis der Helden, cf. „War ich von Masen's Stamm, so nahmen mir mein Vieh. Die Findelkindes Kinder von Dhuhl ben Schaiban nie.“ Dann zur Erregung und Entflammung des Zorns den geheimen Hass anzufachen, so: „Gedenket des Schlachtfelds von Husein und Zaid und des an der Seite von Mibras (Mörser, Felsen) Erschlagnen.

Es giebt Gesänge, die Feindschaft, und andere, die Freundschaft anzuregen.

Zwei Männer, deren Hass beim Gelage entbrannte, waren durch die Musik besänftigt und zu Freunden umgewandelt worden.

Es giebt Weisen und Töne, welche die Seele aus einem Zustande in einen andern versetzen und ihre Natur von einem Gegentheil ins andere umwandeln. Einst war eine Gesellschaft von Musikern bei einem grossen Oberhaupt versammelt, der ordnete ihre Reihen nach ihrer Tüchtigkeit. Darauf [72] trat ein Mann in abgenutzten Kleidern ein, und den erhob jener über alle anderen, was alle verwunderte und erzürnte. Aber der Vorsteher bat jenen Mann, sie etwas hören zu lassen, worauf er Hölzer herausholte, sie zusammenfügte und mit Saiten überspannte, die er dann zu rühren begann. Er brachte alle Versammelte zum Lachen wegen der Lust und Freude, die er in ihre Seelen senkte. Darauf änderte er die Saiten und bewegte sie in andrer Weise. Er brachte durch die Zartheit seiner Weisen alle zum Weinen und zur Trauer. Wiederum änderte er die Saiten und wiegte alle in Schlummer, worauf er still und unerkannt entwich.

Deshalb gebraucht man die Musik, einmal beim Freuden- und Festgelag, bei Hochzeiten und Gelagen, dann aber wieder bei Trauer-, Unglücks- und Todesfällen. Sie wird in den Häusern des Gottesdienstes, bei Festen, auf Märkten, auf den Stationen und bei Reisen zur Erholung und bei Abmattung, in den Gesellschaften der Könige, und dann wieder auf

Marktorten angewandt; man sieht sie von Männern, Weibern und Kindern ausgeübt.

Eine jede Kunst wird von den Weisen hervorgebracht und von den Leuten erlernt; dieselben sind ein Erbgut der Weisen an das Volk und ein Vermächtniss von den Meistern an die Schüler. Auch die Musik ward also geschaffen und den verschiedenen Zielen gemäss bearbeitet.

Die Leute der Culte wandten dieselbe bei Opfern, Anrufungen und dergleichen an, so David beim Herlesen der Psalmen.

Also thun die Christen in ihren Kirchen und die Muslim in den Moscheen; sie lesen mit lieblicher Modulation und Weise; dies geschieht, die Herzen zu erweichen und die Seelen zu demüthigen, dass sie sich mit Gebot und Verbot leiten lassen, ihre Sünden bereuen und zu Gott dadurch umkehren, dass sie die Satzungen der Culte beobachten.

Einer der Gründe, der die Weisen bewog, die Culte aufzustellen und deren Satzungen zu erfüllen, ist der, dass ihnen aus dem Entscheid der Sterne Glück und Unglück schon beim Anfang der Conjunctionen und dem Wandel der Zeit klar ward, wie: Theurung, Mangel, Pest, Uebel etc. Da suchten sie nun Mittel, das Uebel abzuwenden. Sie fanden nichts Eingreifenderes und nichts Nützlicheres, als die Satzungen der Culte aufzustellen, Gebet, Opfer, Anrufungen in Demuth, um durch Selbsterniedrigung, Weinen und Bitten, Gott zu bewegen, solches Unheil, so schon die Sterne entschieden, abzuwenden; [73] sie wandten zu dem Ziel, die Menschen zur wahren Reue zu führen, auf dass Gott ihnen vergebe und das Uebel abwende, den Trauergesang, besonders bei Opfern, Anrufungen und Gebeten an.

Ebenso brachten sie eine andre Weise vor, den Heldensang, den wandten die Heerführer bei den Kämpfen und der Feldschlacht an, den Seelen Tapferkeit und Muth zu gewinnen.

Eine andere Weise brauchten sie in den Krankenhäusern zur Morgenzeit, den Schmerz der Krankheiten bei den

Leidenden zu lindern, ihre Gewalt zu brechen und sie von vielen Uebeln zu heilen.

Eine andre Weise brauchten sie bei Unglücks-, Trauer- und Todesfällen, die tröstete die Seelen, erleichterte den Schmerz, besänftigte die Trauer.

Eine andere Weise wandte man bei schwerer Arbeit und mühevollem Werke an; so thun die Lastträger und die Bauleute, die Kahnschlepper und Bootsleute, um die Abmattung ihrer Leiber und Abspannung ihrer Seelen dadurch zu erleichtern.

Eine andre Weise wendet man zur Lust und Freude und Erheiterung bei Hochzeitgelagen und Schmausereien an, die ist in unsrer Zeit viel in Gebrauch.

Auch braucht man die Musik bei Thieren; so thun die Treiber der Kameele, ihre Thiere auf der Reise und in dunkler Nacht zutreiben, dass die Dromedare auf dem Marsch lebhaft seien und die Lasten ihnen leichter werden.

Auch die Treiber von Kleinvieh, Rindern und von Pferden ziehen, wenn sie zum Tranke niedersteigen, dass jene lüstern würden zum Trank des Wassers.

Einen andern Ton haben sie sie zum Besprung und zum Harnen zu reizen.

Noch andere Töne haben sie beim Milchen, dass die Milch reichlich fliesse.

Auch gebrauchen die Jäger der Gasellen, der Frankolin und Katha und andere Vogelsteller Weisen in der dunklen Nacht, dass die Thiere stehen bleiben und sich mit der Hand greifen lassen.

Auch haben die Weiber für ihre Kinder noch andere Weisen, sie beim Weinen zu beruhigen und sie einzuschläfern.

Demnach ist klar, dass alle Völker die Musik verwenden und alle Creaturen, die Gehör haben, sich daran ergötzen und ihre Einwirkung auf ihre geistigen Seelen fühlen, gerade so wie die anderen Künste Wirkungen auf die leiblichen Stoffe ausüben.

Die Musik ist Werkzeug des Gesangs, der Gesang besteht in componirten Weisen, die Weisen sind auf einander folgende Töne, und die Töne sind gewogene Laute. Laut aber ist ein Stoss, der in der Luft dadurch entsteht, dass zwei Körper einer an den andern zusammentreffen; (cf. das Nähere in der Abhandlung der sinnlichen Wahrnehmung,) davon müssen wir etwas hier hervorheben.

Wie die Hörkraft die Laute erfasse.

Die Laute zerfallen in zwei Arten, in thierische und nichtthierische.

Die nichtthierischen wieder theilen sich in zwei Arten, natürliche und instrumentale.

Natürliche sind solche, wie der Schall des Steins, des Eisens, des Holzes, des Windes und andrer Körper, die keinen Oden haben, also die Concreten. [74]

Instrumental aber ist der Schall der Trommel, der Posaune, der Blas- und Saiteninstrumente.

Die thierischen Laute zerfallen in zwei Arten, in Rede und Nichtrede.

Nichtrede sind die Laute aller unvernünftigen Geschöpfe. Rede sind die Laute der Menschen, sie zerfällt in zwei Arten, in sinngebende und nichtsinngebende, so Lachen, Weinen, Schreien, kurz jeder Laut der buchstablos ist. Sinngebend ist dagegen die Rede und sind die Worte, die aus Buchstaben bestehen. Alle diese Laute sind stets nur ein Stoss, der in der Luft durch die Collision von Körpern entsteht.

Die Luft dringt, weil sie so fein und von leichter Substanz ist, auch ihre Theile sich so rasch bewegen durch alle Körper. Stösst nun ein Körper an den andern, so wird die Luft, die zwischen beiden ist, gehäuft, ihre Theile stossen aneinander und wogen nach allen Seiten hin, aus der Bewegung entsteht eine Rundgestaltung diese erweitert sich, wie die Flasche sich durch das Einblasen der Luft von dem Glaser erweitert. Wenn diese Figur sich erweitert, wird ihre Bewegung schwächer und wogt, bis sie ruht und schwindet.

Ist nun ein Mensch oder ein anderes Geschöpf mit
Ohren gegenwärtig und diesem Ort nah, so wogt diese
Luft in ihrer Bewegung und dringt in seine beiden Ohren,
sie gelangt zu den beiden Ohrhölen am Hintertheil des Ge-
hirns. Die dortige Luft wogt ebenfalls, und empfindet die
Hörkraft diese Bewegung und diese Veränderung.

Ein Jeder Ton hat eine Weise, eine Form und eine
geistige Haltung, die dem eines anderen Tones entgegensteht
denn die Luft trägt wegen der Feinheit ihrer Substanz und
zarten Natur einen jeden Ton in seiner Haltung und Form
und erhält denselben, damit sich nicht einer mit dem andern
vermische und ihre Haltung verderbe, bis er zu dem äussersten Ziel bei der Hörkraft anlange und diese ihn zu der
Vorstellungskraft gelangen lasse, dessen Sitz im Vordertheil
des Gehirns ist. Also ist die Bestimmung des Herrlichen,
Wissenden, der euch Ohr und Auge und Herz gab.

**Wie die verschiedenen Arten von dem Zusammenstoss der Körper
des einen mit dem andern entstehen.**

Je zwei Körper, welche sanft und leis zusammenstossen,
lassen keinen Ton hören, denn die Luft wird zwischen ihnen
nur ganz allmählich gehäuft und erzeugt keinen Ton. Der
Ton entsteht nur dann aus der Collision der Körper, wenn
ihr Zusammenstoss mit Gewalt und Schnelle geschieht, denn
die Luft wird hierbei plötzlich gestossen und wogt in ihrer
Bewegung schnell nach den sechs Seiten. Dann entsteht ein
Ton und wird derselbe, so wie wir darthaten, vernommen.
Stossen starke Körper an einander, ist ihr Ton stärker, denn
das Wogen der Luft ist stärker.

Werden zwei Körper von einer Substanz und einem
Werth und einer Gestalt zusammen geschlagen, so ist der
Ton beider einander gleich.

Ist der eine von ihnen hohler, ist sein Ton stärker, denn
er stösst mehr Luft nach innen und aussen.

Die Töne der glatten Körper sind glatt, denn die zwischen
ihnen und der Luft gemeinschaftlichen Flächen sind glatt.

Die Töne der rauhen Körper sind rauh, denn die zwischen ihnen und der Luft gemeinschaftlichen Flächen sind rauh. Die harten holen Körper, wie die Töpfe, Becher und Krüge tönen lange Zeit, wenn sie angeschlagen werden, denn der Ton wiederholt sich in ihren Höhlen und stösst einmal nach dem anderenmal an, bis dass er zur Ruhe kommt. Die, welche weiter sind, geben einen starken Ton, denn sie stossen viel Luft nach aussen und innen.

Von den Posaunen haben die langen einen stärkeren Ton, denn die in ihnen in Wogen versetzte Luft stösst, da sie eine weitere Distance durchschreitet, oft an sie an. So haben auch die grossen Thiere mit starken Lungen, langen Kehlen, weiten Nasenlöchern und Mundwinkeln starke Töne, denn sie ziehen viel Luft ein und entsenden dieselbe mit Gewalt. [75] Durch das bisher Erwähnte ist klar, dass die Stärke des Tones der Stärke des Tönenden, der Gewalt des Zusammenstosses und der Fülle des Luftgewoges nach den Richtungen hin entspricht. Der stärkste Ton ist der Schall des Donners, und haben wir in der Abhandlung von den Wirkungen in der Höhe die Ursache seiner Entstehung dargethan.

Wir erwähnen hier nur das Nothwendigste davon. Der Grund seines Entstehens ist, dass zweierlei Dünste aus den Meeren und den Steppen aufsteigen; sind sie hoch in der Luft, vermischen sie sich, und umgiebt der feuchte Dunst den trocknen Rauch, denn umfasst die Eiskälte die beiden Dünste, den feuchten und den trockenen, es entzündet sich der trockene Rauch, er entflammt im Innern des feuchten Dunstes und sucht einen Ausweg; es kommt der trockne Rauch mit dem feuchten Dunst zusammen und presst ihn, dann erkracht der feuchte Dunst vor der Hitze dieses trocknen Rauchs, wie die feuchten Dinge krachen, wenn das Feuer sie plötzlich umgiebt. Es entsteht hierdurch ein Stoss in der Luft, und theilt sich derselbe nach allen Seiten mit.

Durch den Ausgang des trocknen Rauchs wird dann ein Strahl erzeugt, welcher Blitz heisst, wie aus dem Rauch der erlöschenden Fackel ein Strahl hervorgeht, wenn ihm ein brennend Licht naht, worauf dieselbe erlischt. Oefter zergeht etwas von diesem feuchten Hauch im Innern der Wolke und wird Wind, der kreist umher im Innern der Wolke und Nebel; er sucht einen Ausgang, dann hört man von ihm ein Sausen, wie es der Mensch in seinem Bauche hört, wenn er aufgebläht ist. Darauf reisst die Wolke mit einem Mal plötzlich auseinander und geht dieser Wind hervor; man hört einen heulenden Ton, der Donnergekrach genannt wird. *) So viel über die Ursache des Donners und wie er entsteht.

Der Ton des Windes und die Ursache seiner Entstehung.

Der Wind ist nichts als ein Luftwogen gen Ost oder West, gen Nord und Süd, gen Oben und Unten. Stösst er bei seiner Bewegung und seinem Lauf auf Berge, Mauern, Blumen, Pflanzen, und dringt er zwischen sie ein, so entstehen daraus verschiedene Töne, Sausen, Geheul von verschiedener Art, ein jedes der Grösse und Kleine der Körper, ihren Gestaltungen und Hölungen gemäss. Der Ton währt lang, weil die Substanz des Windes so fein und er seiner Natur nach flüssig (elastisch) ist und er in alles eindringt. So entstehen diese Töne der verschiedensten Art aus den bei den Winden erwähnten Gründen gemäss.

Die Töne der mit Lungen begabten Thiere sind verschieden geartet und von verschiedenen Weisen, der Länge oder Kürze ihrer Hälse, auch der Weite ihrer Kehlen und der Zusammensetzung ihres Schlundes gemäss. Sie richten sich nach der Stärke ihrer Lufteinziehung und der Stärke ihres Hauchausstosses aus ihrem Mund und Nasen.

Die Thiere ohne Lungen, wie Wespe, Heuschrecke, Grille und dergleichen, bewegen die Luft mit ihren leichten schnellen Flügeln; daraus entstehen verschiedene Töne, wie sie aus der Bewegung der Saiten einer Laute entstehn. Diese

*) Naturanschauung der Araber pag. 82.

Töne sind verschieden geartet, je nach der Zartheit oder Dicke, nach der Länge oder Kürze ihrer Flügel und der Schnelle ihrer Bewegung. Die stummen Thiere, wie Fisch, Krebs, Schildkröte und dergleichen sind deshalb stumm, weil sie weder eine Lunge, noch zwei Flügel haben, daher haben sie keine Töne. [76] Die verschiedenen Töne der Metalle und Pflanzen, wie die des Holzes, Eisens, des Erzes, des Glases, des Steines u. dergl. sind der grossen Trockenheit und Härte, ihren Massen, d. h. ihrer Grösse und Kleinheit, ihrer Länge und Kürze ihrer Weite und Enge gemäss, so wie sie auch von ihren verschiedenen Gestaltungen ihrer Hohlheit oder Wölbung und dann von der Stärke des Zusammenstosses und sonstigen Mittelursachen bedingt sind. Wir werden dies an seiner Stelle darstellen.

Die verschiedenen Instrumente, welche man zur Tonbildung sich wählte, als Trommel, Posaune, Dibdib, Pauke, Sirtai, die Harfe, die Laute u. dergl., haben verschiedene Töne je nach ihrer Gestaltung und Substanz, aus der sie genommen, nach ihrer Grösse und Kleine, nach ihrer Länge und Kürze, nach der Weite ihres Bauchs (Resonnanzboden), nach der Enge ihrer Löcher, der Zartheit oder Dicke ihrer Saiten und je nach der verschiedenen Bewegung ihrer Spieler.

Was die Musik sei!

Musik sind wohlgefügte Weisen und geordnete Töne, dies heisst Gesang. Der Gesang besteht in gefügten Weisen, und die Weise besteht in geordneten Tönen. Die geordneten Töne entstehen durch aufeinander folgende Bewegungen, zwischen denen sich hemmende Ruhen befinden.

Bewegung und Ruhe.

Die Bewegung ist die Uebertragung von einem Ort zu einem andern, sie findet in zwei Zeitpunkten statt. Ruhe ist das Gegentheil davon, nämlich der Stillstand am ersten Ort in dem zweiten Zeitpunkt.

Die Bewegung zerfällt in zwei Arten, in die schnelle
und die langsame. Die schnelle ist eine solche, dass der mit
ihr sich Bewegende eine grosse Distanz in kurzer Zeit
durchmisst. Langsam dagegen ist die Bewegung, in der der sich
Bewegende eine kleinere Entfernung in gerade derselben Zeit
zurücklegt. Zwei Bewegungen werden nur dann als zwei gerechnet,
wenn zwischen beiden die Zeit einer Ruhe ist.

Die Ruhe ist der Stillstand des sich Bewegenden, der
am ersten Ort irgend eine Zeit, in der es möglich wäre, dass
er darin eine Bewegung machte, stattfindet.

Die Töne zerfallen in Hinsicht ihrer Qualität in acht
Arten, von denen sich je zwei, in Weise einer gegenseitigen
Beziehung gegenüberstehn; sie sind stark, schwach; schnell,
langsam; fein, dick; schwer, (hell), leicht. Stark und schwach
gelten bei den Tönen und in Beziehung des Einen auf den
Andern, so ist's mit den Tönen der Pauke, die Töne der einen
bezogen auf die der Anderen. So verhält es sich mit dem Ton
der Pauke bei den Processionen (der Pilger-Caravanen), derselbe ist stark in Beziehung zu den Pauken der Spötter im
Triumphzug, doch ist er schwach, wenn man ihn mit dem Ton
der Erzpauken vergleicht. Der Ton der Erzpauke dagegen
ist wieder schwach mit dem Donnergekrach verglichen. Die
Erzpauke ist eine grosse Trommel, die man in den Pässen
von Khorasan bei den Empörungen anschlägt und deren Ton
man Parasangen weit hört.

So bestimmt man die Stärke und Schwäche des Tons,
indem man den einen mit dem andern in Beziehung setzet.

Desgleichen spricht man von schnellen und langsamen
Tönen indem man den einen mit dem andern in Beziehung setzet. Schnell sind die Töne, bei denen die Zeit
der Pausen zwischen den Anschlägen im Verhältniss zu denselben kurz ist. So sind die Schläge der Färberstäbe und
die Hammerschläge der Schmiede schnell im Vergleich zu
den Schlägen der Blei- und Gipsarbeiter, und diese im Ver-

gleich mit jenen langsam; aber wiederum sind die letzteren
schnell im Vergleich mit den Schlägen der Schiffsruder.

So wird Schnelle und Langsamkeit nur durch die Beziehung bestimmt.

Fein und dick sind ebenfalls nur die Töne der eine in
Beziehung zu dem andern; so sind die Anschläge der Discant-
saite im Vergleich zur zweiten, und die zweite im Vergleich
zur dritten, und die dritte im Vergleich zur vierten, der
Basssaite, fein. [77] Der Bass umgekehrt zu den anderen dick
und ebenso die anderen, die dritte und zweite, jede im Vergleich zu den folgenden. So bestimmt man die Feinheit und
Dicke eines Tones durch das Verhältniss.

Ueber die Leichtheit (Helle) und Schwere eines Tones
haben wir im Anfang dieses Abschnitts gehandelt.

Die Töne zerfallen in Hinsicht auf ihre Menge in zwei
Arten: verbundene uud getrennte.

Getrennt sind solche, zwischen deren Anschlägen eine
fühlbare Ruhe ist, so die Anschläge der Saiten, das Fallen
des Plectrums.

Verbunden sind dagegen die Töne der Rohrflöte und
Holzflöte, des Dibdib, die der Wasserräder und der Schöpf-
maschinen.

Die verbundenen Töne zerfallen in feine und dicke (volle).

Die Rohr- und Holzflöten mit grosser Höhlung und weiten
Löchern haben vollere Töne, die mit einer engeren Höhlung
und engeren Löchern haben feine Töne.

In anderer Beziehung haben die Löcher, je nachdem sie
dem Blasorte näher oder ferner liegen, einen feineren oder
volleren Ton.

Die Töne der Saiten, die an Dicke, Länge und Spannung einander gleich sind und mit einem und demselben
Anschlag angeschlagen werden, sind einander gleich. Sind
aber die beiden Saiten zwar in der Länge gleich, aber in
der Dicke verschieden, sind die Töne der dickeren Saite
dicker (voller), die der dünneren Saite feiner. Sind sie zwar
gleich in Länge und Dicke, doch verschieden in der Spannung sind die Töne der festergespannten feiner, die der loser-
gespannten voller.

Sind sie gleich in Dicke, Länge und Spannung, aber verschieden angeschlagen, ist der Ton der stärker angeschlagenen Saite höher im Ton.

Die (dünnen), feinen und vollen Töne stehen zwar einander entgegen; sind sie aber in einem Compositionsverhältniss lassen sie sich zusammensetzen, sich vermischen und werden zu eins; sie ergeben eine messbare Melodie; die Ohren finden sie lieblich, der Geist erfreut sich daran, und wird die Seele heiter. Stehen sie aber nicht in einem solchen Verhältniss, fliehen sie einander und differiren und lassen sie sich nicht zusammenfügen; die Ohren finden dieselben nicht angenehm, sie fliehen davor, die Seele verabscheut sie, und sind sie dem Geist zuwider.

Die feinen Töne sind heiss, sie erwärmen die Gesammt-Mischung des dicken Chylus und macht dieselben zart. Die dicken Töne sind kalt, sie erfrischen die Gesammtmischung des heiss trockenen Chylus.

Die gemässigten Töne zwischen den feinen und vollen bewahren die Gesammtmischung des gemässigten Chylus in seinem Zustand, damit er nicht aus der Mitte trete,

Die starken, heulenden, nicht sich entsprechenden Töne verderben, wenn sie plötzlich mit einem Mal das Ohr treffen, die Mischung, sie lassen dieselbe aus ihrem Gleichmass treten, sie rufen den plötzlichen Tod hervor. Für sie giebt es ein Kunst-Instrument, das heisst Arganin (Organon). Die alten Griechen gebrauchten es bei den Kämpfen, sie erschreckten damit die Seelen der Feinde. Sie verstopften den Bläsern desselben die Ohren.

Die Mischungen der Körper sind vielartig, und die Naturen der Thiere sind vielfacher Gattung. Einer jeden Mischung und jeder Natur ähnelt eine Weise und hat eine ihr passende Melodie, Gott allein der Herrliche kennt sie.

[78] Die Richtigkeit dieser Behauptung wird dadurch bewiesen, dass ein jedes Volk Weisen und Melodien angenehm findet und sich daran ergötzet, die andere weder lieblich finden, noch sich daran erfreuen. Man denke nur an den Gesang der Deilamiten, der Türken, der Araber, Armenier,

Aethiopier, Perser und Neugriechen. Diese Völker haben
verschiedene Zungen, Naturen, Charaktere und Gewohnheiten. Wiederum findet man in einem Volke Stämme, welche
Weisen und Melodien lieblich finden und deren Seelen sich
daran ergötzen, welche kein andrer Stamm lieblich findet und
woran sich kein andrer erfreut. Ebenso trifft man einzelne Menschen, die zu irgend einer
Zeit eine Weise lieblich finden und sich daran ergötzen, doch
zu einer anderen Zeit sie nicht hübsch finden, sie verab-
scheuen und davon Schmerz empfinden.

Ebenso ist ihr Urtheil bei Speisen, Getränken, Gerüchen,
bei Kleidern, bei Vergnügungen, bei Schmuck- und Schön-
heits-Dingen verschieden. Alles dies geht aus den verschiedenen Mischungen der Natur, den verschiedenen Anlagen der
Körperzusammensetzung, den verschiedenen Arten und Zeiten
hervor; wie wir dies in der Abhandlung über die Naturanlagen hervorhoben.

Von der Menge der verschiedenen Tonweisen, die nur
Gott kennt, heben wir hier etwas hervor und handeln deshalb über den Ursprung des Gesanges und die Grund-Me-
lodien, aus denen die andern sich zusammensetzen. Der
Gesang besteht aus Melodien, die Melodie aus Tönen, die
Töne aus Griffen und Anschlägen, der Ursprung von diesen allen ist Bewegung und Ruhe. Ebenso wie die Gedichte aus Halbversen bestehen, die Halbverse aus Füssen,
die Füsse aus Stricken (zweiconsonantigen wie kad); Pflöcken
dreiconsonantigen) zwei bewegt und einer ruhend wie wakad;
aus Abschnitten vierconsonantigen wie walakad.

Der Ursprung von diesen allen sind die ruhenden (vo-
callosen) und bewegten Buchstaben.

Das wird in den Büchern der Metrik durchgeführt.

Ebenso besteht ein jeder Satz aus Nominibus, Verbis
und Partikeln, und diese alle bestehen aus vocalisirten und
ruhenden Buchstaben, wie wir dies im Buche über die Logik
darstellten. Alle Aussprüche sind aus Sätzen zusammen-

gesetzt. Wer darin einen Einblick haben will, der muss sich in der Grammatik und Metrik üben, wir haben davon so viel, wie nöthig war, in den logischen Abhandlungen besprochen. Der Ursprung der Metrik ist die Wägung der Dichtung und deren Grundregeln. Die Grundregeln der Musik sind denen der Metrik ähnlich. Die Metrik, die Wage der Dichtung, lässt das Gleichmässige (richtige) und das Defecte erkennen.

Es giebt acht Versschnitte in der arabischen Dichtung: fa'ûlun, mafâ'ilun, mutafâ'ilun, mustaf'ilun, fâ'ilâtun, fâ'ilun, maf'ûlâtun, mafâ'ilun.

Diese sind aus drei Wurzeln entstanden, Strick (sabab), Pflock (watad), Abschnitt (fazila).

Strick bedeutet zwei Buchstaben, von denen der eine bewegt ist, der andere ruhet, so bal, bal u. dergl.

Pflock bedeutet drei Buchstaben, zwei bewegt und einer ruhend, na'am, jali, adjal.

Abschnitt bedeutet vier Buchstaben, drei bewegt und einer ruhend, galabtu, fa'altu u. dergl.

Die Wurzel dieser drei ist ein ruhender und ein bewegter Buchstab,

Das sind die Grundregeln (canones) der Metrik und ihre Wurzel.

Die canones des Gesangs und der Weisen haben auch drei Wurzeln.

a. Das Strick, die Bewegung eines Anschlags, dem eine Pause folgt, tau-tan-, er wiederholt sich immer fort.

b. Pflock, zwei bewegte Anschläge und dann eine Pause tanan tanan, er wiederholt sich immer fort.

c. Abschnitt, drei bewegte Anschläge und dann eine Pause tananan.

Diese drei sind die Wurzel und Grundregel in Allem, woraus Weisen, und Allem, was aus Weisen in irgend einer Sprache zusammengestellt wird.

Setzt man von diesen drei Wurzeln je zwei zusammen, entstehen daraus neun Doppelklänge, also:

1. Ein Anschlag und dann zwei tan, tanan u. s. f.

2. Zwei Anschläge und dann einer tanan, tau, tauan, tan u. s. f.

3. Ein Anschlag und dann drei tan, tananan u. s. f,

4. Drei Anschläge und dann einer tananan, tan.

5. Zwei Anschläge und wieder zwei tanan, tanan u. s. f.

6. Drei Anschläge und wieder drei tananan, tananan u. s. f.

7. Zwei Anschläge und dann drei tanan, tananan.

8. Drei Anschläge und dann zwei tananan, tanan u. s. f.

9. Ein Anschlag und eine Pause im Werth eines Anschlags ist die Grundsäule tan, tau, tan, tan.

Von den Dreiklängen giebt es zehn Fügungen.

tan, tanan, tananan 1. 2. 3. Anschl. tanan, tan, tauanan 2. 1. 3.

tan, tanauan, tauan 1. 3. 2.   tananan, tan, tauan 3. 1. 2.

tanan, tananan, tau 2. 3. 1.   tan, tau, tananan 1. 1. 3.

tan, tananan, tau 1. 3. 1.   tanan, tan, tanan 2. 1. 2.

tanan, tananan, tanan 2, 3. 2.   tananan, tananan, tanan 3. 3. 2.

Somit giebt es drei Ein-, neun Zwei- und zehn Dreiklänge, zusammen 22.

Die Compositionen derselben ergeben im arabischen Gesang acht Arten:

Erstes Schwere und dessen Leichtes. Zweites Schwere und dessen Leichtes. Ramal und dessen Leichtes. Hazadj und dessen Leichtes.

Diese acht Gattungen sind die Wurzel und davon zweigen sich alle Arten der Melodien ab und werden darauf bezogen, so wie sich von den acht Einschnitten die Uebrigen in den Kreisen der Metern abzweigen.

Es war klar, dass alle Uebungswissenschaften aus vier Principien sich ableiten liessen.

Arithmetik. Die Zahl ging aus der Eins vor der Zwei hervor.

Geometrie. Der Punkt, aus dem alle Körper entstanden, war gleich der Eins.

Astronomie. Die Sonne mit ihren Zuständen zu den Sternen ist gleich der Eins in der Arithmetik und gleich dem Punkt in der Geometrie.

Zahlverhältniss. Die Relation der Gleichung ist Wurzel und Kanon der Wissenschaft und spielt dieselbe Rolle wie die Eins in der Zahlenlehre.

In dieser Abhandlung zeigten wir nun, dass der Vocal (Bewegung) gleich der Eins sei; der (Strick) Sabab tan gleich der zwei; der Pflock, (watad) tanan gleich drei und der Abschnitt (fasila) gleich der Vier.

Alle anderen Weisen, Melodien und Gesänge sind aus diesen zusammengesetzt, wie alle Zahlen Einer, Zehner, Hunderte und Tausende aus 4, 3, 2, 1 zusammengefügt werden.

In der Logik zeigen wir, dass die Substanz gleich Eins sei, die andern neun Kategorien gleichen den neun Einern. Vier davon stehen die den Uebrigen voran. Substanz, das Wieviel, das Wie und die Relation; die andern sind aus diesen zusammengesetzt.

In der Abhandlung über die Materie stellten wir dar, der absolute Körper sei aus den Vieren: Substanz, Länge, Breite und Tiefe entstanden, die andern werden aus dem absolnten Körper erst gefügt.

In der Abhandlung der Anfänge wird hervorgehoben, dass der Schöpfer zu den vorhandenen Dingen sich wie die Eins zu den andern Zahlen verhalte [80]: Er die Eins; die Vernunft die Zwei; die Seele die Drei; die Urmaterie die Vier; alle anderen Geschöpfe aber aus der Materie und der Form beständen. Dasselbe geschieht in den andern Abhandlungen. Wir hatten hierbei stets das Ziel, die Einheit des Schöpfers hervorzuheben.

Zwischen zwei Griffen einer Saite oder Anschlägen eines Rohrs muss nothwendig eine lange oder kurze Pause sein.

Wie sich die Griffe der Saiten und die Anschläge aufeinander folgen, so folgen auch einander die Pausen zwischen ihnen.

Die Zeit der Pausen kann der Zeit der Tonbewegung gleich oder länger als diese sein, doch ist's nicht möglich, dass

sie kürzer sei. Denn die Leute dieser Kunst stimmen darin
überein, dass die Zeit der Tonbewegung nicht länger sein
darf, als die Zeit der Ruhe von ihrer Gattung. Sind die Zeiten
der Ruhe den Zeiten der Bewegung in der Länge gleich,
kann in diese Zeit keine andere Ruhe fallen.

Diese Weise heisst die erste Säule, sie ist die erste
leichte, so dass es keine leichtere, als sie geben kann. Denn
fällt in diese Zeiten eine andere Tonbewegung, ist ihre Weise
verbunden mit einem Ton des vorhergehenden und des folgenden Griffes, und wird das Ganze ein verbundenes Getön.

Sind die Zeiten der Ruhe so lang, dass eine andere Bewegung darin fallen kann, so heisst diese Weise: die zweite
Säule und die zweite Leichte.

Sind die Zeiten dieser Pausen noch länger, dass zwei
Töne darin fallen können, nennt man diese Weise die erste
Schwere.

Währen sie noch länger, dass darin drei Bewegungen
fallen können, so heisst diese Weise die zweite Schwere.

Das ist, was die Regel und der Kanon erheischt, wie-
wohl die Sänger und Spieler, wie wir später darthun, unter
schwer und leicht etwas anderes verstehn. Sind die Zeiten
der Ruhe zwischen den Griffen und Anschlägen noch länger, verlässt man damit die Wurzel, den Kanon und die
Regel der Musik, denn die vernehmende Hörkraft kann sie
weder erfassen noch unterscheiden; davon ist der Grund der,
dass die Töne nicht lange, sondern nur so lange in der Luft
weilen, bis das Gehör seinen Theil von dem Getön vernommen, dann aber verschwinden diese Töne in der sie bis zum
Ohr tragenden Luft.

Auch weilen die Töne nur so lange in den Ohren, bis
die vorstellende Kraft ihre Grundzüge erfasst, dann schwindet das Getön von den Ohren.

Ist nun die Zeit der Pause noch länger als dies Maass,
schwindet die erste Weise und ihr Getön aus den Ohren,
bevor die zweite in dasselbe einfällt, und [81] kann die Denkkraft bei der Länge der Zeit nicht mehr beide unterscheiden
und die Relation zwischen beiden wohl erkennen. Denn

die Fülle des Genusses liegt bei den Ohren in der Erkenntniss von dem Wieviel der Zeit zwischen zwei Weisen und den Zeiten der Ruhe und der Bewegung in denselben.

Es verhält sich ebenso mit den andern sinnlichen Wahrnehmungen: die Sehkraft kann das Maas irgend einer Entfernung zwischen dem Erblickten nur dann erkennen, wenn es im Raum einander nah gestellt ist; steht es zu fern, so ist's wie wenn das Gehörte durch die Zeiten getrennt ist und kann die Sehkraft die Distance nicht erfassen und nur noch durch die Maasse der Geometer, Thau, Rohr, Elle, Faust, Finger sie bestimmen. Die wahrnehmende Hörkraft kann dann die Töne nicht mehr erfassen, nur durch Instrumente kann man dann den Ton noch beobachten, so durch Kelche, Züngelchen, Kähnchen, Astrolabe und ähnliche Instrumente. Stehen aber die Töne einander nah, so erfasst sie das Gehör und versteht sie zu unterscheiden, wie dies bei den Versfüssen der Fall ist. Ein anderer Grund, dass die Pause nicht zu lang sein darf, ist, dass die Form eines Tones, wenn derselbe zur Hörkraft gelangt, nur die Zeit von drei ihr gleichen Griffen mit je einer Pause weilt, so dass im ganzen acht Tempo herauskommen.

Die Formung der Instrumente, ihre Kunst und ihre Herrichtung.

Die Meister bildeten viel Instrumente und Geräthe für die musikalischen Weisen und die Melodien des Gesanges. Sie haben eine verschiedene Gestalt und sind vielartig, so Trommel, Pauke, Rohr-Flöte, Becken, Blasinstrumente, die Schababat (Pfeifen), die syrischen Instrumente, die Zischer, Schilbak, Schawaschil, Laute, Cymbel, Violine, die Ma'arif, Organa und Harmonika.

Das vollendetste Instrument von der schönsten Wirkung ist das Instrument „Laute." Dieselbe hat einen Leib, bei dem Länge, Breite, Tiefe im erhabenen Verhältniss steht. Länge zur Breite = 1 : $\frac{1}{8}$. Breite zur Tiefe = 1 : $\frac{1}{2}$. Länge zur Tiefe = 1 : $\frac{1}{4}$. [82]

Die Oberseite ist dünn, von hartem leichten Holz genommen, welches tönt, wenn man es anschlägt. Dann nimmt man vier Saiten, von denen eine dicker ist, als die andere und im vortrefflichsten Verhältniss steht.

Nämlich die Basssaite ist = der dritten Saite + ¹/₈ derselben.

Die dritte Saite ist = der zweiten Saite + ¹/₃ derselben.

Die zweite Saite ist = der Diskant-Saite + ¹/₃ derselben.

Die Basssaite hat 64 Seidenfädchen, die Dritte 48, die zweite 36, die Diskantsaite 27.

Diese vier Saiten werden über die Oberfläche der Laute gespannt.

Das untere Ende derselben im Kamm, das obere im Windepunkt über dem Hals derselben. Die Länge der Saiten ist einander gleich, aber in Beziehung auf ihre Dünne und Dicke besteht das Verhältniss 64, 48, 36, 27.

Die Länge der Saite wird in vier gleiche Theile getheilt und der Bund des kleinen Fingers bei dem drei Viertheil beim Hals der Laute gelegt. Dann wird die Saite vom oberen Ende in neun gleiche Theile getheilt und der Bund des Zeigefingers auf das erste Neuntheil bei dem Hals derselben gelegt.

Dann theilt man wieder von dem Bund des Zeigefingers an bis zum Kamm in neun gleiche Theile und wird der Bund des (vierten) Ringfingers auf das nächste Neuntheil gelegt, denn er liegt über dem kleinen Finger dem Bund des Zeigefingers zu.

Dann theilt man die Länge der Saite von dem Bund des kleinen Fingers der dem Kamm zuliegt in acht Theile, dazu fügt man einen solchen (d. h. ¹/₈), von dem, was von der Saite oben bleibt und legt hier den Bund des Mittelfingers. Dieser Bund liegt also zwischen dem Bund des Zeigefingers und dem des Ringfingers. Dies ist die Herrichtung der Laute, das Verhältniss der Saiten und die Stelle der Bunde.

Die Stimmung der Saiten und die Erkenntniss ihrer Relation zu einander geschieht auf folgende Weise.

Man dehnt die Diskantsaite und zieht sie so straff an, als sie es erträgt, ohne zu zerspringen, dann dehnt man die nächste Saite oberhalb des Diskants und zieht sie stark an, man bindet dieselbe mit dem kleinen Finger und schlägt sie bei der Freilassung der Diskantsaite an. Hört man ihre Töne einander gleich, sind sie gut; wo nicht spannt man die zweite stärker an oder lässt sie nach, bis beide einander gleich sind und ihre Töne wie ein Ton erklingen. Darauf dehnt man die dritte Saite, man bindet sie mit dem kleinen Finger und schlägt sie, während man die zweite loslässt an, bis man die Töne beider gleich wie einen Ton hört.

Dann dehnt man die Bass-Saite, bindet sie, und schlägt sie mit dem Freilassen der dritten Saite an. Hört man die Töne beider, wie einen Ton, sind sie im Gleichmass, und ebenso alle Saiten in gleicher Weise.

Der Ton einer ungebundenen Saite steht zu dem Ton derselben, wenn sie mit dem kleinen Finger gebunden ist, wie 1 : $^4/_8$ in Dicke und Schwere.

Der Ton einer jeden mit dem kleinen Finger gebundenen Saite ist gerade gleich dem Ton der Ungebundenen unter ihr.

Der Ton einer ungebundenen Saite steht zu ihr, wenn sie mit dem Zeigefinger gebunden ist, wie 1 zu $^9/_8$.

Der Ton einer ungebundenen Saite steht zu dem Ton der dritten unter ihr, wenn dieselbe mit dem Zeigefinger gebunden ist, wie 2 : 1.

Der Ton der mit dem Zeigefinger gebundenen Saite steht zu ihrem Ton, wenn sie mit dem Ringfinger gebunden ist, wie 1 : $^9/_8$, die mit dem Mittelfinger gebundene Saite steht zu der mit dem kleinen Finger gebundenen Saite im Ton wie 1 : $^9/_8$.

Kurz es giebt keine Saite oder Bund bei diesen Lauten, es sei denn, der Ton habe einer zum Andern eine Relation, doch die Eine davon ist vortrefflicher als die Andere. [83] Eine der vortrefflichsten Relationen ist, dass ein Ton gerade gleich dem andern sei oder gleich -|- $^1/_8$, $^1/_3$, $^1/_4$, $^1/_8$. Sind die Saiten in dieser vortrefflichen Weise gestimmt und werden sie in einander folgenden Bewegungen, die sich einander entsprechen, gerührt, so entstehen auf einander folgende und

einander gleiche Töne: helle, spitze, leichte und dumpfe
dicke. Setzt man verschiedene der vorerwähnten Tongänge
zusammen, so sind die dumpfen dicken Töne für die hellen,
leichten, wie Leiber und diese für jene wie Seelen, dann
wird die Eine mit der andern zu Eins, sie vermischen sich
und werden Melodien.

Die Anschläge der Saiten sind an der Stelle des Mundes, die entstehenden Töne entsprechen den Buchstaben,
die Weisen an der Stelle der Worte, die Melodie gleich den
Aussprachen, die tragende Luft hat die Stelle des Papiers.
An dem Sinn, der in diesen Tönen und Weisen für das
Ohr enthalten ist, ergötzt sich die Natur, es erfreut sich
der Geist und erheitern sich die Seelen. Die Bewegungen
und Pausen zwischen den Tönen sind Gewicht und Maass
für die Zeit derselben. Sie gleichen den Bewegungen der
Himmelskörper, so wie ja die Bewegung der Gestirne, die
einander verbundenen und entsprechenden Zonen, Gewicht
und Maass für die Zeitläufte sind. Wiegt man die Zeit in
den sich einander gleichen entsprechend ebenmässigen Gewichten, so sind die Weisen derselben den Weisen der
Sphären und Sternbewegungen ähnlich und entsprechend.

Daher erinnern sich die Theilseelen in der Welt des
Entstehens und Vergehens bei diesen Tönen der Freuden
in der Sphärenwelt und der dortigen Seelenlust, sie wissen
und es ist ihnen klar, dass sie in den besten Zuständen der
lieblichsten Lust und in steter Freude dort lebten.

Die Weisen der Sphärenwelt sind reiner und lieblicher,
weil die Körper derselben schöner zusammengesetzt und von
besserer mehr symetrischer und reinerer Substanz sind auch
ihre Bewegungen schöner gereiht sind und sich besser in
ihrem Zusammenhang entsprechen.

Weiss nun die Theilseele in der Welt des Entstehens
und Vergehens von den Zuständen der Sphärenwelt und
kennt sie sicher ihren Werth, so sehnt sie sich dort hinauf-
zusteigen und ihresgleichen, den edlen Seelen aus der Vergangenheit und den geschwundenen Völkern, zu begegnen.

Sagt man dagegen, der Himmel sei eine fünfte Natur und seine Körper könnten weder Laute noch Töne haben, so muss man wissen, dass wenn auch der Himmel eine fünfte Natur ist, er doch diesen Körpern und ihren Eigenschaften nicht entgegengesetzt ist. Denn etwas von diesem Himmel ist leuchtend, wie das Feuer, nämlich die Sterne, andres ist durchsichtig wie Crystall, nämlich die Sphären, noch andres glatt wie eine Spiegelfläche, nämlich der Mondkörper, noch andres nimmt Finsterniss und Licht an, so die Mondsphären und die des Merkur. Denn der Schatten der Erde reicht mit seiner Pyramide nur bis zur Sphäre des Mercur.

Dies alles sind Eigenschaften der Naturkörper, doch theilen sie die Himmelskörper mit ihnen — und ist somit klar, dass wenn auch der Himmel die fünfte Natur ist, er doch von den Naturkörpern in keiner ihrer Eigenschaften abweicht, sondern nur dass der Eine von ihnen über dem Andern steht. Der Himmel ist weder warm, noch kalt, noch feucht, sondern trocken und hart, noch härter als der Hyacinth, reiner als die Luft, durchsichtiger als der Crystall, glätter als die Spiegelfläche.

Von den Himmeln berührt einer den andern, es schallt und tönt und klingt wie Erz und Eisen und sind diese Töne entsprechend und zusammenstimmend in gemessenen Weisen, wie bei den Tönen der Laute eine Entsprechung stattfindet. [84]

Brächten die Bewegungen der Himmelskörper keine Töne hervor, noch Weisen, hätten ihre Bewohner keinen Nutzen von der bei ihnen vorhandenen Hörkraft. Hätten sie aber kein Gehör, würden sie taub, stumm, blind sein. Dies ist aber der Zustand der concreten Dinge mangelhafter Existenz.

So steht der Beweis und die Begründung nach philosophischer Logik fest, dass die Leute des Himmels und die Bewohner der Sphären, die Engel, als reine Diener des Herrn hören, sehen, verstehen, wissen, lesen und Gott preisen, sowohl bei Tag als bei Nacht; sie sind nimmer lässig und ihre

Lobpreisungen sind liebliche Weisen, noch lieblicher, als
wenn David Psalmen sang und angenehmer, als die Weisen
der klarsten Laute in den hohen Divanen.

Wirft man dann noch ein, sie müssten denn auch Geruch, Geschmack und Tastsinn haben, so muss man erwi-
dern, die Thiere hätten diese drei Sinne, Speisen zu essen
und Getränke zu nehmen, das ihnen Nützliche vom Schäd-
lichen zu unterscheiden und ihren Körper vor der sie er-
tödtenden Hitze und Kälte zu bewahren. Die Himmelsleute
aber und Sphärenbewohner können diese Dinge entbehren, ihre
Nahrung ist Lobpreisung, ihr Trank Gottverehrung, ihre
Lieblingsspeise die Betrachtung, das Wissen und Erkennen
ist ihre Freude, Wonne und Lust.

Die Sphären und Sterne haben Töne und liebliche Wei-
sen, sie dienen zur Ergötzung der Allseele in den oberen
Sphären, die von erhabener Substanz ist, ebenso wie die
Musik hier die Theilseelen in der Welt des Entstehens und
Vergehens erfreut.

Es gebt aus den bei den Weisen feststehenden Grundsätzen hervor, 1. dass die zweiten, die verursachten, Dinge in
ihren Zuständen den Zuständen der Urdinge ähnlich sind,
die ja ihre Grundursache sind.

2. Die himmlischen Einzeldinge sind die Urgründe für
die Einzeldinge dieser Welt des Entstehens und Vergehens,
ebenso ist

3. Ihre Bewegung, Ursache für die Bewegung dieser
Dinge und die Bewegung der letzteren ist den Bewegungen
jener ähnlich, somit ist auch nöthig, dass die Töne dieser
Welt den Tönen jener ähnlich sind.

Ein Analogon hierfür sind die Spiele der Kinder, die
die Thaten der Väter und Mütter in ihren Spielen nachahmen,
ebenso wie die Schüler ihren Lehrern in ihren Künsten und
Werken gleichen.

Die meisten Gelehrten lehren, dass die himmlischen Ein-
zelerscheinungen und ihre wohlgereihten Bewegungen früherer Existenz seien, als die Creaturen unter der Mondsphäre und deren Bewegungen; die Welt der Seelen war

früher vorhanden, als die Körperwelt. Cf. Abhandlung über die Anfänge.

Da es nun in der Welt des Seins aneinander gereihte Bewegungen giebt, denen Töne entsprechen, so muss es auch in der Sphärenwelt gereihte miteinander [85] zusammenhängende und entsprechende Töne geben, die die Seelen erfreuen und sie nach dem Höheren sehnsüchtig machen.

So regt sich ja in den Naturen der Kinder die Sehnsucht nach den Zuständen der Väter und Mütter und in den Seelen der Schüler und Lernenden die Sehnsucht nach den Zuständen der Lehrer; das Volk sehnt sich verständig zu werden, die Verständigen wollen sich zum Zustand (geistiger) Könige erheben und diese wiederum den Zustand der Engel erfassen; man sucht ihnen ähnlich zu werden, denn es gilt ja für die Philosophie die Definition, sie sei das Aehnlichwerden Gottes soweit es dem Menschen möglich ist.

Es heisst von dem weisen Pythagoras, er hätte durch die reine Substanz seiner Seele und die Einsicht seines Herzens die Bewegungen der Sphären vernommen; durch die Güte seines Scharfsinns aber die Grundsätze der Musik und die Weisen der Melodieen herausgebracht. Er war der erste Gelehrte, welcher diese Wissenschaft behandelte und dieses Geheimniss kundthat.

Dann folgten ihm Nikomachus, Ptolemaeus, Euklid und Andere. Deshalb wenden die Weisen musikalische Töne und Weisen in Tempeln und Gebetshäusern für die, so Gott sich nahmen an. Es finden die traurigen und zarten Weisen besonders bei Hartherzigen, bei den irrenden Seelen und thörichten Geistern ihre Anwendung, die sich sonst um die Freuden der Geisterwelt und deren Lichtstätten nicht kümmern. Man hat Worte und Verse in Massen dazu gefügt, um durch die Schiderungen von der Wonne der Geisterwelt, von der Lust und Freude ihrer Bewohner ihnen danach Sehnsucht einzuflössen.

Ebenso werden bei Saitenklängen die Feldzüge der ersten Muslim und dazu herabgesandte Koranverse verlesen, die Herzen zu erweichen und den Seelen für die Geisterwelt

und die Lieblichkeit des Paradieses Sehnsucht zu erwecken.
Vgl. Kor. 9. 112. Gott erkaufte von den Gläubigen ihre
Seelen und ihren Besitz, dass ihnen das Paradies werde, sie
kämpfen auf dem Wege Gottes, sie tödten und werden ge-
tödtet. Auch sagen die Kämpfer der Muslim beim Treffen und
in der Schlacht Verse über die Schwarzäugigen her um durch
die Lieblichkeit der andern Welt, die Seelen nach dem Jenseits begierig und zum Angriff tapfer zu machen. Ebenso
wird von den Gottesgelehrten die Musik in den Tempeln
und Gotteshäusern angewandt, die Seelen zu erweichen, sie
aus der Welt des Seins und Vergehens heraus zu reissen
und nicht in das Meer der Materie versinken zu lassen. [86]
In den Gesetzen einiger Propheten ist der Gebrauch der
Musik verwehrt, weil die Menschen dieselbe in anderer
Weise zum Spiel und Ergötzung zur Anregung des Sinnge-
nusses und dergleichen verwenden. Vgl. Nehmt meinen Antheil
von der Lust und Wonne (des Jenseits), denn alles, das so
weit hinausläuft, entgeht uns doch; ferner: noch kam keiner
uns anzuzeigen, ob er im Paradies der Begnadigten oder in
der Hölle sässe.

Viele Leute meinen, wenn sie solche Verse hören, dass
es keine Wonne noch Lust gäbe, ausser eben die sinnliche
und dass das, was die Propheten von den Freuden des Paradieses und die Gelehrten von der Wonne der Geisterwelt
erzählten, eitel Lüge sei. Aber der Glaube der Propheten
und die Ansichten der Gelehrten sind wahr und hatten die
Propheten bei der Feststellung ihrer Satzung und die Gelehrten bei der Herrichtung ihrer Leistungen als das höchste
Ziel das im Auge, die Seelen von den Lüsten dieser Welt
zu befreien u. s. f.

Der Sinn der Tongänge und Melodie gelangt auf dem
Wege des Gehörs zur Erkenntniss der Seelen und die Grundzüge des Sinnes, der in diesen Tongängen und Weisen niedergelegt ist, bilden sich den Seelen ein. Dieselben können
dann des Getöns in der Luft entbehren, so wie man das
Geschriebene entbehren kann, wenn man den Sinn des-

sen, was geschrieben war, verstanden und dem Gedächtniss eingeprägt hat.

Ebenso ist es mit den Theilseelen, bei denen, wenn sie vollendet und vollkommen geworden und dann zum höchsten Ziel in diesem Leibe gelangten, der Körper natürlichen oder zufälligen Todes vergeht, die bisweilen aber auch Gott direct nahe treten. [87] Diese Seelen treten dann aus dem Körper wie die Perle aus der Muschel, das Kind aus dem Mutterschooss, das Korn aus der Hülse, oder die Frucht aus der Schale hervor. Es beginnt mit den Seelen etwas Neues (ein neues Leben), wie auch mit jenen Dingen. Vgl. Kor. 56, 58. Wisst ihr etwa was ihr ausgiesst (in den Mutterleib), schafft ihr oder sind wir es, die da schaffen. Wir bestimmten dem und jenem von Euch den Tod und kommt uns keiner zuvor, dass wir an Eurer Stelle Euresgleichen setzen und wir Euch neu (in einem Zustand), den ihr nicht kennt, hervorgehen lassen. — Dasselbe gilt von den Thierseelen; es beginnt mit ihnen nach der Schlachtung etwas Neues. Die Schlachtung der Opferthiere geschieht nicht, um das Fleisch zu essen, sondern um die Seele von der Hölle der Welt des Bestehens und Vergehens zu befreien und sie vom unvollkommenen Zustand zu dem vollendeten und vollkommenen in der Form des Menschen, die ja die vollkommenste von den Gestalten unter dem Mondkreis ist und die letzte Stufe in der Hölle der Welt des Entstehens und Vergehens bildet, zu erheben. (Cf. die Abhandlung über die Lehre vom Tode).

Der Körper ist die Muschel, die Seele aber eine kostbare Perle, vernachlässige sie nicht, sie steht in hohem Werth bei ihrem Schöpfer.

Tritt die Seele reiner hervor und nimmt sie zu, so tritt sie ein in die Form der Engel, denn dies ist die Form, zu der die Seele in ihrer Vollendung gelangt.

Vgl. Kor. 32, 4. Der Engel des Todes, der mit euch betraut ward, wird euch hinnehmen, dann werdet ihr zu eurem Herrn zurückkehren.

Der Todesengel ist der Annehmer der Geister und die

Hebeamme der Seelen, wie die Hebeamme des Leibes die Kinder annimmt.

Eine jede Seele der Gläubigen hat in der Geisteswelt zwei Eltern, wie auch die Körper zwei Eltern in der Körperwelt haben, so sagte der Gesandte zu Ali: Ich und Du Ali, wir sind die zwei Väter dieses Volks. Koran 22, 77. Er bestimmte euch nicht Lasten, wie die Religion Abrahams that, er nannte euch Muslim (Gottganzergebene). Dies sind natürlich geistige nicht leibliche Väter.

Die Musikverständigen beschränkten sich bei der Zahl der Saiten der Laute auf vier. Nicht weniger und nicht mehr, damit ihr Werk den Dingen der Natur unter dem Mondkreis ähnlich sei und sie die Weisheit Gottes nachahmten. Cf. die Arithmetik.

Die Diskantsaite ähnelt dem Element des Feuers, ihr Ton gleicht der Hitze und Heftigkeit desselben.

Die zweite Saite ähnelt dem Element der Luft, ihr Ton entspricht der Feuchtigkeit der Luft und deren Gelindigkeit.

Die dritte Saite ähnelt dem Element des Wassers, ihr Ton ähnelt der Feuchtigkeit und Kühle desselben.

Die Basssaite ähnelt der Schwere und Dicke der Erde.

[88] Diese Eigenschaften gehören ihnen an, sie entsprechen einander an sich, oder in Gemässheit der Einwirkungen ihrer Töne auf die Mischungen in den Naturen der Hörer.

Der Ton der Diskantsaite stärkt die Mischung der Gelbgalle und mehrt die Kraft und Wirkung derselben, sie steht der Mischung des Speichels entgegen und (verfeinert) schwächt denselben.

Der Ton der zweiten Saite stärkt die Mischung des Bluts und mehrt die Kraft und Wirkung desselben. Dieselbe steht der Mischung der Schwarzgalle entgegen, sie hebt dieselbe auf und macht sie gelind.

Der Ton der dritten Saite stärkt die Mischung des Speichels und mehrt die Kraft desselben, sie steht der Mischung der Gelbgalle entgegen und bricht deren Schärfe. Der Ton der Haasssaite stärkt die Mischung der Schwarzgalle, sie mehrt die Kraft und Wirkung derselben und steht der Mischung des Blutes entgegen, dessen Wallen sie beruhigt. Bringt man diese Töne in Weisen, die ihnen entsprechen, an und gebraucht man diese Weisen zu den Zeiten der Nacht oder des Tages, deren Natur der Natur der mächtigen Krankheit und des zustossenden Siechthums entgegensteht, so beruhigen sie dieselben, sie brechen deren Gewalt und erleichtern den Kranken die Schmerzen. Denn wenn der Dinge, die sich in ihrer Natur ähneln, viel werden und sie zusammenkommen, so wird ihr Thun stark und tritt ihre Einwirkung hervor, bis dass sie die Gegensätze überwinden. Die Leute kennen dergleichen bei den Kämpfen und dem Streit.

Aus dem Wenigen, was wir von der Weisheit der Musiker wissen, die ihre Kunst in den Krankenhäusern zu den der Natur der Krankheiten, der Zufälligen und Grundursachen derselben entgegenstehenden Stunden anwandten, geht ihre Einsicht klar hervor, auch ist klar, warum sie sich auf vier Saiten beschränkten und weder mehr noch weniger annahmen.

Der Grund, weshalb die Musiker die Dicke einer jeden Saite gleich der Saite unter ihr $+$ $\frac{1}{8}$ setzten, war auch, dass sie dabei die Weisheit Gottes und die Wirkung, die er durch seine Werke auf die Werke der Natur hervorbrachte, nachahmten.

Die Gelehrten der Naturwissenschaft setzten fest, dass von den Durchmessern der vier Elemente, Feuer, Luft, Wasser, Erde jeder einzelne gleich dem unter ihm $+$ $\frac{1}{8}$ in der Qualität, das heisst in ihrer Kraft und Dicke sei.

Sie sagen, der Durchmesser der Aetherzone, d. h. des Feuers unter dem Mondkreis sei gleich dem Durchmesser von der Eiskältezone $+$ $\frac{1}{8}$ derselben. Der Durchmesser der Eiskältezone sei gleich dem Durchmesser von der Wind-

hauchzone $+$ ¹/₃ derselben und der Durchmesser der Wind-
hauchzone gleich dem Durchmesser der Wasserzone $+$ ¹/₃
derselben, der Durchmesser der Wasserzone gleich dem
Durchmesser der Erdkugel $+$ ¹/₃ derselben.

Die Bedeutung dieses Verhältnisses ist, dass die Sub-
stanz des Feuers in der Feinheit gleich der Substanz der
Luft $+$ ¹/₃ derselben sei und die Substanz der Luft in der
Feinheit gleich der Substanz des Wassers $+$ ¹/₃ desselben
und die Substanz des Wassers in der Feinheit gleich der
Substanz der Erde $+$ ¹/₃ derselben sei.

Man spannt die Diskantsaite, die dem Element des
Feuers ähnelt und deren Ton der Hitze und Schärfe desselben entspricht, unter alle Saiten und die Basssaite, die
dem Element der Erde entspricht, über alle Saiten und dann
die zweite dem Discant und die dritte dem Bass nah aus
zwei Gründen; 1) weil der Ton des Diskant scharf und
leicht ist und sich nach oben bewegt, der Ton des Basses
aber dick und schwer ist und sich nach unten bewegt. Dies
ist das passendste für die Verbindung und Vereinzelung
beider. Ebenso ist der Zustand der zweiten und dritten
Saite; 2) weil die Dicke der Diskantsaite sich zur Dicke
der zweiten Saite und diese wiederum sich zur Dicke der
dritten und die Dicke der dritten sich zu der Dicke der
Basssaite verhält, wie der Durchmesser der Erde zu dem des
Windhauchs und dieser wiederum sich ebenso zu der Zone der
Eiskälte und der Durchmesser der Eiskältezone sich ebenso
zu der des Aethers verhält. Deswegen spannt man sie in
dieser Zusammenfügung.

Die Musiker gebrauchen das Verhältniss des Achtels
bei den Tönen der Saiten und nicht das des Fünftheils,
Sechstheils und Siebentheils und theilen sie danach, weil
dies von der Acht abgeleitet ist und die Acht die erste
Würfelzahl ist ($2 \times 2 \times 2$). Die Sechs ist zwar die erste vollständige Zahl [89] und sind auch die Körper mit sechs
Flächen die vortrefflichsten; aber ihr vor steht die Würfelzahl, wegen des einander Gleichen. (Cf. die Abhandlung

der Geometrie). Denn die Länge und Breite und Tiefe des Würfels sind alle einander gleich, er hat sechs viereckige Flächen, die alle einander gleich sind und acht Körperwinkel alle einander gleich, er hat ferner zwölf einander parallele und einander gleiche Schenkel, er hat 24 rechte einander gleiche Winkel, die 24 entstehen aus der Multiplikation der Drei mit Acht.

Wir haben es ausgesprochen, dass ein jedes Werk, in welchem die Gleichmässigkeit grösser ist, auch vortrefflicher sei, auch hält man nicht die Kugelgestalt für gleichmässiger als die Würfelgestalt. Deswegen sagt Euklid im letzten Abschnitt seines Buchs, dass die Gestalt der Erde dem Würfel ähnlicher sei und die Gestalt des Himmels den Körpern mit zwölf Basen = Zwölfeck sehr ähnlich sei.

In der Abhandlung über die Astronomie hoben wir den Vorzug der Kugelgestaltung und der Zahl Zwölf hervor.

Als Vorzug der Acht haben die Gelehrten der Propädeutik hervorgehoben, dass zwischen den Durchmessern der meisten Sphären, dem der Erde und dem der Luft ein musikalisches Verhältniss stattfinde.

Ist nämlich die Hälfte des Erddurchmessers 8, ist die Hälfte vom Durchmesser der Luftzone 9; der halbe Durchmesser der Mondsphäre 12; der der Merkursphäre 13, der der Venussphäre 16, der der Sonnensphäre 18, der der Marssphäre 21¹/₂, der der Jupitersphäre 24, der der Saturnsphäre 28⁴/₉, der der Fixsternsphäre 32.

Der Durchmesser der Mondsphäre steht zu dem der Erde wie 1¹/₂ : 1 (24 : 16) und zu dem der Luftsphäre wie 1¹/₄ : 1 (24 : 18).

Der Durchmesser der Venussphäre steht zu dem der Erde wie 2 : 1 (32 : 16) und zu dem des Mondes wie 2 : 1¹/₂ (32 : 24).

Der Durchmesser der Sonnensphäre steht zu dem der Luftsphäre wie 2 : 1 (36 : 18) zu dem der Erde wie 2¹/₄ : 1 (36 : 16) und zu dem der Mondsphäre wie 1¹/₂ : 1 (36 : 24).

Der Durchmesser der Jupitersphäre steht zu dem der

Mondsphäre wie 2 : 1 (48 : 24) zu dem der Erde wie 3 : 1
(48 : 16) zu dem der Venussphäre wie 1½ : 1 (48 : 32).

Der Durchmesser der Fixsternsphäre steht zu dem der
Jupitersphäre wie 1¼ : 1 (richtig 1½ : 1, 64 : 48) zu dem
der Venussphäre wie 2 : 1 (64 : 32) und zu der Sonnensphäre wie 1⅘ : 1 (64 : 36 ungenau 63 : 36) zum Monde
wie 2¾ : 1 und zur Erde wie 4 : 1.

Der Merkur, der Mars und der Saturn stehen ausserhalb dieses Verhältnisses und sagt man deshalb, dass sie
Unglück bringend wären.

Ferner behaupten diese Gelehrten, es gäbe zwischen der
Grösse dieser Sternkörper, der des Einen zu der des Andern verschiedene, theils arithmetische, theils mathematische,
theils musikalische Verhältnisse, auch seien zwischen ihnen
und der Erde diese Verhältnisse vorhanden.

Die Einen derselben seien erhaben und vortrefflich, die andern ständen darunter, doch würde uns dies hier zu weit führen.

Aus dem bisher Erwähntem ist zur Genüge klar, dass
der gesammte Weltkörper mit allen seinen Sphären und Ein-
zelerscheinungen, mit seinen Sternen und den vier Elementen, die Zusammenfügung des Einen mit dem andern nach
diesem vorhererwähnten Verhältniss des Einen zum Andern
gemacht ist und dass der ganze Weltkörper sich wie ein
Thier, ein Mensch oder eine Stadt verhalte und dass der,
der sie leitet, formt, fügt und setzt, der sie hervorgehen und
entstehen heisst, nur Einer und ohne Genossen sei. Das ist
ja das Ziel unserer Abhandlung.

Die Vorzüglichkeit der Acht geht auch daraus hervor,
dass wenn man die vorhandenen Dinge beschaut und forschend
nach dem Grundprinzip der dem Verderben unterworfenen
Dinge fragt, man findet, dass die meisten der vorhandenen
Dinge zu Acht sich finden. So die Natur [90] von den
Elementen: heiss, kalt, feucht, trocken und dann das heiss-
feuchte, das kalt-trockene, das kalt-feuchte und warm-trockene,
zusammen acht. Das ist die Wurzel der vorhandenen Naturdinge und das Prinzip des dem Verderben Anheimfal-
lenden.

Betrachtet man ferner den Punkt und Gegenpunkt im
Himmel, so giebt es deren acht. Der Mittelpunkt, der Ge-
genüberstand, die zwei Drittheile, zwei Viertheile, die zwei
Sechstheile, zusammen acht. Diese Acht sind auch Mittel-
ursachen für das Vergängliche unter dem Monde,
   Die 28 Buchstaben in der arabischen Sprache entspre-
chen den 28 Mondstationen; das Alphabet derselben (der
Mondstationen) besteht aus acht Buchstaben. Alif (a) Lam
(l) Fa (f) Ja (j) Mim (m) Nun (n) Dal (d) Wav (w). Die
Versmasse der arabischen Dichtung zerfallen auch in acht
Theile, d. h. die Versfüsse.
   Von den Gattungen der Melodieen giebt es auch acht, wie
wir später darthun. Dann sagt man, der Embryo habe acht
Stufen und der Thronträger (Gottes) gebe es acht, auch
hätten die zwei Leuchten (Mond und Sonne) je sieben Stellvertreter. Den eigentlichen Sinn davon haben wir in der Abhandlung von der Heimsuchung und Auferstebung dargestellt.
   Es giebt freilich viele Dinge als zweifache, dreifache,
vierfache, 5, 6, 7, 8, 9, 10fache und so fort. Doch wollten
wir mit der Hervorhebung der Acht aus der Sorglosigkeit
erwecken und darthun, dass die, welche für die Sieben und
deren Vorzug auftraten, doch nur theilweis und nicht allgemein Recht hätten. Dasselbe gilt von denen, welche die
Zwei besonders hervorheben und für die Christen, welche
die Drei geltend machen, dann von den Vertretern der Naturwissenschaft, die für die Vier auftreten. Von den Khurramiten,
welche für die fünf und den Indern und den Kajjaliten,
welche für die Neun auftreten.
   Dagegen haben die Lauteren Brüder eine allgemeine
Betrachtung und umfassen die Gesammtkenntniss.
   Die Laute gehört nach der Menge ihrer Saiten, dem
Verhältniss ihrer Dicke und Dünne, der Menge ihrer
Bünde, der Art und Weise ihrer Spannung; nach der Zahl
ihrer Töne und den Griffen ihrer Saiten zu den sichersten
Fügungen und schönsten Zusammensetzungen. Sie ist im
vortrefflichsten Verhältniss, weshalb sich die meisten Hörer

9*

daran ergötzen und die meisten Geister sie schön finden.
Man spielt sie in den Sitzungen der Könige uud Häuptlinge.

———

Zu den bestgefügten und sichersten Werken gehört
auch die Kunst der Rede und der Aussprüche. Die klügste
Rede, die klarste eindringendste und beredteste ist die gemessene und gereimte. Die lieblichsten der gemessenen
Dichtungen sind die, in welchen keine Abweichung stattfindet. Nicht durch Abweichung verkürzt sind solche Verse,
bei denen die ruhenden Buchstaben in ihrer Wägung den
bewegten entsprechen, so das Tawil, Madid und Basit. Denn
von diesen ist jedes aus acht Aufgängen zusammengesetzt
fa'ulun, mafa'ilun vier mal. Diese acht Füsse sind zusammengefügt aus 12 Stricken (2 Buchstaben tan) uud 8 Pflöcken
(3 Buchstaben tanan) zusammen 48 Buchstaben [91] d. i.
20 ruhende und 28 bewegte. Der Halbvers hat 24 Buchstaben, der halbe Halbvers, das Viertheil des Verses 12. Fünf
davon sind ruhend und sieben sind bewegt. Das Verhältniss der ruhenden Buchstaben zu den bewegten ist beim
Viertel-Vers ebenso wie bei dem Halbvers uud dem ganzen
Vers. Dasselbe gilt vom Kamil und Wafir, jedes derselben
ist aus sechs Abschnitten zusammengesetzt mafa'ilun 6mal.

Das Verhältniss der ruhenden Buchstaben ist zu den
bewegten, beim Drittheil ebenso wie bei der Hälfte und bei
dem Ganzen.

So ist's auch bei einem jeden Vers der Gedichte, wenn
er frei von Zusammenziehung, u (Fehlern) ist, bei der Hälfte
bei dem Viertheil und dem Sechstheil. Das gleiche Verhältniss herrscht bei den Zeiten zwischen ihnen.*)

Es geht aus alle dem hervor, dass die schönsten Werke
und sichersten Zusammenfügungen die sind, in denen die
Zusammensetzung der Theile und die Grundlagen ihres Baus
in dem vorzüglichsten Verhältniss stehen.

———

*) Dazu war eine Tabelle gegeben, wobei ha die bewegten und alif die
ruhenden anzeigt;

— 133 —

„Als Beispiel für dies Verhältniss gilt dem Verfasser
vor allen die Schreibkunst, das schönste der Kunstwerke,
wodurch sich Vezire, Schreiber und Gebildete in den Divanen der Herrscher besonders hervorthun; es wird die
arabische, persische, hebräische, griechische, indische Schrift
genannt. Nur Gott kenne die Zahl der Alphabete, er schuf
die Völker mit verschiedener Zunge, Farbe, Natur, Anlage,
Kunst und Kenntniss.‟

Ueber den Ursprung der Buchstaben und ihre Zusammenfügung, ihre Grösse und Verhältnisse.

Alle Buchstaben, für welche Sprache sie auch gesetzt
seien, welchem Volk sie angehören und mit welchem Rohr
sie auch geschrieben werden, haben als ihren Ursprung die
gerade Linie, den Durchmesser des Kreises und die Bogenlinie, die Peripherie desselben; die anderen Buchstaben sind
daraus zusammengefügt. Cf. darüber schon die Geometrie.
Dies gelte besonders für das arabische Alphabet; geradlinig
sind alif, ba, ta, tha, andere bogenförmig dal, dhal. nun; re,
ze, sa, qaf, andere aus den beiden Grundformen zusammengesetzt wie die anderen Buchstaben. [92.] Dasselbe gilt von den
Schriftzügen der Zahlen bei den Völkern, den indischen,
syrischen, hebräischen, so auch griechischen und römischen.

„Die schönste Schrift und beste Zusammenstellung ist
die, in welcher die Maasse der Buchstaben, des einen zum andern
in dem vortrefflichen Verhältniss stehen. Von den Urtheilen
der Schreibkundigen hebt der Verfasser den Ausspruch des
Geometers Muharrir als Beweis, Regel und Kanon hervor;
der, welcher schön schreiben und recht schreiben will, muss
als Grundlage und Kanon für die arabische Schrift zuerst
das Alif von irgend einer Grösse wählen, er mache die Dicke
desselben der Länge entsprechend, d. h. 1/8 so stark, dann
lege er dieses Alif als Durchmesser eines Kreises und mache
auf demselben die übrigen Buchstaben der Länge des Alif
und Peripherie des Kreises entsprechend.

Ba, Ta, Tha, ihre Länge sei = der Länge des Alif, ihr Kopf nach oben ¹/₆.

Djim, Cha, Kha ihre Dehnung oben ¹/₃ Alif, ihr Bogen nach unten — der Hälfte der Peripherie des Kreises, wofür Alif der Durchmesser.

Dal Dhal = der Länge des Alif, wenn es gebogen wird.

Be, Ze = ¹/₄ von der Peripherie des Kreises, wofür Alif der Durchmesser.

Sin, Schin, ihr Kopf nach oben ¹/₃ Alif, ihre Dehnung nach unten ¹/₃ Peripherie des Kreises.

Sad, Dad, ihre Länge = der Länge des Alif, ihre Oeffnung ¹/₆ Alif, ihre Dehnung nach unten ¹/₃ Peripherie des Kreises.

Ta, Tsa, ihre Länge = Alif, ihre Oeffnung = ¹/₆ Alif, ihre Köpfe nach oben, so lang wie Alif.

Aïn Ghaïn, ihr Bogen oben ¹/₄ Peripherie dieses Kreises und ihre Biegung unten ¹/₂ der Peripherie.

Fa Qaf so lang wie Alif nach vorn gedehnt, ihre Oeffnung ¹/₆ Alif. Der (Ring) Kopf des Fa, Qaf, Waw, Mim, Ha alle gleich ¹/₈ Alif, wenn man es zum Kreis biegt. Die Dehnung des Qaf nach unten = ¹/₂ Peripherie dieses Kreises.

Kaf, seine Dehnung nach vorn = der Länge des Alif, seine Oeffnung = ¹/₆ Alif. Sein Bruch nach oben ¹/₄ Alif.

Lam, seine Länge = Alif, seine Dehnung nach vorn ¹/₃ Alif.

Mim und Waw ist nach unten wie Re und Ze gebogen.

Nun, seine Biegung ist gleich der halben Peripherie des Kreises, wovon Alif der Durchmesser ist.

Ja = Dal, seine Dehnung nach hinten ist gleich der Länge des Alif, seine Biegung nach unten ist gleich der halben Peripherie des Kreises.

Also entsprechen die Verhältnisse und die Grösse ihrer Maasse an Länge und Breite den Grundregeln der Mathematik und des vorzüglichen Verhältnisses. Im Uebrigen urtheilen die Menschen über die schöne Schrift nach Satzungen, Gefallen und Wahl, wobei Brauch und Gewohnheit in Rechnung kommt.

„Ueber die Qualität der Formen, die Linien der Figuren und die Weise, wie man einen Buchstaben mit dem andern nach Regel und Brauch genau zusammenstellt, giebt der Verfasser in kurzer zusammenfassender Weise drei Aussprüche an, wie solche nach geometrischen Grundregeln und philosophischer Norm der kluge Mathematiker Muharrir aufstellte.

1) Die Formen aller Buchstaben, welchem Volk oder welcher Sprache sie auch angehören und mit welcher Feder sie auch geschrieben werden, müssen in irgend welchen Bogen und Krümmungen stattfinden, davon ist nur das Alif in der arabischen Schrift ausgenommen.

2) muss die Dicke der Buchstaben der Zartheit, irgend wie entsprechen.

3) müssen bei der Zusammensetzung alle Winkel spitz sein und zur Rundung passen. ·

Dies gehen die Schriftkundigen im Maass dieser Buchstaben und ihrer Beziehungen einzeln durch, bei der Zusammenfügung und Zusammensetzung aber sind sie verschiedener Ansicht und haben sie verschiedene Gründe, aber in Betreff der Lehre von al Muharrir herrscht Uebereinstimmung.

Durch das bisher Erwähnte ist klar, dass die weisesten Werke, die sichersten Fügungen und schönsten Zusammenstellungen die sind, deren Theile im vorzüglichsten Verhältniss stehn, das vorzüglichste Verhältniss ist 1: $1\frac{1}{3}$, $\frac{1}{3}$, $\frac{1}{4}$, $\frac{1}{5}$.

Dies wird auch durch die Form des Menschen und den Bau seines Körpers bewiesen. Gott machte die Länge seines Wuchses der Breite seines Rumpfes entsprechend, die Breite seines Rumpfes entspricht der Tiefe der Höhlung.

Die Länge seiner Unterarme entspricht der Länge seiner Unterschenkel und die Länge seiner Oberarme der Länge seiner Oberschenkel; die Länge seines Halses aber der Länge seiner Rückenseule; die Grösse seines Kopfes der Grösse seines Rumpfes; die Rundung seines Gesichts der Weite seiner Brust; die Form seiner Augen der Form seines Mundes; die Länge seiner Nase der Breite der beiden (Gesichts) Seiten; die Grösse seiner Ohren dem Maasse seiner Wangen; [94] die Länge seiner Finger der Länge seiner Zehen;

die Länge seiner Eingeweide entspricht der Länge der Venen;
Die Magenhöle der Grösse der Leber, das Maass des Her-
zens der Grösse seiner Lunge; die Gestalt der Niere der
Gestalt der Leber; die Weite der Kehle der Grösse der
Lunge.

Die Länge und Dicke der Sehnen entspricht der Grösse
der Knochen, die Länge der Seiten und ihre Biegung dem
Brustkasten und die Länge der Adern und ihre Weite entspricht den Distanzen des Körperdurchmessers. Also findet
man bei genauerer Ueberlegung, dass ein jedes Glied im
menschlichen Körper der Gesammtheit des Rumpfes in irgend
einem Verhältniss entspricht und wiederum einem andern Glied
des Körpers in einem andern Verhältniss. Recht eigentlich
kennt dies nur der erhabene Gott, der schuf und bildete, wie
und von welcher Beschaffenheit er wollte. Bleibt der Samentropfen beim Einfall in den Mutterschoss und der Entwicklung Monat für Monat von den dort eintreffenden Schäden, von
verderbter Mischung, veränderten Constitutionen, auch den
unglücklichen Himmelsfiguren frei und ist endlich sein Körper-
bau vollendet und seine Körpergestalt vollständig (cf. unsere
Abhandlung darüber), so ist bei dem gesund gebauten und
vollständig ausgebildeten Kinde die Länge des Wuchses
gerade 8 seiner Spannen gross, gerade 2 Spannen von der
Spitze der beiden Knieen bis zur untersten Sohle, 2 Spannen von der Spitze der beiden Kniee bis zur Taille, 2 Spannen von der Taille bis zur Spitze seiner Brust und von der
Spitze der Brust bis zum Scheitel des Kopfes 2 Spannen.
Oeffnet man seine beiden Hände und dehnt man sie nach
rechts und links, so wie der Vogel seine Fittiche öffnet, so
findet man, dass die Entfernung von den Fingerspitzen der
linken Hand bis zn denen der rechten 8 Spannen ist. Die
Hälfte davon beim Kehlkopf, das Viertheil beim Ellenbogen.
Streckt man die beiden Hände über den Kopf nach oben
nnd setzt man die Spitze des Zirkels auf seinen Nabel, spannt
man dann denselben bis zu den Fingerspitzen der Hand
und schlägt man denselben um bis zu den Zehenspitzen, sind
es gerade 10 Spannen, ¼ mehr als die Länge des Wuchses.

Die Länge des Gesichts ist von der Spitze des Kinns bis zum Sprossort der Haare über dem Stirnknochen $1^1/_4$ Spanne. Zwischen den beiden Ohren ist die Entfernung $1^1/_4$ Spanne; die Länge der Nase $^1/_4$ Spanne; der Schlitz eines jeden der beiden Augen $^1/_8$ Spanne; die Länge der Stirne $^1/_3$ von der Länge des Gesichts, der Schlitz des Mundes und der beiden Lippen ist jedes = der Nase, die Länge von jeder Sohle $1^1/_4$ Spanne.

Die Hand ist von der Spitze der Handwurzel bis zur Spitze des Mittelfingers 1 Spanne, die Länge des Daumens ist gleich der Länge des kleinen Fingers, die Spitze des Ringfingers steht $^1/_8$ (wohl $^1/_4$) Spanne über dem kleinen und um eben so viel der Mittelfinger über dem Ringfinger und über dem Zeigefinger.

Die Breite der Brust ist $2^1/_2$ Spanne und die Weite zwischen den beiden Brustwarzen 1 Spanne, zwischen dem Nabel und dem Ende der Brust 1 Spanne, von der Spitze der Brust bis zu dem Ende des Kehlkopfes eine Spanne, zwischen den beiden Schultern liegen 2 Spannen.

Nach dieser Analogie und dieser Regel entsprechen sich die Längen der Eingeweide, die Maasse des Bauchs, die Adern des Körpers und die Sehnen, die an den Knochen haften und ferner die Bänder der Glieder, eins dem andern an Länge, Breite und Tiefe eben, so wie die sichtbaren Glieder mit einander im Verhältniss stehn. Dasselbe [95] gilt vom Bau aller Thiere, die mit entsprechenden Gliedern versehen sind. Ebenso bilden einsichtige Künstler die Gestalten, Bilder und Formen, eine der andern entsprechend, sowohl in der Zusammensetzung als in den sich entsprechenden Maassen ahmen sie das Werk des Schöpfers nach. Darum wird auch die Philosophie definirt, sie sei das Aehnlichwerden Gottes, so weit es dem Menschen möglich sei.

Durch dies Alles wird klar, dass die besten Werke, die sichersten Zusammenfügungen und schönsten Zusammenstellungen die sind, deren Herstellung im vorzüglichsten Verhältniss stattfindet und deren Theile in derselben Weise zusammengesetzt sind.

Hierin liegt für jeden vernünftigen Denker der Schluss
und Analogie-Beweis, dass die Zusammenfügung der Sphären und ihrer Sterne, die Masse der Elemente und ihre Produkte, eine zum andern im vortrefflichsten Verhältniss steht.
Ebenso entsprechen sich die Distanzen der Sphären und
ihrer Sterne und sind sie im vortrefflichsten Verhältniss
gefügt.

Den sich entsprechenden Bewegungen gehören einander
entsprechende Tonweisen an, die musikalisch einander folgen
und lieblich sind, wie wir dies bei den Bewegungen der
Saiten der Laute und ihrer Töne darthaten.

Der Einsichtige erkennt bei näherer Ueberlegung, dass
die Welt einen weisen, einsichtsvollen Schöpfer hat, der
alles wohl zu fügen wusste, es schwinden ihm alle Zweifel,
die sonst in das Herz vieler Zweifler dringen. Er weiss
sicher, dass in den Bewegungen der Einzelkörper und den
Tönen derselben Lust und Wonne den Bewohnern derselben
schon hier entspringt, dabei sehnt sich seine Seele dort hinauf
zu steigen, sie zu hören und darauf zu schauen.

Also stieg die Seele des (Dreifachen) Hermes trime-
giston in seiner Weisheit auf und schaute dies, er ist der
Prophet Idris cf. Koran 19, 58 „wir erhoben ihn zu einer
hohen Stätte."

Also hörte auch die Seele des Pythagoras, da sie von der
sinnlichen Begierde frei geworden und durch die ewigen
Gedanken, durch die Uebung in der Zahlenlehre, Geometrie
und Musik geläutert war, diese Sphärenmusik. So bemühe
dich, deine Seele zu läutern, sie aus dem Meer der Materie,
den Banden der Natur und der Knechtschaft sinnlicher Begierde zu befreien und so wie die Weisen thaten und beschrieben, zu handeln; denn die Substanz deiner Seele ist
dieselbe, thu wie es in den Büchern der Propheten steht
und reinige deine Seele von allen schlechten Eigenschaften,
Thorheiten und aller Bosheit, denn diese hindern, dass sie
dort hinaufsteige, so sagt Gott:

Es werden ihnen nicht des Himmels Thore geöffnet, sie

— 139 —

gehen nicht in's Paradies ein, bis das ein Kameel durch das Nadelöhr geht. Kor. 7, 38.

Die Substanz der Seele steigt aus den Sphären nieder an dem Tage, wo der Saamentropfen einfällt und bleibt bis zu dem Hingang dorthin in dem Tode, welcher ja die Trennung vom Körper ist. Wie der Körper von Staub ist, so kehrt auch der Leib dazu zurück. Das Leben in der Welt gleicht für die verkörperten Seelen bis zur Zeit der Trennung, d. h. des Todes, dem Weilen des Embryo im Mutterschooss vom Tage, da der Samentropfen einfiel, bis zum Tage der Geburt.

Der Tod ist nichts als Trennung der Seele vom Körper wie die Geburt nichts [96] ist, als die Trennung des Embryo vom Mutterschooss. Der Messias sagt: wer nicht zweimal geboren wird, steigt nicht auf zum Himmelreich.

Gott spricht über die Paradiesbewohner: sie kosten keinen Tod, als den ersten, (d. h. die Trennung der Seele vom Leibe,) nach der vorhererwähnten Bestimmung; sie sind die Glücklichen, von denen Gott sagt: (7, 41) sie sprechen Preis sei Gott, der uns hierher geführt; wir lassen uns nicht führen, wenn Gott uns nicht leitet; schon haben die Propheten unseres Herrn die Wahrheit gebracht. Die Elenden sind aber die, welche zur Welt zurückzukehren begehren, die sich zum zweitenmal an den Leib hängen wollen, sie kosten den Tod ein zweites Mal. So wird im Koran (40, 11) von ihnen berichtet: O Herr, Du liessest uns ein zweites Mal sterben und zum zweiten Mal leben, wir bekennen unsere Sünden.

Die Grundregeln der arabischen Tonweisen.

Für den arabischen Gesang und dessen Melodieen giebt es acht Grundregeln, die den Gattungen gleichen, von ihnen zweigen sich die andern ab und haben die Uebrigen darauf Beziehung, so wie die Verse acht Einschnitte haben, aus denen sich die andern Kreise der Masse und ihre Arten fügen. Diese beziehen sich auf jene und werden danach gemessen.

Das ist in den Büchern der Metrik näher ausgeführt. Von den acht Grundregeln der arabischen Musik ist die erste das erste schwere, dann das leicht schwere, dann das zweite Schwere, dann das Leichte, davon dann das Ramal, dann das leichte Ramal, dann das leicht leichte und endlich das Hazadj.

Diese acht sind wie die Gattungen, die andern aber sich abzweigende Arten, die darauf zu beziehen sind.

a. Das erste Schwere besteht aus neun Anschlägen, wovon drei sich einander folgen, der vierte aber allein steht, schwer ist und ruht. Dann folgen fünf Anschläge; von denen ist der erste (der Anfang) gefaltet (mit weggefallenem Buchstaben) cf. maf -'û-lun-maf-mafä-'i-lun-maf. (8 mal tan) Dann kehrt die Cäsur wieder und wiederholt sich immer fort, bis der Musiker aufhört.

b. Das zweite Schwere besteht aus 11 Anschlägen; drei davon folgen sich aufeinander, dann ein ruhender, dann ein schwerer, dann 6 Anschläge, von denen im Anfang einer gefaltet maf-'û-lun, maf'û, ma-fä-'i-lun, maf-'û (10 mal tan), dann kehrt die Cäsur immerfort wieder.

c. Das erste Leichtschwere besteht aus 7 Anschlägen. Zwei davon folgen sich und ist nicht die Zeit eines Anschlags zwischen ihnen, dann ein einzelner schwerer Anschlag, dann vier Anschläge einer im Anfang derselben gefaltet, wie mafä-'il, mu-ta-fä-'il, tanan, tan, tananan, tan. Dann kehrt diese Cäsur wieder und verdoppelt sich bis der Sänger aufhört. Die Leute nennen jetzt diese Weise das Makhuri, es gleicht dem Ruf der Ringeltaube kuku, ku, kukuku, ku.

d. Das zweite Leichtschwere. Drei sich einander folgende Anschläge zwischen denen nicht die Zeit eines Anschlags ist, jedoch zwischen je drei Anschlägen die Zeit eines Anschlags fa'ilun, fa'ilun; es wiederholt sich immerfort tananan, tananan, bis der Sänger aufhört.

e. Das Ramal ist das Umgekehrte von Makhuri. Sieben Anschläge, wie jenes, doch zuerst ein einzelner schwerer, dann zwei sich folgende Anschläge, zwischen denen nicht

die Zeit eines Anschlags ist, dann vier Anschläge, je zwei
davon sich einander folgend, zwischen ihnen liegt nicht die
Zeit eines Anschlags; cf. fa'ilun, mafa'ilun, ähnlich dem Ruf
des Rebhuhns tan, tanan, tanan, tanan, ki, kiki, kiki, kiki. [97]

f. Das leichte Ramal. Drei Anschläge, die einander
folgen und bewegt sind, dann zwei sich folgende, zwischen
beiden die Zeit eines Anschlags, mutafa-'ilun, tananan, tanan.

g. Das Leichtleichte sind zwei sich einander folgende
Anschläge, zwischen beiden liegt nicht die Zeit eines Anschlags, jedoch liegt zwischen je zwei Anschlägen die Zeit
eines Anschlags, cf mafa-'ilun, mafa-'ilun, tanan, tanan, tanan,
tanan.

h. Das Hazadj ist ein ruhender und ein anderer leich-
terer Anschlag, zwischen beiden ist die Zeit eines Anschlags und
ebenso zwischen je zwei Anschlägen wie fa'il, fa'ib. Diese acht
Gattungen sind die Wurzel und die Kanones des arabischen
Gesangs und seiner Weisen. Die nicht arabischen Gesänge,
wie die persischen, römischen, griechischen haben andere
Tongänge und Weisen, als diese, jedoch trotz der Menge
ihrer Gattungen und verschiedenen Arten gehen sie aus der
vor diesem Abschnitt erwähnten Wurzel und Kanon hervor.

Gott setzte in seiner Weisheit die dem Entstehen und
Vergehen unterworfenen Dinge der Natur mit ihren Mittel-
und den ihr Sein bestimmenden Grundursachen meist als
vierfache; dieselben sind zum Theil einander entgegengesetzt,
zum Theil einander ähnlich. Die sichere Kunst und Weisheit
davon ist nur ihm offenbar und heben wir etwas davon hervor. Zu den als vier bestehenden, offenbaren und klaren
Dingen gehören die vier Zeiten, die Jahreszeiten: Frühling, Sommer, Herbst und Winter. Dem Frühling entsprechen
die Sternzeichen vom Anfang Widder bis Ende Zwilling.
Dem Frühling entspricht das östliche Viertheil des Himmels,
das bis zum Pflock des Himmels aufsteigt, ihm entspricht
im Monat das erste Viertheil von sieben Tagen im Anfang
des Monats. Von den Sternconjunctionen entspricht ihm

das linke Geviert, von den Elementen die Luft, von den
Naturen die Hitze und Feuchte, von den Seiten der Süden,
von den Winden der Rechte, von den Tagesviertheilen die
ersten sechs Stunden, von den Mischungen des Körpers das
Blut, von den Lebensaltern die Tage der Jugend, von den
Naturkräften die gährende, von den Kräften der Geschöpfe
die vorstellende und von den offenbaren Handlungen die
Freude, Wonne und Lust, von den Charakteren Güte, Edelmuth und Gerechtigkeit.

Unter den sinnlich wahrnehmbaren Dingen entspricht
dem Frühling die zweite Saite und deren Ton, von den Weisen
der Diskant; bei der Rede und Dichtung das Lobgedicht;
von den Speisen das Süsse und unter den Farben die gemässigten Tinten, wie die der Levkoie; von den Gerüchen der
der Galia moscata, des Veilchens und der Marolaine und
dergleichen milder Duft, kurz jeder gemässigte Geschmack,
Geruch und Farbe. Dem Sommer entspricht von den Him-
melsviertheilen der vom Himmelspflock zum Westen sich
senkende, von den Sternzeichen vom Anfang des Krebses
bis zum Ende der Aehre; von den Viertheilen des Monats
das zweite Viertel, sieben Tage, von den Sternconjunctionen
das was vom linken Geviert zum entgegengesetzten überführt,
von den Elementen das des Feuers, von den Naturen die
trockene Hitze, von den Seiten der Osten, von den Winden
der Euros, von den Tagviertheilen die sechs Stunden bis
zum Ende des Tags, von den Mischungen die Gelbgalle,
von den Lebensviertheilen das Jünglingsalter; von den Naturen das Feuer (Licht), von den Kräften die ziehende, von
den Kräften der Geschöpfe die denkende Kraft, von den
geheimen Naturanlagen die Tapferkeit und Freigebigkeit und
von den offenbaren Handlungen die schnelle Bewegung, die
Kraft und Stärke; von dem Sinnlichwahrnehmbaren das ver-
stärkte, wie die Töne der Diskantsaite, von den Weisen das
Makhuri und derartige. Von der Dichtung das Loblied auf
Pferde und Tapfere. Unter den Geschmäcken der scharfe, von
den Farben Gelb und Roth, von den Düften Moschus, Jasmin
u. dergl., kurz jeder warme trockene Duft, Geschmack, Farbe.

Dem Herbst entspricht von den Viertheilen des Himmels das, welches vom Pflock des Westens zum Pflock der
Erde hinabsinkt; von den Sternzeichen die vom Anfang der
Wage bis zum Ende des Bogens. Von den Viertheilen des Monats entsprechen sieben Tage
die der Hälfte folgen; von den Sternconjunctionen die von
dem Oppositionspunkt bis zum rechten Geviert vorhandenen;
von den Elementen das der Erde, von den Naturen Kälte
und Trockniss, von den Seiten der Westen; von den Winden der Westwind; von den Tagviertheilen die sechs An-
fangsstunden in der Nacht; von den Mischungen die Schwarzgalle; von den Lebensviertheilen das Mannesalter (34—50);
von den Naturkräften die haltende; von den Kräften der
Geschöpfe die behaltende; von den Naturanlagen die Enthaltsamkeit; von den sichtbaren Thaten die Geduld und
Festigkeit; von den sinnlich wahrnehmbaren Dingen entsprechen dem Herbst die Töne der dritten Saite, von
den Weisen das Schwere u. dergl.; von der Rede die Lob-
rede auf die Vernunft, Würde, Festigkeit und Beständigkeit;
von den Geschmäcken die Säuren, von den Farben das
Schwarze. Staubige u. dergl., von den Düften entsprechen
ihr die der Rose Aloe u. dergl., von den Hauchen der kalte
trockene.

Der Zeit des Winters entspricht von den Himmelsvier-
theilen das vom Pflock der Erde zum Ostpunkt aufsteigende;
von den Sternzeichen die vom Aufang des Steinbocks bis
zum Ende des Fisches, von den Viertheilen des Monats die
letzten sieben Tage; von den Sternconjunctionen das rechte
Geviert; von den Elementen das Wasser; von den Naturen
die Kälte und Feuchte; von den Seiten der Norden; von
den Winden der südliche; von den Tagviertheilen die letzte
Hälfte der Nacht; von den Mischungen der Speichel; von
den Naturkräften die Stossende, von den Kräften der Geschöpfe die Erinnernde; von der Natursnlage Milde und
Schonung; von den sichtbaren Handlungen die Leichtigkeit
im Schaffen und sicherer Verkehr; von dem sinnlich Wahrnehmbaren entsprechen ihm die Töne der Basssaite und von

den Weisen das Hazadj und Ramal; von den Reden und
Gedichten das Loblied auf Güte, Edelmuth, Gerechtigkeit
und gute Natur; von dem Geschmäcken der fette und liebliche; von den Farben das Grüne; von den Düften der der
Narcisse, Veilchen und Nanufar u. dergl.; kurz jede kalt-
feuchte Farbe, Geschmack und Duft.

In dieser Weise zerfallen die Zustände des in der Natur
Vorhandenen und die Eigenschaften des sinnlich wahrnehmbaren Seienden in diese vier Abtheilungen, von denen eins
dem andern ähnlich, oder ihm entgegengesetzt ist. Cf. Koran
11, 49. Von jedem zwei Paare, ferner 96, 36: Preis sei
dem, der da schuf die Paare allesammt, sowohl von dem,
was die Erde sprossen lässt, als auch lebende Wesen und
auch von dem, das sie nicht kennen.

Verbindet man die sich einander ähnelnden Dinge nach
den Verhältnissen der Zusammensetzung, lassen sie sich ver-
binden und werden ihre Kräfte doppelt, es treten ihre Wirkungen an den Tag, sie überwiegen ihre Gegensätze und
besiegen das, was ihnen entgegensteht. Durch die Erkenntniss derselben bringen die Gelehrten die die Krankheit hei-
lenden Mittel heraus, welche die Seuchen heilen, so die Teriake, Pflaster und Tränke, [99] wie solche den Aerzten bekannt und in ihren Büchern beschrieben sind.

Ebenso handeln die, welche Talismane machen, nachdem
sie die Naturen der Dinge, ihre Eigenthümlichkeiten, das
Wie ihrer Zusammenfügung und die Verhältnisse ihrer Composition erforschten. Ein Beispiel hiervon ist die Neunform
um die Nativität leicht zu erkennen. In derselben sind die
neun Zahlen für den neunten Monat der Schwangerschaft
und die neunte Stunde von dem Aufgangstern. Dann ist der
Herr des Aufgangs im neunten (Feld) oder der Herr des
Neunten im Aufgang. Oder es ist der Mond im neunten oder
verbunden mit einem Stern, der von ihm im neunten Felde
steht, und dergleichen mehr von den Neunten.

Gott gab seiner Weisheit gemäss einer jeden Gattung des Vorhandenen einen für das, was sie zu erfassen hat, besonderen Sinn, auch eine der Seelenkräfte, mit der sie alles Wahrnehmbare ergreift und erkennt; sie thut dies in einer bestimmten Weise und kann es nicht in einer andern thun. Gott legte in eine jede Grundanlage einen erfassenden Sinn oder eine Wissenskraft, damit sie eine Freude an der Erfassung ihrer sinnlichen Wahrnehmung habe, sie sehnt sich nach derselben und sucht sie auf, dann wird sie ihrer überdrüssig, wenn sie dieselbe eine Weile besass und erholt sich an einer andern, die jener gleich geartet war. Das ist bei den Leuten wohl bekannt in Speise und Trank, an Kleidung und Geruch, an Schaustücken und Hörstücken.

Ein einsichtiger Musiker ist nur der, welcher, wenn er weiss, dass die Hörer eine Weise überdrüssig haben, eine andere ihr entgegengesetzte oder ihr ähnliche singt.

Der Uebergang von einer Weise zu einer andern und die Uebertragung derselben auf jene kann nur auf eine von zwei Arten geschehen. Entweder muss der Musiker aufhören und schweigen, die Bünde und die Saiten durch Anziehen oder Nachlassen stimmen und dann eine andere Weise beginnen, oder er lässt die Sache, wie sie ist und geht von dieser Weise zu einer ihr naheliegenden und ihr ähnlichen über. Er überträgt vom Schweren auf das Leichte derselben oder vom Leichten geht er zum Schweren desselben oder auf etwas Naheliegendes über.

Will er z. B. vom Leichten des Ramal zum Makhuri übergehn, muss er bei den zwei letzten Griffen des schweren Ramal pausiren, einen Anschlag jenen folgen lassen und dann eine leichte wirkliche Pause machen; dann beginnt er von Neuem mit dem Makhuri.

Aus der Einsicht des Musikers geht hervor, dass er Gesänge mit bekannter Melodie, die einander ähnlich sind, mit einander umkleide, so das Ramal und das Hazadj und die Loblieder, die vom Ruhm, Güte und Edelmuth handeln, mit den bekannten ihm ähnlichen Gedichten bekannter Melodie in

Liedern, die die Tapferkeit, den Muth und die Lebendigkeit im Makhuri und Hafif besingen, verbinde.

Nach seiner Einsicht gebraucht ferner der Musiker die für Zeit und Umstände mit einander passenden und einander ähnlichen Melodieen, er stimmt beim Anruf der Trauerversammlungen und Trinkgelage die Weisen an, welche die Naturen durch Güte. Edelsinn und Freigebigkeit stärken, so das erste Schwere.

Dann lässt er erfreuende, erfrischende Weisen folgen, wie Hazadj und Ramal und beim Tanz, Reigen, und Händereichen das Makhuri und dergleichen beim Ende der Gesellschaft. Fürchtet er Trunkenheit, Streit und Härte, stimmt er besänftigende und beruhigende, schläfrig und traurig klingende Melodieen an.

Aussprüche der Philosophen über die Musik.

Es heisst, einst versammelten sich gelehrte Philosophen auf den Ruf eines Königs und befahl derselbe, ihre Reden aufzuschreiben.

Als der Musiker eine erfrischende Weise sang, thaten die Gelehrten folgende Aussprüche: 1. Der Gesang hat eine Vorzüglichkeit, die eine Wirkung offenbart, welche die Logik durch den Schluss nicht hervorbringen kann; die Seele schafft ihn als gemessene Weise, [100] hört diese dann die Natur des Menschen, findet sie dieselbe lieblich, sie freut sich und ist in Wonne. So höret denn die Kunde jener Seele und ihre Geheimrede. Man entsagt der Natur und der Betrachtung wegen ihres Schmucks.

2. Hütet euch, wenn ihr die Musik vernehmet, dass sie nicht die Begierden der Thier-Seele in euch den Banden der Natur zu errege, dass sie euch nicht abbringe von den Gesetzen der Rechtleitung und euch vom Verkehr mit der erhabenen Seele abwende.

3. Die Musik erhebt die Seele ihren erhabenen Kräften zu, zur Milde, Güte, Tapferkeit und Gerechtigkeit, zum Edelmuth und Mitleid; sie beruhigt die Natur und regt nicht ihre thierischen Leidenschaften auf.

4. Der einsichtige Musiker bewegt die Seele zur Vorzüglichkeit und nimmt von ihr die Mängel.

5. Es heisst, einst hörte ein Philosoph den Gesang von Reisenden, da sprach er zu seinem Schüler: lass uns zu diesem Musiker gehen, vielleicht giebt er uns eine erhabene Form. Als sie aber näher kamen, hörte er ungemessene Weise und einen unschönen Gesang, da sprach er zu seinem Schüler: die Wahrsager behaupten die Stimme der Eule deutet auf den Tod des Menschen; ist nun das richtig, so bedeutet der Gesang dieses Musikers den Tod der Eule.

6. Obwohl die Musik kein Geschöpf ist, ist sie doch beredter Rede, sie thut die Geheimnisse der Seele und das Innerste der Herzen kund. Aber ihre Rede ist fremdartig und bedarf des Auslegers, denn ihre Worte sind nur einfach, und haben keine deutlichen Buchstaben.

7. Die Töne der Musik und ihre Weisen neigen sich den Seelen zu, wenn sie auch nur einfach sind und nicht unterscheidbare Buchstaben haben. Die Seelen nehmen diese Weisen rasch an, weil zwischen beiden eine Aehnlichkeit stattfindet, denn auch die Seelen sind nur einfache, geistige, nicht zusammengesetzte Substanzen, so wie die Weisen der Musik. Die Dinge aber einigen sich stets am meisten mit dem, was ihnen ähnlich.

8. Der Musiker ist Dolmetsch der Musik und ihr Erklärer versteht er es wohl, die Sinne darzulegen, thut er die Geheimnisse der Seele und das Innerste des Herzens kund; geschieht dies nicht, ist der Defect von ihm geschehn.

9. Nur die erhabenen, von den Flecken der Sinnlichkeit freien und von thierischen Begierden lauteren Seelen verstehen die Bedeutung der Musik und die feine Deutung von den innersten Geheimnissen.

10. Als der Schöpfer die Theilseelen den Theilkörpern verband, legte er in ihre Grundanlagen die leiblichen Begierden. Er gab ihnen die Möglichkeit, die leibliche Lust in den Tagen der Jugend zu erfassen, dann nahm er ihnen diese in dem Greisenalter und befreite sie davon, sie auf die Lust, die Freude und die Wonne der andern Welt hinzuleiten

10*

und sie darauf begierig zu machen. Wenn ihr nun die Weisen der Musik hört, so betrachtet ihre Hindeutungen auf die Seelenwelt. [101]

11. Ist die vernünftige Seele rein von sinnlicher Begierde, bleibt sie keusch von den Lüsten der Natur und frei vom Roste der Materie, dann singt sie in den Weisen der Theilseelen und gedenket der geistigen, erhabenen Welt, zu der sie sich sehnt. Hört dann die Natur diese Weise, zeigt sie der Seele den Schmuck ihrer Gestalten und den Glanz ihrer Farben, dass sie sie zu sich zurückbringe; so hütet euch vor der List der Natur und fallet nicht in ihr Netz.

12. Gehör und Gesicht sind die edelsten, die erhabensten der fünf Sinne, die der Schöpfer dem Geschöpf verlieh. Doch das Gesicht ist edler und gleicht dem Tage, und das Gehör der Nacht. — Dem widersprach ein Andrer. Das Gehör ist edler als das Gesicht, denn das Auge ist das Mittel, das Sinnliche zu erfassen, es dient wie ein Sklave, es zu erreichen. Dem Gehör wird das sinnlich Wahrnehmbare zugetragen, dass dies ihm wie einem König diene.

13. Das Gesicht erreicht die Wahrnehmung nur auf geradem Wege, doch das Gehör erfasst sie aus der Peripherie des Kreises.

14. Die meisten Wahrnehmungen des Gesichts sind leibliche, doch die des Gehörs sind alle geistig.

15. Die Seele erfasst durch das Gehör die Kunde von dem, was in Raum und Zeit vor ihr verborgen ist, doch durch das Gesicht erfasst sie nur das zeitlich Gegenwärtige.

16. Das Ohr unterscheidet feiner als das Auge, durch die Güte seines Gefühls erkennt es die gemessene Rede und die sich entsprechenden Weisen, auch den Unterschied zwischen dem Wahren und dem Fehlerhaften, den Ausfall aus der Cäsur und dem Gleichgewicht der Weise. Das Gesicht aber irrt in den meisten seiner Wahrnehmungen, oft sieht es das Grosse klein und das Kleine gross, das Nahe fern

und das Ferne nah, das Bewegte ruhend und das Ruhende
bewegt, das Gerade krumm und das Krumme gerade.

17. Da die Substanz der Seele den Zahlen und der Composition entspricht und ihr ähnlich ist, auch die Weisen der
Musik gemessen sind und die Zeiten und Bewegungen ihrer
Anschläge und die Pausen dazwischen sich einander entsprechen, so empfinden die Naturen daran Lust, es freuen
sich daran die Geister und ergötzen sich daran die Seelen
wegen der Aehnlichkeit, der gegenseitigen Entsprechung und
gleichen Gattung. Dasselbe gilt von der Schönheit der Ge-
sichter und dem Schmuck der Natur, denn die Schönheiten der natürlichen Dinge entstehen daraus, dass sich
Formen entsprechen und ihre schönen Theile schön zusammengesetzt werden.

18. Die Blicke der Schauenden richten sich auf die
schönen Antlitze, weil sie Spuren der Seelenwelt an sich tragen
und die gewöhnlichen Erscheinungen in dieser Welt nicht schön
sind, denn es treffen sie verhässlichende, entstellende Schäden, sei es in der ursprünglichen Fügung, sei es später.
Dies geht daraus hervor, dass die kleinen Gebornen zier-
licher an Gestalt und Form sind und feiner im Bau, denn
sie stehen ihrer Vollendung vom Schöpfer näher, dasselbe
gilt von dem, was man an schönen und glänzenden Kleidern
beim Anfang ihres Seins sieht, ehe Schäden aus dem Alter,
der Abnutzung und dem Verderben über sie kommen.

19. Die Blicke der Theilseelen sind auf die Schönheiten aus Sehnsucht nach ihnen gerichtet, weil beide gleicher
Gattung sind, denn die Schönheiten dieser Welt rühren von
den Einwirkungen der himmlischen Allseele her.

20. Das Maass der Anschläge der Musik und das Verhältniss zwischen ihnen, nach ihre lieblichen Weisen, zeigen
den Theilseelen an, dass die Bewegungen der Sphären und der
Sterne sich entsprechende lieblich gefügte Weisen haben. [102]

21. Wenn sich die Grundzüge des schönen Sinnlichen
den Theilseelen einbilden, so werden diese ähnlich und entsprechend der Allseele, sie sehnen sich ihr zu und wünschen ihr
anzuhängen. Trennt sie sich von dem Leibe, erhebt sie sich

rum Himmelreich und schliesst sich der erhabenen Versammlung an, dann ist sie der Ewigkeit sicher und vor dem Vergehen geschützt, sie empfindet die reine Lust des Lebens. Da fragte Jemand, und was ist die höchste Versammlung, und er antwortete: die Bewohner des Himmels und die Insassen der Sphären. Jener sprach: wie haben sie denn Gehör und Gesicht, und der Andere erwiederte: Wenn in der Welt der Sphären und der Weite der Himmel keiner wäre, der die wohl gereihte Bewegung sehen und die herrlichen Einzelkörper schauen, noch die lieblichen gemessenen Weisen hören könnte, so hätte die Weisheit etwas Eitles, Unnützes geschaffen; es gehört aber zu den Grundsätzen, die zwischen den Gelehrten feststehn, dass die Natur nichts Eitles und Unnützes schaffe.

22. Sind in der Weite der Sphären und den Himmels-Breiten keine Geschöpfe noch Bewohner, so wäre derselbe eine leere Wüste; wie ist's aber in der Weisheit des Schöpfers möglich, dass er die Weite dieser Sphären trotz der Erhabenheit ihrer Substanzen als eine öde leere Wüste ohne Creaturen lasse, — da er doch die finstern Gründe des salzigen Meeres nicht leer liess, sondern in ihrem Grunde Gattungen von Creaturen schuf, die vielerlei Fische, Seethiere u. dergl. Auch liess er nicht die Substanz der zarten Luft frei von den Gattungen der Vögel, die sie durchziehen, wie die Fische und Seethiere durch die Wasser schwimmen. Auch liess er nicht die Hügel, noch die unbebauten Stätten, noch die trocknen Striche, noch sumpfige Dickichte, noch feste Berge, ohne darin Raubthiere und Wild zu schaffen. Auch liess Gott weder den finstern Schooss der Erde, noch die verschiedenen Pflanzen, Keime, Früchte, ohne dass er darin Gewürm und Kriecher schuf.

23. Die Gattungen der Geschöpfe dieser Welt sind nur Umrisse und Gleichnisse für die Formen und Creaturen in der Sphärenwelt und Himmelsweite, wie die Zeichnungen und Bilder an den Flächen und Decken der Mauern Umrisse und Gleichnisse sind für die Formen dieser fleischlichen Thiere. Die Geschöpfe aus Fleisch stehen zu diesen Ge-

schöpfen, deren Substanzen rein sind, in demselben Verhältniss, wie die gezeichneten und gemalten Figuren zu diesen
Thieren mit Fleisch und Blut.

24. Sind dort Geschöpfe ohne Gehör und Gesicht, ohne
Vernunft und Einsicht, ohne Rede und Unterscheidung, so
sind sie dann dumm, stumm und blind.

25. Haben sie aber Gehör und Gesicht, ohne dass es
dort Töne zu hören, noch Weisen zur Ergötzung gäbe, so
wäre ihr Gehör und Gesicht dann eitel und unnütz. Haben
sie aber weder Gehör noch Gesicht und hören sie und sehen
sie dennoch, so sind sie erhabener als die hier, weil ihre
Substanzen reiner, lichtvoller, durchsichtiger, vollkommner
und vollendeter sind.

26. Die hiesigen musikalischen Weisen sind den dortigen ähnlich, wie man die Beobachtungsinstrumente Astrolabe, Pingane *) und Ringformen den dortigen Gebilden
ähnlich schafft.

27. Wäre die sinnliche Wahrnehmung dort nicht erhabener und vortrefflicher als die hier, und könnten die Seelen
dorthin nicht gelangen, so wäre das Verlangen der Philosophen nach der Geisteswelt zurückzukehren, so wie das
Verlangen der Propheten und ihre Sehnsucht nach der Lieblichkeit des Paradieses eitel, blosse Meinung oder Lüge.
Wir nehmen zu Gott davor unsere Zuflucht.

28. Wähnt Jemand, oder meint einer, oder behauptet
ein Widersacher, dass das Paradies hinter den Sphären und
ausserhalb der Himmelsweiten sei, so antwortet man, wie
kann man dahin gelangen wollen, ohne zuerst zu dem Himmelreich aufzusteigen und die Himmelsweiten zu durch-
messen.

29. Es heisst, wenn der Windhauch des Paradieses
am Morgen weht, bewegen sich die Bäume, es sind ihre
Zweige erschüttert und rauschen ihre Blätter, [103] dann
fallen ihre Früchte zerstreut, ab, ihre Blüthen glänzen und
ihre Wohlgerüche duften, man hört von ihnen Melodieen

---

*) Eine durchbrochene Schale die Zeit zu messen.

und Töne. Thäten die Weltbewohner nur einen Blick darauf,
würden sie das Leben dieser Welt nachdem nimmer lieblich finden. Hierzu sollen wir wirken, uns daran erholen
und uns daran freuen, denn das ist besser, als was man
sammelt. Die Philosophen nennen das Paradies die Geisterwelt.

Die Einwirkungen der Musik auf die Seele der Hörenden ist verschieden geartet, auch ist die Lust der Seelen und
ihre Wonne an derselben verschieden gestaltet und von einander unterschieden. Alles dies findet je nach den Stufen der
Erkenntniss und ihrer Sehnsucht, die an das Schöne sich
gewöhnten, statt.

Hört eine Seele Beschreibungen von dem, was ihrer Sehnsucht entspricht und Tonweisen, die für ihre Liebe passen,
so ist sie heiter, freudig, sie ergötzt sich und empfindet
Wonne, je nachdem wie sie die Grundzüge ihrer Liebe sich
einbildet und wie sie ihre Liebe glaubt. — Oft befällt sie
Verlegenheit und Trauer, da sie nicht die Weise derselben
kennt, noch weiss, wie sie dahin strebe. So wird von einem
liebenden Sufi erzählt, dass er stets jemand rufen hörte: o du
beruhigte Seele kehre zu deinem Herrn zurück, zufrieden-
stellend und zufriedengestellt, das liess er sich wiederholen,
da sagte er, wie oft sagst du zu ihr: kehre zurück, wenn sie
doch nicht heimkehrt, noch sich heimsehnt; dann schrie er
auf und ward ohnmächtig bis sein Geist ausging.

Ein anderer hörte einen rufen, der sprach: was ist sein
Theil, wenn ihr lügt: sie sagten: seine Vergeltung ist die
Sehnsucht auf seiner Reise. Das liess er sich wiederholen
schrie auf und verschied.

Die Männer der Liebe (Sufis) meinen, der Sinn des Worts,
sein Lohn ist das, wonach er auf seiner Reise (Leben) sucht,
sei: der Liebende ist ein Theil des Geliebten, dieser ist der
auf der Reise ersehnte, d. h. die Form des Geliebten ist in
der Seele des Liebenden gebildet und die Grundzüge seiner

Gestalt sind dem Herzen desselben eingezeichnet und das ist sein Lohn.

Siehst du nicht Bruder, wie er den Sinn des Worts nach seiner Weise und seinem Ziele wandte, obwohl der Sinn des Verses offenbar ist.

Ein anderer hörte jemand singen: es sprach der Gesandte morgen besuchen wir (ihn), da sprach ioh: weisst du was du sagst? da that ihm die Rede, die Weise und die Sehnsucht Zwang an und er begann es zu wiederholen und setzte an die Stelle des Nun ein Ta; er sprach: morgen besuchst du (ihn), bis er uus zu grosser Freude, Lust und Wonne ohnmächtig ward. Als er wieder zu sich kam, fragte man ihn nach seiner Sehnsucht, da sprach er, der Prophet sagte: die Bewohner des Paradieses besuchen ihren Herrn täglich.

Es wird in der Ueberlieferung berichtet, dass die lieblichste Wonne und die zarteste Melodie, so die Paradiesbewohner hören, das Geheimgespräch mit Gott sei; ihr Gruss ist am Tage, wo sie Gott finden; „Friede". Doch dann ist ihr letzter Ruf: Preis Gott dem Herrn der Welten. Es heisst, dass als Moses die Geheimrede seines Herrn vernahm, ihn solche Freude, Lust und Wonne erfasste, dass er sich nicht beherrschen konnte, so dass er froh ward und modulirte und er nachher alle Melodieen, Weisen und Töne geringschätzte.

VI. Die Relation in der Arithmetik, Geometrie und Compositionslehre.

— .

Relation ist einer von zwei Werthen, an einem anderen bestimmt. Tritt die eine von zwei Zahlen in Beziehung zu einer anderen, so müssen sie entweder einander gleich, oder von einander verschieden sein. Sind sie einander gleich, so heisst die Beziehung der einen zur andern das Verhältniss der Gleichheit (Gleichung). Sind sie von einander verschieden, muss die eine grösser und die andere kleiner sein.

Setzt man die kleinere in Verhältniss zur grösseren, so heisst dies die Verschiedenheit der Kleineren. Man bezeichnet dieselbe durch eine von den neun vorher erwähnten Zahlwörtern d. h. $\frac{1}{2}$, $\frac{1}{3}$, $\frac{1}{4}$, $\frac{1}{5}$, $\frac{1}{6}$, $\frac{1}{7}$, $\frac{1}{8}$, $\frac{1}{9}$, und deren Zusammensetzung, so sagt man ein halbes Sechstheil, ein drittel Fünftheil u. dergl. Dies Verhältniss ist bei den Rechnern bekannt, so das Verhältniss der Sechzig und anderer Zahlen.

Setzt man die grössere Zahl in Beziehung zur Kleinen, so heisst dies die Verschiedenheit der Grössen. Die Behandlung und Besprechung dieses Verhältnisses gebührt den Philosophen und nicht den Berechnern der Divane.

Dies Verhältniss zerfällt in fünf Arten und bezeichnet man dieselben mit fünf Worten:

1. Verhältniss des Doppelt. 2. Des Gleich plus ein Theil. 3. Gleich plus Theile. 4. Doppelt plus ein Theil. 5. Doppelt plus Theile.

Es kann nie eine grössere Zahl mit einer kleineren in Beziehung treten, ohne dass eine dieser fünf Verhältnisse eintrete.

Erklärung: Verhältniss des Doppelt ist die Beziehung aller von der Zwei an in natürlicher Reihe folgenden Zahlen zur Eins, so weit das immer geht.

Zwei ist das Doppelte der Eins, Drei das Dreidoppelt, Vier das Vierdoppelt und so folgen alle Zahlen.

Verhältniss des Gleich plus ein Theil ist die Relation aller Zahlen, die von der Zwei an in natürlicher Reihe sich folgen, jede zu ihrer Genossin gestellt 3 : 2, 4 : 3, 5 : 4, 6 : 5 u. s. f., wenn man sie zu der um Eins ihr voraufgehenden in Beziehung setzt, denn es geht aus diesem Verhältniss gleich plus ein Theil davon hervor.

Das Verhältniss des Gleich plus Theile ist die Beziehung aller von der Drei aus anfangenden und sich in natürlicher Reihe reibenden Zahlen, wenn man mit ihnen die Zahlen von der Fünf an in der Reihenfolge der Ungraden, nicht in der der Graden, in Beziehung setzt. 5 : 3, 7 : 4, 9 : 5, 11 : 6, 13 : 7 u. s. f. alle Zahlen.

Das Verhältniss des Doppelt plus ein Theil sind alle Zahlen, die von der Zwei in natürlicher Reihe folgen, wenn man damit alle Zahlen von der Fünf an in der Reihe der Ungraden, nicht der Graden, [105] in Beziehung setzt. 5 : 2, 7 : 3, 9 : 4, 11 : 5 u. s. f. alle Zahlen.

Das Verhältniss des Doppelten plus Theile findet bei allen Zahlen statt, die von der Drei in der natürlichen Reihe folgen, wenn man damit alle Zahlen, die von der Acht an beginnen, in der Reihenfolge um je drei, in Beziehung setzt. 8 : 3, 11 : 4, 14 : 5, 17 : 6 etc.

Es ist klar, dass wenn man von zwei verschiedenen Zahlen die grössere mit der kleineren in Beziehung setzt, Eins dieser fünf erwähnten Verhältnisse, also doppelt, gleich + Theil, gleich + Theile, doppelt + Theil doppelt + Theile stattfindet.

Setzt man die kleinere nach dieser von uns angegebenen Analogie und Anordnung in Beziehung zur Grösseren, so fügen wir zu den fünf erwähnten Worten noch eins hinzu nämlich: unter. Setzt man eins in Beziehung zu den andern Zahlen, sagt man: unter, und zwar Doppelt.

Setzt man Zwei in Beziehung zur Drei, sagt man unter gleich + Theil, desgleichen bei 3 : 4, 4 : 5.

So ist dies das Umgekehrte von dem im ersten Theil erwähnten Verhältniss des Grösseren zum Kleineren, jede in Beziehung auf ihre Genossin.

3 : 5, 4 : 7, 5 : 9 = Unter Gleich plus Theile;
2 : 5, 3 : 7, 4 : 9 = Unter Doppelt plus Theil;
3 : 8, 4 : 11, 5 : 14, 6 : 17 = Unter Doppelt plus Theile.

So muss das Verhältniss der Geringeren zur Grösseren nothwendig eine von diesen Bedeutungen haben: Unter Doppelt, Unter Gleich + Theil, Unter Gleich + Theile, Unter Doppelt + Theil, Unter Doppelt + Theile.

———

Die Relation ist einer von zwei Werthen an einem andern (bestimmt); sie zerfällt in drei Gattungen: a. in Hinsicht des Wieviel; b. in Hinsicht des Wie; c. in Hinsicht beider. Die des Wieviel heisst die arithmetische, die des Wie die geometrische, die beider zusammen heisst die der Composition und der Musik.

Die arithmetische Relation ist die gleiche Differenz zweier verschiedener Zahlen 1, 2, 3, 4 etc. Die Differenz zwischen je zwei dieser Zahlen ist stets eins. Bei 2, 4, 6 8, 10, 12 etc. ist die Differenz zwischen zwei Zahlen stets zwei und dasselbe gilt von 1, 3, 5, 7, 9, 11.

Nach dieser Analogie werden die übrigen arithmetischen Verhältnisse begründet, man berechnet die gleiche Differenz zwischen ihnen beiden.

Es ist die Eigenthümlichkeit dieser Relationen, dass wenn man von irgend zwei Zahlen von jeder derselben die Hälfte nimmt und diese addirt eine Mittelzahl zwischen den beiden herauskommt, vgl. 3 und 4, $^3/_2$ = $1^1/_2$, $^4/_2$ = 2, 2 + $1^1/_2$ = $3^1/_2$, $3^1/_2$ ist nun $^1/_2$ mehr als drei und um $^1/_2$ weniger als vier. Dies gilt von allen [106] arithmetischen Verhältnissen.

Die geometrische Relation ist der Werth einer von zwei verschiedenen Zahlen in Bezug auf eine dritte, so stehen

4, 6, 9 in geometrischem Verhältniss 4 : 6 = 6 : 9, 4 = $^2/_3$ von 6 und 6 = $^2/_3$ von 9 und ebenso umgekehrt 9 : 6 = 6 : 4, 9 = 1$^1/_2$ der 6 und 6 = 1$^1/_2$ der 4.

8, 12, 18, 27 stehen in einer geometrischen Relation nämlich: 8 = $^2/_3$ von 12, 12 = $^2/_3$ von 18, 18 = $^2/_3$ von 27 und ebenso umgekehrt; 27 = 1$^1/_2$ mal 18, 18 = 1$^1/_2$ mal 12 und 12 = 1$^1/_2$ mal 8. Hiernach behandelt man die übrigen geometrischen Relationen.

Sie zerfallen in zwei Gattungen, in zusammenhängende und getrennte.

Zusammenhängend sind die eben erwähnten. Die Eigenthümlichkeit derselben ist, dass wenn drei Zahlen in einer solchen Relation stehen und man die erste mit der dritten multiplicirt, das Produkt = ist dem Produkt der mittleren, mit sich multiplicirt (Quadrat) 4 × 9 = 6 × 6 (ac = b²). Stehen aber vier Zahlen in solcher Relation, so ergiebt die erste mal die vierte dasselbe Produkt, wie die zweite mal die dritte a d = b c. Ein Beispiel von der getrennten Relation wäre 4, 6, 8, 12; denn 4 : 6 = 8 : 12, 8 = $^2/_3$ von 12, aber 6 ist nicht $^2/_3$ von 8, wohl aber 4 = $^2/_3$ von 6. Diese Relation und ihresgleichen heisst die Getrennte. Es ist ihre Eigenthümlichkeit, dass die Erste mal der Vierten gleich ist der Zweiten mal der dritten. Eine Eigenthümlichkeit der zusammenhängenden Relation ist, dass die mittlere Grenze in ihr gemeinschaftlich ist, bei der getrennten Relation ist die mittlere Grenze in ihr nicht gemeinschaftlich.

Die Komposition-Relation ist aus der geometrischen und arithmetischen zusammengesetzt, 1, 2, 3, 4, 5. 6; 6 heisst die grosse Grenze; 3 die kleine Grenze, 4 die mittlere Grenze, 1 und 2 aber der Zuwachs zu den Grenzen. Der Zuwachs zwischen 4 und 6 ist 2 und der zwischen 3 und 4 ist 1.

Die Relation der 2, des Zuwachses zwischen 6 und 4 zur 1, die ja der Zuwachs zwischen 4 und 3 ist, ist wie die Relation der grossen Grenze 6 zu der kleinen Grenze 3. (2 : 1 = 6 : 3).

Ebenso steht umgekehrt 3, die kleine Grenze, zu 6, der grossen Grenze, wie 1 : 2 und in anderer Weise 1 : 2 : 3 = 2 : 4 : 6, ferner 1 : 2 = 2 : 4 = 3 : 6; das Umgekehrte 6 : 3 = 4 : 2 = 2 : 1. Ferner 6 : 4 = 3 : 2 und umgekehrt 2 : 3 = 4 : 6.

So ist diese Relation zusammengesetzt aus der arithmetischen und geometrischen und aus beiden gefügt. Aus dieser Relation geht die Composition der Tongänge und Weisen hervor. [107]

Die zusammenhängende Relation.

Wenn irgend eine Zahl mit einer grösseren in Beziehung tritt, so hat sie zu ihr irgend eine Relation, auch findet man, dass eine kleinere schon zu der ersteren in derselben Relation stand.

10 : 100 = 1 : 10, denn 1 Zehner = 10 Einer wie 10 Zehner = 100.

10 : 90 = $1\frac{1}{9}$: 10 ($^{10}/_9$: $^{90}/_9$) 10 : 80 = $1\frac{1}{4}$: 10 ($^{5}/_4$: $^{40}/_4$).

10 : 70 = $1\frac{3}{7}$: 10 ($^{10}/_7$: $^{70}/_7$) 10 : 60 = $1\frac{2}{3}$: 10 ($^{5}/_3$: $^{50}/_3$).

10 : 50 = 2 : 10. 10 : 40 = $2\frac{1}{2}$: 10 ($^{5}/_2$: $^{50}/_2$).

10 : 30 = $3\frac{1}{3}$: 10 ($^{10}/_3$: $^{50}/_3$) 10 : 20 = 5 : 10.

Nach dieser Analogie beurtheilt man alle zusammenhängenden Relationen. Die Regel, diese Relation hervorgehen zu lassen, ist, dass man diese (Grund-) Zahl mit sich multiplicire und das Produkt mit der grösseren Zahl theile, was da herauskommt (der Quotient) ist die kleinere Zahl dieser Relation: theilt man aber das Produkt mit der kleineren Zahl dieser Relation, geht die grössere der Relation daraus hervor; sagt man z. B. finde eine Zahl, die zur Zehn in derselben Relation steht, wie 10 : 11, so multiplicire man 10 mit sich und theile das Produkt (100) durch 11 ($^{100}/_{11}$) = $9\frac{1}{11}$, $9\frac{1}{11}$: 10 = 10 : 11, theilt man das Produkt 100 durch 9, kommt $11\frac{1}{9}$ heraus; 10 : 9 = $11\frac{1}{9}$: 10.

Zu den Eigenthümlichkeiten dieser Relation gehört, dass, wenn zwei Zahlen bekannt sind, die dritte aber unbekannt

ist, man diese unbekannte aus den bekannten bestimmen
kann. Die Weise ist diese: man multiplicire eine der zwei
bekannten mit sich und dividire das Produkt durch die andere, der Quotient ist die gesuchte unbekannte.

Sagt man: finde eine Zahl, die zur Zwei in derselben
Relation steht, wie 4 : 6 oder zu der die Vier in derselben
Relation steht, wie die 6 zur 4, so ist die Analogie in beiden
dieselbe, man multiplicirt 4 mit sich (16) und theilt dieses
Produkt durch $6 = 2^2/_3$, $2^2/_3$ $(^8/_3) : 4$ $(^{12}/_3) = 4 : 6$ und
umgekehrt $4 : 2^2/_3 = 6 : 4$.

Hebt man die Sechs hervor, thu mit ihr wie du mit der
Vier thatest und bleibt die Weise dieselbe $6 \times 6 = 36$, $^{36}/_4$
$= 9$, $9 : 6 = 6 : 4$ und umgekehrt $6 : 9 = 4 : 6$. So
bringt man das Unbekannte in den geometrischen Relationen
durch das Bekannte heraus.

Dasselbe gilt von dem Unbekannten beim Handel, sei
es, dass es der Preis oder das Bepreiste sei, sagt man z. B.
Zehn, seine Relation zu Vier für wieviel. Man multiplicire
$4 \times 6 = 24$ und theile das Produkt durch Zehn, was herauskommt ist das Gesuchte $^{24}/_{10}$ $^{12}/_5$.

Das Unbekannte ist einmal der Preis und ein andermal
das Bepreiste. Achte bei der Regel, dass nie der Preis mit
dem Preis, noch das Bepreiste mit dem Bepreisten multiplicirt werde, sondern der Preis mit dem Bepreisten, dies
ist's, was wir erklären wollten. [108]

Die gegenseitige Relation.

Gegenseitige Relation ist die Uebereinstimmung der
Zahlwerthe des einen zum andern. Zwei Zahlen können
höchstens durch drei sich entsprechende Zahlen bestimmt
werden. Bei drei solchen Zahlen ist der Werth der ersten
zur zweiten wie der der zweiten zur dritten und eben so
umgekehrt; denn die erste mal der dritten ist gleich der
Zweiten mit sich multiplicirt; bei 4, 6, 9 ist $4 \times 9 = 6 \times 6$.

Sind von drei Zahlen, die mit einander in Relation
stehen, die beiden Grenzzahlen bekannt, die mittlere aber

unbekannt, wird aus dem Produkt dieser beiden die Wurzel gezogen und ist diese die mittlere unbekannte $4 \times 9 = 36$, $36 = 6$.

Ist eine der Grenzzahlen und die mittlere Zahl bekannt, so multiplicirt man diese letztere mit sich und dividirt das Produkt durch die bekannte Grenzzahl, der Quotient ist die unbekannte Grenzzahl $^{36}/_4 = 9$ $^{36}/_9 = 4$.

Stehen vier Zahlen in einer Relation zu einander, so zerfällt dieselbe in zwei Arten, a. Die Relation der Reihenfolge, b. Die ausser der Reihenfolge. Bei der Relation in Reihenfolge ist, steht die Erste zur Zweiten, wie die Zweite zur Dritten, die Zweite zur Dritten wie die Dritte zur Vierten, wie $2 : 4 = 8 : 16$*).

Stehen die vier Zahlen ausser der Reihenfolge in Relation, ist der Werth der Ersten zur Zweiten, wie der Werth der Dritten zur Vierten, doch steht der Werth der Zweiten zur Dritten nicht in dem Verhältniss wie $3 : 6 = 8 : 16$.

Von je vier in Relation stehenden Zahlen sei es, dass sie in der Reihenfolge oder ausser derselben stehen, ist die Erste mal der Vierten = der Zweiten mal der Dritten (ad = bc) $2 \times 16 = 32$, $= 4 \times 8 = 32$, $3 \times 16 = 48$, $6 \times 8 = 48$. Multiplicirt man die eine der Mittelzahlen mit der andern und theilt man das Produkt durch die bekannte Grenzzahl, kommt die unbekannte Grenzzahl heraus. $^{48}/_3 = 16$, $^{32}/_2 = 16$.

Ist eine der Mittelzahlen unbekannt, die andere aber bekannt, so multiplicirt man die eine Grenzzahl mit der andern und dividirt die Summe durch die bekannte Mittelzahl, der Quotient ist die unbekannte Mittelzahl $3 \times 16 = 48 : 6 = 8$, $2 \times 16 = 32 : 8 = 4$.

Sind von vier in Relation und Reihefolge stehenden Zahlen zwei bekannt und zwei unbekannt, kann man die zwei Unbekannten durch die zwei Bekannten herausbringen, ist die erste und zweite bekannt, multiplicirt man die zweite mit

---

*) Im Manuscript sind mit Buchstaben die Zahlen $2 : 4 = 8 : 5$, was offenbar falsch ist.

sich und theilt das Produkt durch die erste, der Quotient
ist die dritte 2 : 4 = 8 : 16, 4 × 4 = 16 : 2 = 8.

Ist die Erste und Dritte bekannt, multiplicirt man die
Erste mit der Dritten und nimmt von der Summe die Wurzel,
dies ist die zweite Zahl, dann multiplicirt man die dritte
Zahl mit sich und theilt die Summe durch die Zweite, der
Quotient ist die Vierte.

$$2 \times 8 = 16, \sqrt{16} = 4, 8 \times 8 = 64, : 4 = 16.$$

Stehen vier Zahlen zwar in Relation aber nicht in Reihenfolge und sind uns zwei derselben bekannt, so kann man
die beiden Unbekannten nicht durch die beiden Bekannten
herausbringen, es sei denn, dass die Erste und Zweite bekannt
sind und die Zweite grösser ist, als die Erste, so dass man
die Zweite mit der Ersten theilen kann; so oft die Erste in
der Zweiten enthalten ist, ebenso oft ist auch die Dritte in
der Vierten enthalten. Ist aber die Erste grösser als die
Zweite, theilt man sie durch dieselbe, so oft nun die Zweite
in der Ersten enthalten ist, ebenso oft ist die Vierte in der
Dritten enthalten.

Umkehrung der Relation ist, dass man die Erste zur
Dritten gleich der Zweiten zur Vierten im Gleichmaass und
Umkehr setze.

Anordnung der Relation ist, dass man die Erste zur
Ersten und Zweiten, wie die Relation des Dritten zur Dritten und Vierten setze [109], a : a+b = c : c+d und eben
so ist's in der Umkehrung.

Vertretung und Zerlegung der Relation ist, dass man
den Rest von der Zweiten nach Abzug der Ersten zur Ersten
setze, wie die Relation der Vierten nach Abzug der Dritten
zur Dritten und ebenso umgekehrt (b-a) : a = (d-c) : c.

**Die Vorzüge aus der Erkenntniss der arithmetischen, geometrischen
und musikalischen Relation.**

Philosophen und Propheten stimmen darin überein, dass
Gott, der keinen Genossen und keinen ihm gleichen hat,
wahrhaft in jeder Beziehung sei. Aber alles ausser ihm,

alles Vorhandene ist vervielfältigt, zusammengesetzt und zusammengefügt, denn da Gott die Körperwelt schaffen wollte,
ersann er zuerst zwei Wurzeln, nämlich die Materie und
die Form, dann schuf er aus ihnen den allgemeinen (absoluten) Körper und setzte er einige Körper, nämlich die Elemente, nach den vier Naturen Wärme, Kälte, Feuchte, Trockniss. Die Elemente sind Wasser, Erde, Luft und Feuer.
Dann schuf er aus diesen Elementen Alles, was sich auf der
Erde befindet, Thier, Mineral und Pflanze.

Diese Elemente haben einander gegenüberstehende Kräfte,
einander ensgegengesetzte Naturen, verschiedene Formen und
von einander gesonderte Stätten, sie sind einander feindlich
und meiden einander. Sie werden nur durch die Zusammenstellung dessen, der sie zusammenstellt, verbunden. Geschieht
die Zusammenstellung aber nicht in Relation, vermischen sie
sich nicht, noch werden sie vereint.

Hierher gehören auch die Laute des musikalischen Gesangs, denn die Klänge des Diskants sind zart und leicht,
die des Bass aber dick und schwer. Zart ist Gegensatz von
dick und leicht Gegensatz von schwer, beide sind von einander gesondert, einander ausweichend, sie kommen nicht
zusammen und lassen sich nur durch einen, der sie zusammenfügt und zusammensetzt, zusammenstellen.

Geschieht die Zusammenstellung nicht in der Relation,
vermischen sie sich nicht und werden nicht zu eins, das
Gehör findet beide nicht lieblich. Ist dies aber der Fall, so
lassen sie sich zusammenstellen und werden ein Klang, so
dass das Gehör sie nicht von einander scheidet, die Natur
sie lieblich findet und die Seele sich daran erfreut.

Dasselbe gilt von der gemessenen Rede, die, wenn sie
in der Relation steht, dem Ohr lieblicher ist, als reines Gold,
weil eben in den Maassen Relationen sind.

Man nehme z. B. das Maass Tavil, das besteht aus
48 Buchstaben, 28 bewegten und 20 ruhenden; die Relation
der ruhenden zu den bewegten ist das von fünf Siebenteln
($^{20}/_{28} = {}^{5}/_{7}$). Dasselbe gilt vom Halbvers, das sind 24 Buch-

staben, 14 bewegte und 10 ruhende, desgleichen sind im Viertelvers 7 Buchstaben bewegt und 5 ruhend.

Ferner, es ist dies Manss zusammengesetzt aus 12 Stricken (2 Buchstaben wie tan), davon sind 12 bewegt und 12 ruhend und aus 8 Pflocken (3 Buchstaben wie tanan), von denen 8 Buchstaben ruhend und 16 Buchstaben bewegt sind. Nach dieser Analogie sind alle ruhenden Buchstaben in jedem Vers, nach welcher Weise er auch gehe, in Bezug auf die Beweg-ten zu beurtheilen.

Ein Beispiel hierfür liefern auch die Buchstaben der Schrift, sie sind von verschiedener Gestalt und von einander gesonderten Formen, setzt man sie nach ihrem (ursprüng-lichen) Werth und den einen zum andern in Relation, so ist die Handschrift schön; stehen sie aber nicht in Relation zu einander, ist die Handschrift schlecht. Wir haben die Re-lation der Buchstaben des Einen zum Andern und wie sie sein müssen in einer andern Abhandlung dargestellt (cf. die Fünfte).

Dies beweisen auch die Farben der Maler, sie sind ver-schiedener Art und entgegengesetzter Strahlung, so schwarz, weiss, roth, gelb u. dergl., setzt man diese Farben, eine zur andern in Relation, werden die Zeichnungen leuchtend und schönstrahlend; stehen sie aber nicht in Relation zu einander sind sie dunkel, unschön, schmutzig. In einem andern [110] Tractat stellten wir dar, wie man diese Farben in Relation zu einander bringen muss, damit dieselben schön werden.

Die Glieder und Gelenke geben ein neues Beispiel hier-für, sie sind verschieden gestaltet, von gesonderten Anfängen. Stehen ihre Maasse eins zum andern in Relation, sind die Formen richtig, wahrhaft und angenehm, sind sie aber an-ders, so sind sie hässlich, verwirrt und unangenehm der Seele. Wir haben etwas davon hervorgehoben, wie das Maass der Formen sein und ein Glied zum andern sich ver-halten müsse.

Auch die Heilpflanzen und Mittel geben hierfür ein Beispiel; sie haben einander engegengesetzte Naturen und verschiedenen Geschmack, Geruch und Farbe, setzt man sie

in der Relation zusammen, haben die Heiltränke vielen
Nutzen, so die Teriake, Tränke, Pflaster u. dergl. Werden
sie nicht in Relation in ihren Gewichten zusammengefügt,
werden sie schädliches, tödtendes Gift. Deshalb wird in
den Büchern der Kunst erwähnt, dass die Heilpflanzen, wenn
man sie in Relation zusammen bringt und ordnet, heilsam;
wenn sie aber nicht in Relation stehn, schädlich und nicht
heilsam sind.

Auch die Gegenstände der Kochkunst sind von verschie-
denem Geschmack, Art, Worth und Geruch. Setzt man nun
ihre Massen in den Kesseln in Relation, wenn man sie kocht,
ist das Gericht von gutem Geruch und lieblichem Geschmack,
wohl hergestellt; ist das nicht der Fall, verhält es sich umgekehrt.

Ebenso führt die Zusammensetzung der Metalle einen
Beweis hierfür, denn sie entstehen alle aus Quecksilber und
Schwefel, sind beide wohl vermischt und ihre Mengen in
Relation; kocht sie ferner die Grubenhitze in Gleichmässigkeit und Ordnung, so verdickt sich in der Länge der Zeit
das Reingold daraus. Sind ihre Theile zwar in Relation, ist
aber die Grubenhitze zu gering sie gar zu kochen, entsteht
das feine Silber daraus. Ist der Schwefel zu heiss, trocknet er
die Feuchtigkeit des Quecksilbers auf und behält die Trockenheit die Oberhand, so wird es rothes Kupfer. Sind Quecksilber und Schwefel dick und unrein, entsteht daraus das
Eisen. Ist des Quecksilbers mehr, des Schwefels aber weniger und die Hitze mangelhaft, so nimmt die Kälte Oberhand, es entsteht Schwarzblei.

Nach dieser Analogie sind die Grubensubstanzen verschieden je nach dem Maass von Quecksilber und Schwefel,
wenn ihre Mischungen in Relation sind oder sie in plus oder
minus zu einander stehen, ob die Kochhitze im Gleichgewicht
ist oder dieselbe im Uebermaass zu- oder abnimmt. Ebenso
sind die Gestalten der Thiere und Pflanzen, ihre Haltung,
ihre Farben, Geschmäcke und Gerüche, je nach ihrer Zusammensetzung aus den Elemententheilen, denen des Feuers,
Wassers, der Luft und der Erde, verschieden, je nachdem

die Menge ihrer Theile und die Kräfte des einen zum andern
in Relation stehen.

Ebenso erstehen die Kinder, wenn das Quantum ihrer
Mischungen, aus denen ihre Körper gefügt werden, nämlich
Blut, Speichel, die Schwarz- und Gelbgalle im Anfang ihrer
Entstehung in der besten Relation stand und sie kein Zufall
traf, mit gesunden Körpern, starkem Bau und reiner Farbe.
Also bleiben, wenn das Maass ihrer Glieder eins zum andern
in der vorzüglichsten Relation ist, ihre Formen schön, ihre
Haltung lieblich und ihre Beschaffenheit lobenswerth. Ist
dem aber nicht so, werden ihre Körper verwirrt, ihre Gestalten hässlich und ihre Beschaffenheit nicht lobenswerth. —
Ueberwiegt bei diesen letzteren in der Mischung der Körper
die Hitze, werden ihre Leiber gracil und ihre Farbe roth,
sie sind schnell in ihrer Bewegung und im Zorn, voller [110]
Muth bis zur Unüberlegtheit und freigebig bis zur Verschwen-
dung. Diejenigen aber, in deren Körper die Kälte überwiegt,
sind langsamer Bewegung und weniger eifrig, sie haben
einen mehr gedrungenen Körper und sind von weisser Farbe,
sie sind nicht leichtsinnig, doch sehr ängstlich und sparsam.

Dies ist sicher und ist dies in den Büchern von der
Arzneikunde und der Physiognomie ausgeführt.

Wir wollten aus jeder Gattung der vorhandenen Dinge
ein Beispiel als einen Hinweis auf die Erhabenheit der Lehre
von der Relation, die in der Musik erkannt wird, geben.
Alle Künste bedürfen dieser Lehre, doch wird dieselbe speciell mit dem Namen der Musik, d. i. die Zusammenstellung
von Tönen und Weisen bezeichnet, weil die Beispiele derselben in ihr am klarsten liegen.

Die alten Philosophen brachten die Grundtöne und
Weisen aus der Kenntniss von den arithmetischen und geometrischen Relationen heraus und da sie beide verbanden,
entstand ihnen die musikalische Relation, wie wir dies in
der Abhandlung über die Hervorbringung der Verhältnisse
darstellten. Die Astronomen und Philosophen erwähnen,
dass die Glückssterne unter den Gestirnen wegen ihrer Sphären

und der Grösse ihrer Körper, so wie wegen ihrer schnellen Bewegung zu den vier Elementen ein musikalisches Verhältniss hätten; diese Bewegungen gäben liebliche Melodien. Den Unglückssternen unter den Gestirnen wohnen aber diese Relationen nicht ein. Ebenso hatten die Häuser des Himmels, von denen eins dem andern entspricht, eine erhabene Relation, die denen, die sich nicht einander entsprechen, fehlt.

Die Häuser der Unglückssterne und ihre Sphären stehen zu einander zwar im Verhältniss, doch die Häusser der Glückssterne und ihre Sphären stehen zu einander in einer erhabenen Relation; dasselbe findet weder zwischen ihnen und den Unglückssternen, noch zwischen den Unglückssternen unter einander statt.

Wegen der Erhabenheit der Wissenschaft von der Relation und ihrem feinen Sinn handeln im Buch des Euklid zwei Abschnitte mit Beispielen und Beweisen, von der Relation ganz allein. Alle gemachten Dinge haben einander entgegengesetzte Naturen, einander feindliche Kräfte und verschiedene Gestalten; doch sind die festesten und sichersten die, bei denen die Theile und Glieder nach der erhabensten Relation zusammengesetzt sind.

Eine wunderbare Eigenschaft der Relation ist das, was von Distance und Gewicht an Nutzen und Schäden hervortritt, dem entspricht, was sich bei der Grosswage zeigt. Der eine ihrer Arme ist lang und fern vom Hängpunkt, der andre kurz und nah dabei. Hängt man an ihren langen Arm ein klein Gewicht und an ihren kurzen ein grosses, so sind sie einander gleich und entsprechen sie sich im Gewicht, weil das Verhältniss des kleinen Gewichts zu dem schweren, der Entfernung des kurzen Armes zu der Entfernung des langen vom Hängepunkt entspricht.

Dasselbe tritt hervor bei dem Schatten der Personen von gegenseitiger Relation, denn eine jede Person von gleichmässigem Wuchs und geradem Stand hat denselben Schatten.

Das Verhältniss von der Schattenlänge dieser Personen zu der Länge ihres Wuchses ist in jeder Beziehung wie der

Sinus der (Sonnen) Elevation dieser Zeit zu dem Sinus der geraden vollen Elevation, das wissen die Geometer und die, welche mit den astronomischen Tafeln sich beschäftigen.

Dasselbe Verhältniss findet man, wenn man das Schwere durch das Leichte zieht und etwas Bewegliches lange Zeit durch ein schweres Gewicht bewegt. Dasselbe zeigt sich auch bei den zarten Körpern auf dem Wasser; es ist ein gegenseitiges Verhältniss zwischen ihrer Schwere und der Tiefe ihrer Körper in dem Wasser. Denn bei einem jeden Körper, der über dem Wasser erhaben ist, verdrängt das eingetauchte Stück vom Wasser gerade das Maass seines Gewichts. Wenn aber die eingetauchte Masse dieses Körpers nicht gerade das Gewicht desselben an Wasser verdrängt, so versinkt dieser Körper ins Wasser und ist er nicht darüber erhaben.

Umfasst dagegen der ins Wasser versenkte Theil des Körpers gerade sein Gewicht an Wasser, versinkt er zwar nicht in demselben, doch bleibt auch nichts von ihm aus dem Wasser erhaben, es bleibt seine Fläche gerade an der Wasserfläche.

Zwischen zwei auf dem Wasser schwimmenden Körpern [112] entspricht das Verhältniss von der Weite des Versenkten, des einen zum andern, gerade dem Verhältniss der Schwere des einen zum andern.

Diese hier erwähnten Dinge kennt ein Jeder, der sich mit der Kunst der Bewegungen beschäftigt oder die Mittelpunkte von der Schwere, den Körpern und den Distanzen kennt.

Gar manches Unbekannte wird durch die Kenntniss von der Relation bekannt. So tritt das gegenseitige Verhältniss zwischen den Werthdingen und den für sie gesetzten Werthen hervor. Denn für jedes Ding wird nach Wiegung und Maass, nach Elle und Zahl der Preis bestimmt und giebt es zwischen dem geschätzten Ding und dem dafür bestimmten Preis zwei Verhältnisse, eins das gerade und eins das umgekehrt, z. B. 10 für 6. Zehn ist das geschätzte Ding und 6 der für dasselbe bestimmte Preis. Zwischen beiden giebt es zwei Verhältnisse, eins das gerade und das andere das Um-

gekehrte. 6 ist $^{10}/_s$ + $^1/_{10}$tel von Zehn umgekehrt ist 10 =
6 + $^2/_s$ der Sechs. Fragt Jemand nach einem Preis von
etwas, wird es nothwendig durch 4 Maasse, von denen 3
bekannt und eine unbekannt ist, ausgesprochen, doch ist
zwischen je zweien dieser Werthe ein gerades und ein umgekehrtes Verhältniss.

Sagt man 10 für 6 wieviel für 4? so ist 10 ein bestimmter
Werth, ebenso 6 und 4, aber wieviel ein unbestimmter*);
wir sagen zwischen 6 und 10 herrscht eine doppelte Relation und ebenso zwischen 4 und dem unbekannten Wieviel.
Ebenso sind zwischen 10 und dem Unbekannten zwei Relationen und ebenso zwischen diesem und 6 zwei.

Erklärung: der unbekannte Werth (x) ist $6^2/_s$. Wir sagen
nämlich dies $x = ^2/_s$ von 10 wie $4 = ^2/_s$ von 6 sind.

Zehn ist $= x + ^1/_s$ x wie $6 = 4 + ^1/_s$ von 4.

$x = 4 + ^1/_s$ von 4 wie $10 = 6 + ^2/_s$ von 6.

Umgekehrt 4 ist $= ^1/_s$ x $+ ^1/_{10}$ x wie $6 = ^1/_s$ von 10
$+ ^1/_{10}$ von 10.

Dies zur Analogie genommen sind zwischen jedem Werth-
ding und seinem Werth 2 Verhältnisse, ein gerades und ein
umgekehrtes und wird das Unbekannte durch das Bekannte
erkannt. Dies geschieht dadurch, dass das eine Bekannte
mit dem andern Bekannten multiplicirt und die Summa durch
das dritte Bekannte getheilt wird, das, was herauskommt, ist
die gesuchte Unbekannte. $10 : 6 = x : 4$. $\dfrac{4 \times 10}{6} = 6^2/_s$.

---

*) Für das unbekannte „Wieviel" setzen wir nach unserem Sprachge-
brauch x.

Abhandlung رسالة رسـيل	Anfang (St.) وجد وجود
Ableitung اشتقاق	anhangen تعلّق
Abmühung تكليف تكلّف	Anlagen خلق اخلاق
Abnahme نقصان	Anlage خصلة
Abrechnung حساب	Anlehnung اضافة
untere Abacisse حضيض	Annahme قبول
obere Abacisse اوج	Anordnung ترتيب
Abschnitte (St.) نصيب انصبة	Anschlag نقرة ايقاعـة
Abschnitt مقطع	anleben حرق
Abschnitt (Metr.) فاصلة	Arithmetik علم العدد
abstract مجرّد	Art (جنس Gattung) نوع
abtreifen خلع	Unterart خواصّ خاصّة
abweichen (St.) زوال	Arzneikunde طبّ
Abwendung (St.) انصراف	Astrolog منجّم
abzweigen تفرّع	Astrologie علم الاحكام, Bücher كتب الاحكام
Accidens اعراض عرض	Astronomie علم النجوم
Ader عرق	astronomische Tafel زيج زيجات
addiren جمع	Auferstehung القيامة
ein. ähnlich متشاكل	Aufgang مطلع
a. ändern تغيّر	auflösen انحلال
Aequator خطّ الاستواء	aufsteigen (St.) ارتفاع ارتقاء
Aether الاثير	Ansführung عمل
Aeufsere ظاهر	Anspruch قول
Anfang مبدأ مبادي	Axe محور الكرة

Basis قاعدة

Dass بِمَ

Bau هيكل

Bedeutung معنى معانى

eigentliche Bedeutung حقيقة

metaphorische Bedeutung مجاز

begehren تشوّق

Begierde شهوة

Beginn منشأ

begrenzt ذو نهاية

Beispiel مثال

—, arithm., عددية

Bekannt معلوم

Unbekannt مجهول

Berührung تماس

Beschriebene موصوف

s. bessern تخيّر

Bestand قوام

Bestehen d. S. بقاء النفس

bestimmen قدر

Beurtheilung اعتبار

geometr. Beweis برهان هندسي

alg. Betrachtung النظر الكلّى

Bewegung حركة

—, s. folg., حركات متواترة

—, wohlgereihte, حركات منتظمة

s. bewegend متحرّك

Beziehung مناسبة، نسبة، نصب

Beziehung اضافة

in Bezug auf عند

Biegung تقويس

Bogenlinien الخطوط القوسية

Bogenstück قطعة القوس

Breite عرض

Brief. gold. وصيّة ذهبيّة

Bruch كسور كسرة

buchen تدوين

Buchstab حرف حروف

Bund der Finger دستان الخنصر، الوسطى، البنصر، السبابة

Caesur ايقاع (Rythmus)

Character طبع خلق

Chylus كيموس

Collision تصادم

Concret جمادة

Conjunction اقتران قرانة مقارنة

Conjunction اجتماع

Constitution مزاج

Cult ناموس النبى

Defect منزحف

Dehnung مدّة

Dicke غلظ

Differenz تفاوت

differiren تباين

Dimension ابعاد بعد

eingebild. Dim. الابعاد المتصوّرة

Ding شىء

Diskant زير

Distanze مسافة مساحة

Doppelklang نغمة ثنائية

Doppelkörperl. ذو جسدين

Drache (St.) ذنب، راس، جوزهر

Dreieck مثلث
gleichschenklig متساوى الضلعين
gleichseitig متساوى الاضلاع
ungleichschenkl. مختلف الضلعين
ungleichseitig مختلف الاضلاع
dreifache (St.) المثلثات (Trigou)
Dreiklang نغمة ثلاثية
Drittheil ثوالث ثالثة
Donnergekr. صاعقة
Dunst خار
Durchmesser اقطار قطر
durchschneiden قطع
durchsichtig مشف شفاف

Ebene سطح
ebenrund سطح مدوّر
Eigenschaft صفة
Eigenschaft spec. الصفة المختصة
Eigenthümlichkeit خواص خاصة
Einer أحاد
zu eins werden اتحاد
Einheit يكينة وحدانية
einfach بسيط
Einleitung مدخل
einzeln مفرد
verkehrter Einschnitt الجيب المعدوس
gleichm. Einschn. الجيب المستوى
Einsicht فهم
Eintritt d. دخول
Eintritt in نزول
Einwirkung تأثيرة
Einzelding شخص
Eiskälte زمهرير

elastisch sein سيلان
Elemente ارض ماء] رکن ارکان قوى نار]
Elemente d. W. عنصر للحكم
emaniren سريان
Embryo جنين
Endziel نهاية غرض
Entfernung بعد
entflammen احتراق (verbrennen)
entgegengesetzt متضاد
Entscheid موجبة الاحكام
entsprechen (St.) تناظر
geg. Entsprechung تناسب
entstehen lassen اختراع
Entstehen Verg. اللون والفساد
Entwurf تقديم
Erde ارض
— durchmesser قطر الارض
erfassen ادراك
erforschen بحث عن
Erguss فيض
Erhabenheit شرف
Erkenntniss معرفة
erkrachen تقرقع
Ersehnte معشوق
ersinnen اختراع
Erstehend حادث حوادث
ertragen احتمال
erweitern ارخاء
Erwerb انتساب
Erzpauke كوس
Existenz وجود
Existenz verleihend ایجاد

früherer Existenz متقدّمة الوجود
mangelh. Existenz ناقص الوجود

Feinheit لطافة

feststehend ثابت

Figur شكل

Fenerfigur شكل ناري

Kreisfigur شكل مستدير

Fläche سطح

ebene Fläche مسطح

gewölbte Fläche مقبب

gesenkte Fläche مقعر

gebäufte Fläche سطوح متراكمة

geistige Fläche السطح العقلى

gemeinsch. Fläche سطح مشترك

Finger (Zoll) اصبع

Daumen ابهام

Kl. Finger خنصر

Ringfinger بنصر

Mittelfinger الوسطى

Zeigefinger سبابة

einand. fliehen تنافر

einand. folgen توال توالى

n. d. Folge على التوالى

Form صورة صور

Former مصور

Formen تصوير

s. formen تصور

erhabene Form صورة شريفة

Form der Engel صورة الملائكة

F. d. Menschen الصورة الانسانية

brunnenförmig بيرى

eiförmig بيضى

olivenförmig زيتونى

quarderförmig لبنى

tafelförmig لوحى

neumondförmig هلالى

trommelförmig طبلى

balonförmig اقليدسى

blosse Form صورة مجردة

Freilassung اطلاق

an ein. fügen تركيب

Füufeck خمس

Gattung جنس

geboren مولود

Geburtsstunde ميلاد مواليد

gebunden مزموم

ungebunden مطلق

gefallen مرضية

gefaltet مطوى

gegenüber محاذ

s. gegenüberstehend متقابل

Gegenwart الوقت الحاضر

geistig روحانى

geistig fafeb. معقول

Geheimrede مناجاة

Gehirn دماغ

Vordertheil d. Geh. مقدم الدماغ

Hintertheil d.Gehirns مؤخر الدماغ

geliebt محبوب

gemischt ممتزج

gemäßigt معتدل

gemeinschaftlich مشترك

Geometrie علم الهندسة

Geräth آلة

gesetzt	أمر وضعي
Gestalt	شكل
körperliche Gestalt	شكل جسماني
Kugelgestalt	الشكل الكرى
Würfelgestalt	الشكل المنكعب
Gewerk	صنيعة
Gewicht	مكيال
Gesang	غنا
gespannt	مشدود
gesucht	مطلوب
getrennt	منفصل
glatt	املس صقيل
ein. gleich	متساو
Gleichgewicht gleich sein	استواء
Gleichung	نسبة التساوى
gleichmäsig	مستو
gleicher Gattung	مجانسة
Gleichmaafs	اعتدال
Gleichnifs	مثال
Glöckel	سعد سعود
die 2 Glück	سعدان
Glück (Schaden)	بخت (وبال)
Grad	درجة
verschied. Grade	مختلف الدرج
grade	مستقيم
grade Z	زوج
Grenze	نهاية
Grenze (St.)	حد حدود
die grofse Grenze (Rel.)	الحد الاعظم
die kleine Grenze	الحد الاصغر
die Mittelgrenze	الحد الاوسط
Griffe der Saite	نقرات الاوتار
Grubenhitze	حرارة المعدن

Grund(ursach.)	علّة
Mittelursach.	سبب
Grundabsicht	المقصد الاول
Grundanlage	جبلّة
Grundlage	قاعدة
Grundmelodie	قانون الالحان
Grundprinzip	عنصر
Grundregel	قانون قوانين
Grundsäule	عمود
Grundsatz	مقدّمة
Grundzug	رسم رسوم
Halbvers	مصراع
Hälfte	نصف
Hals (der Laute)	عنق
geistige Haltung	عينة روحانية
Handel	معاملة
handeln über	تكلّم
Handwurzel	راس الرسوع
hart	صلب
s. häufen	تراكم
Haus (St.)	الاخوة ,المال ,الحيوة :بيت بيوت, الازواج ,الامراض ,الاولاد ,الاباء الاعداء ,السلطان ,الاسفار ,الموت الرجاء
Hasadj	هزج
Heilmeachung	البعث
Hermes	هرمس المثلث
Herrichtung d. L.	اصلاح العود
Herrschaft	ربوبية
hervorgehen lassen	استخراج
neu hervorrufen	ابداء
hervorwachsen	نشو

Himmel سماء = Sphäre فلك
Himmelsform الهيئة
Himmelsgegenden شرقي جهات,
شمال جنوب غرب, جهة
Himmelsglück سعادة الفلك
Himmelsstufen دبقات
Himmelskörper شخص فلكي
Hinführung استدلال
hinschwinden محاق
Hinzufügung زيادة
Hochstieg شرف
Höbe سمك
Höhe ذروة, ذرى
höchste فوق كل فوق
Höhlung تجويف
Holzflöte نابة
w. Horizont افق المغرب
östl. Horizont الفق المشرق
Umkreis des Hundssterns مدار
السهيل

Instrument (astron.) رصد
Instrument آلة
mus. Instrumente: صنوج, دف, نبل,
حفارة, سريانة, شبابة, مزمار, ربية,
طنبور, عود, شواشل, شلبان,
معارف, (دبلب) رباب, جنك
ارمونيقى اراغن
Hörinstrumente: Schale طرجهار
Züngelchen شاهين
Kälnchen زوارق
Astrolab اصطرلاب

Kamm مشط
Kanon قانون

Kategorie مقولة
Kenntnifs معرفة
Kern لب حب
d. 7. Klimate الاقليم السبعة
Grenze d. Kl. حديد الاقليم
gemäſs. Kl. اعتدال الزمان
die 2 Knoten العقدتين
Komposition تاليف
konisch انخروط الصنوبري
Körper اجرام جرم, جسم اجسام
Rundkörper جسم مدور
absol. Körper الجسم المطلق
Allkörper الاجسام لطيبة
Theilkörper الاجسام الجزئية
Doppelkörper ذوات جسدين
Kraft قوة قوى
Naturkraft القوة الطبيعية
gährende عاصمة
vorstellende متخيلة
ziehende جاذبة
denkende مفكرة
haltende ماسكة
behaltende حافظة
stofsende دافعة
erinnernde مذكرة
Sinneskraft قوة حسية
Anziehungskraft قوة الجذب
Abstofsungskraft قوة الدفع
Denkkraft القوة الفكرية
Hörkraft القوة السمعية
Sehkraft قوة باصرة
Wissenskraft قوة علامة
natürliche Kraft قريحة
Krankenhaus مارستان

Kreis دائرة

Kreis der Metrik دوائر انعروض

ideale Kreisfl. مدوّر وهمئ

Krümmung انحناء

Kubus مكعب

Kugel كرة

kugelförmig الجسم الكرى

Kunst صنائع صناعة

leibliche pract. الصنائع العلمية الجسمانية

geistige. wiss. الصنائع العلمية الروحانية

Kompositionsk. صناعة التاليف

Schreibkunst صناعة الكتابة

Kunst der Bewegung صناعة الحركات

Lagen z. Sonne حالات

Länge طول

länglich مستطيل

Lauf جريان

Schnelllauf سرعة

langs. L. ابطاء

Laut صوت

thierisch حيوانئ

natürlich طبيعى

instrumental آلى

gewogener L. صوت موزون

Laute العود

Lebensdauer عمر

leibl. جسمانى

leicht خفيف

Leichtschwere الثقيل

leicht Leichte الخفيف

Lehrweise ملعب

Leitung تدبير

leuchtend متى

d. 2. Leuchtend. نيران

Licht نور

Vollicht امتلاء النور

Lichtstätten نوبهرات

Linie الخط

grade L. مستقيم

Bogenlinie مقوس

krumme L. ماحنى

benachb. Linien خطوط متجاورة

ein. schneidend متقاطعة

ein. berührend متماسة

ein. parallel متواز

ein. gleich متساو

ein. begegnend متلاقية

körperl. Linie الخط الجسمى

ideelle Linie الخط الوهمى

geist. L. الخط العقلى

Lobgedicht مديح

Logik منطق

Loch ثقبة

Lufteinziehung استنشاق

Maafs مقدار

Maafswerthe مقادير مساحية

Zoll اصبع

Faust قبضة

Elle ذراع

Ruthe ناب

Seil	اشل
Geviertmaaſe	تحسیم
Feldmaaſe	جریب جربان
Taaub	ثوب
Aschir	عشیر
Kafiz	قفیز
Maaſse der Buchst.	مقادیر الحروف
Makhuri	ماخوری
Materie	هیولی
Urmaterie	الهیولی الاولی
Mathematik	هندسة
sinnl. Mathem.	الهندسة الحسیة
geist. Mathem.	الهندسة العقلیة
Mathematiker	مهندسون
Meer	بحر
grüne Meer	البحر الاحضر
Umgebungsmeer	البحر المحیط
Meer der Materien	بحر الهیولی
Meile	میل :میال
Melodie, Weise	لحن لحان
Menge	کمیة
Meſskunst	علم المساحة
Metall	جوهر معدنی
metrische Maaſse	عروض
B. der Metrik	کتاب العروض
Minute	دقیقة
Mischung	(صفرا) ,خلط اخلاط (دم ,بلغم ,سودا)
Mischung	مزاج
Gesammtmischung	مزاج الاخلاط
Mittelurs	سبب
zutreffende	اسباب عرضة
Mittelpunkt	مرکز
Modulation	تلحین
Mond	قمر

Stationen des Mondes	منازل القمر
	شرطان ,بحلین ,ثریا ,دیران,
	قلعة ,هنعة ,دراع ,نثرة ,نرف,
	جبهة ,زبرة ,صرفة ,عوّا ,سماک,
	غفر ,زبانا ,اکلیل ,قلب ,شولة,
	نعایم ,بلدة ,الذابح ,سعد,
	البلع ,سعد السعود ,سعد,
	سعد الاخبیة ,فرغ الدلو المقدم,
	انوختر ,فرغ الدلو المؤخر ,بطن الحوت,
Multiplication	ضرب
Musik	تلیف الاصوات = الموسیقی
Mutterleib	رحم
Nativität	ولادة
Natur	طبیعة
trocken, feucht	رطب یابس
kalt warm	بارد حار
von Natur	تبعا
Naturanlage	قریحة
Naturforscher	طبیعی
nachlassen	ارخاء
ein. uab	متقاربة
Neigung	میل
Nerven	اعصاب
Neunform	شکل متسع
Niederstieg	هبوط
niedersteigen	انحلال الی الحضیض
Nomen	اسم
Norm	قیاس
nothwendig	امر ضروری
Oben	الفوق
Oberfläche d. E.	ظاهر سطح الارض

Oberseite	وجه
Oeffnung	فتح
Ohrhöhle	صماخ
Opposition	مقابلة
Ordnung	ترتيب
Organon	ارغن اراغين
speciell. Ort	خصوصية الموضع
Bestimmte Oerter	مواضع مخصوصة
ein. parallel	متوازي
Parasange	فرسخ
Partikel	حرف
Pauke	نبل طبول
Pause	وقفة
Peripherie d. Kr.	محيط الدائرة
Pfeilort	موضع السهام
Pole, Pflöcke	(رابع عشر) اوتاد وتد (غارب طالع)
Pfl. d. Viert.	وتد الرابع
Pflock d. Zehnt	وتد العاشر
Pflanze	نبت
Philosophie	فلسفة
mystische Ph.	روحانية
Pol	قلب الكرة
Polhöhe	ارتفاع القطب
Physiognomie	فراسة
Plectrum	القضبان
Plus	زيادة
i. d. Praxis	بالفعل
Preis	ثمن
bepreist	مثمن
Producte	(معادن ,نبات) مكونات [حيوان ,انس]
Product (Zahl)	مبلغ

Princip	اصل
Propaedentiker	الرياضي
Punkt	نقطة
ruhender Punkt	نقطة ساكنة
ideeller P.	نقطة عقلية
gereihte P.	نقط منتظمة
vermutheter P.	نقطة متوهمة
geist. P.	النقطة العقلية
Punkt im Himmel	مركز
Gegenpunkt	مقابلة
Drittheil	تثليث
Viertheil	تربيع
Sechstheil	تسديس
Pyramide	مخروط
Pythagoräer	الفيثاغورق
Quader	لبن
Qualität	كيفية
Quadrat	مجذور
Quecksilber	زيبق
Ramal	رمل
leichte R.	خفيف الرمل
Rechnung	حساب
Rede	نطق
gemessene R.	موزون
gereimte R.	مقفى
Rede (logisch)	منطق
Nichtrede	غير ناطقة
Reihenfolge (d. Z.)	نظم
natürl. R.	النظم الطبيعي
R. der Graden	نظم الازواج
R. der Ungraden	نظم الافراد
Reihen	انتظام

Reibung	نظام
Reihenfolge	توال
i. d. Reihenfolge	على الولاء
rein	صفّى
Reflex	انعكاس
Regel	قياس
Rest	ما بقى
Relation	نسبة
arithm. Rel.	نسبة عددية
geometr. Rel.	نسبة هندسية
musik. Rel.	نسبة تلّيفية
Relationen:	نسبة الضعف
	نسبة المثل والزائد جزء
	نسبة المثل والزائد اجزاء
	نسبة الضعف والزائد جزء
	نسبة الضعف والزائد اجزاء
Relation	مناسبة
gegens. Rel.	تناسب
Rohrflöte	مزمار
Rückenssäule	عمود الظهر
rückkehrend	راجع
Ruhe	سكون
Zeiten der R.	ازمان السكون
Rumpf	جثّة
Rundung	استدارة ,تدوير
Saite	وتر اوتار
Diskant	وتر الزير
zweite Seite	مثنى
dritte Seite	مثلّث
Bass	وتر البمّ
Samentropfen	نطفة

Satz	مسائل ,مسئلة
Satzung	موضوع
Säule	عمود
Schaden zutr.	آفات عارضة
Schaffer	خالق
Schaffen	ايجاد
Schenkel	ساق
Schenkel (W.)	ضلع
Schlitz	شق
Schluss	نتيجة
Schöpfer	البارى
Schwefel	كبريت
I. Schwere	الثقيل الاول
II. Schwere	الثقيل الثانى
Sechseck	مسدّس
Sechstheil	تسديس
Seele	نفس
Thierseele	نفس حيوانية
Menschseele	نفس انسانية
Allseele	النفس الكلية
himml. Allseele	النفس الكلية الفلكية
Theilseele	النفس الجزوية
verkörperte Seele	نفس متجسدة
Seelenwiss.	العلوم النفسانية
Seidenfädchen	ابريسم
Seite	اضلاع ضلع
Sein u. Vergehn	التكون والفساد
Sehne	وتر
s. sehnen	تشوّق
Siebeneck	مسبّع
Sinn	معانى معنى
sinngebend	دال

Sinn	حاسّة
Sinne:	لمس ذوق شم سمع بصر
bes. Sinn	حاسّة مخصوصة
Skeptiker	اهل الجدل
Sonnentheilung	قسمة الشمس
Sonnenbahn	طريق الشمس
auf Seite d. S.	من جيّز الشمس
Sophist	متظاهر
Spanne	شبر
Spannen	شدّ
Spannung	حزن
speciell	مخصوص
Sphäre	فلك الافلاك
Umgebungssphäre	الفلك المحيط
Sphärenbewohner	سكان الافلاك
Spitze	راس
Sprofsort	منبت
Steinfall (Lothf.)	مسقط الحجر
Stern	كوكب نجم
St. zugewandt	ناظر
St. abgewandt	منحرف
geradeauslauf. St.	استقامة
rückwärtslauf. St.	رجوع
St. abweichend	مائل
St. verbunden	مقترن
schnell	سريع السير
langsam	بطيء السير
Fixstern	ثوابت ثابتة
Wandelst.	مشتري زحل سيّارة عطارد زهرة شمس مريخ
Sternzeichen	ثور حمل بروج برج سنبلة اسد سرطان جوزا جدي قوس عقرب ميزان حوت دلو
Südlich	جنوبي
Nördlich	شمالي
graden Aufgang	مستقيمة الطلوع
curr. Aufgang	معوجة الطلوع
aufsteigend	صاعدة
niedersteigend	هابطة
Aufgang d. Sternz.	طوالع البروج
Sternkunde	علم النجوم
stillstehn	وقوف
Stofs	قرع
Strahlung	اشراق
Strahlenwurf	مطرح الشعاعات
Sternconjunct.	اتصالة
Kreis des Steinbock	مدار الجدي
— Hundastern	مدار السهيل
die 2 Kälber	فرقدان
Stoff = Materie	
gesetzt. Stoff	الهيولى الموضوعة
leibl. Stoff	هيولى جسمانية
Strick (metr.)	سبب
Stadium	جيد
Stufe	مراتب مرتب
Substanz	جوهر
einfache	جوهر بسيط
geistige	جوهر روحاني
blosse	جوهر مجرد
der Seele	جوهر النفس
Summe (Gesammtheit)	جملة
Summe	مجتمع مجموع
Tabelle	تقويم

astr. Tafel زيج

Tafel لوح

Tafelkörperl. لوحى

Talisman طِلسمة

tauschen عوض

That فعل افعال

Theil جزء

Theilung تقسيم

natürl. Theilung اقسام طبيعية

Theilseele النفس للجزئية

Theorie نظر

Tiefe العمق

Tiefgrund d. Orcus عامق البرزح

tiefste السافلين اسفل

Thier حيوان

thierisch حيوانى

Thierkreis = Sternzeichen

Einzeichnung d. Thierkr. تخطيط البروج

Tinte اصباغ

Thorheit جهالة

Ton = Laut

Ton نغمة نغمات

Tonbildung تصويت

feinere T. احد

vollere T. اغلظ

spitz, leicht. حاد ,خفيف

dick, schwer ثقيل ,غليظ

stark schwach عظيم ,صغير

rauh glatt خشن املس

schnell langs. سريع ,بطىء

hohl اجوف

verbund. getrennt متصل ,منفصل

heulend. Ton صوت هائل

s. ein. folg. Töne نغمات متواترة

geordn. Töne نغمات مرتبة

Trennung مفارقة

Trennung (d. Zahlen) تفريق

Trennungslinie فصل

gemischt المشترك الفصل

übereinstimmen اتفاق

Uebereinstimmung توفيق

Uebergang عبرة

Uebertragung انتقال

Umfassen احاطة

Umkehrung d. Rel. قلب النسبة

uuendlich بلا نهاية

Unglückst. نحس (سعد) احسان (سعدان) نحوس (سعود)

Ursache علة

Mittelursache سبب

Urgrund علة اولى

Urding الاولى الموجودة

verursacht Ding المعلولة الموجودة

Ursprung d. W. العلوم جذر

Ursprung مبدا

umschweifen سيح

Umriss شبح

umschliessen (schreiben) احاطة

Umschwung دوران

unten الاسفل

unter تحت

ursprünglich موضوع

Unterscheidung تمييز

vag مبهم

Vene عصب

Veränderung تبدّل

Verbindung اتصال

Verbindung (St.) مقارنة

verbleiben بقاء

Verbum فعل

vereinen اتحد

Vereinigung اتصال

Verfinsterung اكساف ,انكساف

Vergangenheit الازمان الماضية

Verhältnifs نسبة

Verbindung: نسبة متصلة

umgekehrt. نسبة معكوسة

grade نسبة مستوية

arithm. نسبة عددية

mathem. نسبة هندسية

musik. نسبة موسيقية

Compos.verb. نسبة تأليفية

erhabene النسبة الشريفة

Verhältnifs d. Achtels نسبة الثمن

Vermehrung تزايد

s. vermischen امتزاج

Vermittlung توسط

Vernunft عقل

höchste Versammlung ملاء اعلى

Verschollt مقطع الاشم

Versmaafse عروض

versetzen نقل

Vervielfachung التضعيف

vervielfältigt مثنوى

Vernunft العقل

schaffende Allv. العقل الكلى الفعال

Verschiedenheit اختلاف

der Gröfsen اختلاف الاعظم

der Kl. اختلاف الاصغر

verschieden مختلف

Vertretung تبديل

Viereck مربع

längl. (Viereck) مستطيل

verschoben ,معين eig. dick

Vielheit كثرة

Viereckzahl عدد مربع

ungerade مربع غيرمجذور

Viertheil ,غربى شرقى ,ربع ارباع شمالى جنوبى

bewohnte Viertheil الربع المسكون

d. 3 Viertheil الارباع الثلاثة

Vollkommenheit كمال

Vollendung تمام

Vorhandensein وجود

Vorhandene موجودات موجودة

Vorwort مقدمة

Vorzug فضيلة

Wage ميزان

sinnl.Wahrnehmung حس محسوسة

Wahrsager كاهن

Wahrsagek. الكهانة •

Wandel تصريف تحويل

wandelbar منقلبة

Was ما, ماهية

Weg سلوك

weilen اقمة

Weite d. Sph. فضاء الافلاك

Werkzeug اداة

Werth اقدار قدر مقدار

eigentl. Werth حقيقي حقائق
Weise نحن الحان
berubigend مسكن
besänftigende ملين
erfrischende مطربة
erfreuende مفرحة
einschläfernd منوم
traurig machend محزن
wohlgefügte, componirte موتلف
Welt عالم
W. d. Körper عالم الاجسام
Welt d. Seelen عالم النفوس
Körperwelt عالم جسمانى
Sphaerenwelt عالم الافلاك
Welt d. El. عالم الاركان
Hochwelt العالم العلوي
Niederwelt العالم السفلى
Dinge dieser Welt امور الدنيا
Dinge d. a. Welt امور الاخرة
Mittelp. der Welt مركز العالم
Wesen ذات
wesenhaft ذاتى
geist. Wesen روحانيون
Wiederholung تكرير تكرار
sich wiederholen تردد
Wirkung تأثير
sichtbare انفعالات انظامرة
d. Wieviel كمية كم
d. Wie كيفية كيف
Winde رياح [دبور, صبا,
ريح [يمن, جربا
Windepunct ملوي

Winkel زوايا زاوية
  rechter زاوية قائمة
  spitzer حادة
  stumpfer منفرجة
Aufsenwinkel زاوية خارجة
Innenwinkel زاوية داخلة
Körperwinkel الزاوية المجسمة
Flachwinkel الزاوية المسطحة
Wissenschaft علم علوم
d. logischen (Wissensch.) المنطقيات
d. Naturwissensch. الطبيعيات
d. psycholog. النفسانيات
d. theologischen الالهيات
propaedeut. Wiss. الرياضيات
d. gewufsste معلومات
wogen تموج
Wölbung تقبيب
Wort لفظ الفاظ
Wort كلمة
Worf الطرح
Würfel مكعب
Wurzel اصل
W. d. Quadr. جذر

Zahl عدد
ganze Zahl صحيح
Bruchzahl كسور
grade Zahl زوج
ungrade Zahl فرد
grad grad زوج الزوج
grad ungrad زوج الفرد
grad-grad-ungrad زوج الزوج والفرد
urungrad (Prinz) فرد اول

(Quadratzahl) عدد مجذور	Zeit زمان، زمان، ربيع، صيف،
viereck. Quadratz. عددمربع مجذور	خريف، شتاء
Kreiszahl عدد دائر كرق	Zeitlauf قرن
vollständige Zahl عدد تام	Zeitwechsel دولة دول
vollkommene Z. عدد كامل	festatehender Z. ثابتة الزمان
Würfelzahl عدد مكعب	wandelbarer Z. منقلبة الزمان
ungrade Quadratz. عدد فرد مجذور	Zeitberechnung استخراج التواريخ
stumme (Z.) (taub, fest) عدد اصم	Zenith مسامتة
Ueberschuaz. عدد زائد	Zerlegung تفصيل
Körperwürfelz. عدد مجسم مكعب	Ziel غرض
Viereckz. عدد مربع	höchste Ziel اقصى مدى
Körperzahl عدد مجسم	Zirkel بركار
Quaderz. عدد لبنى	Erdzone كرة الارض
Brannenkörperz. عدد بيرى	Wasserz. كرة الماء
einand. entsprech. Z. متجانس	Windhauchz. كرة النسيم
gesonderte متباين	Aetherz. كرة الاثير
gemeinschaftliche مشترك	Eiskältez. كرة الزمهرير
zusammenhängend متصل	Zukunft الزمان المستقبل
Mangelzahl عدد ناقص	Zunahme زيادة
Grundzahl العدد الاول	Zuwachs تفاضل
Mittelzahl عدد متوسط	Zusammenhang تعلق
Grenzzahl حاشية	Zusammenkommen اجتماع
Endzahl طرف	Zusammensetz. تركيب
geringere Z. اقل	sich zusammensetzen ترتمب
größere Z. اكثر	Zusammensetzung تأنيف
Genossin (Z.) نظير	Zusammenstofs صدم
gezählt معدود	Zusammenziehung زحاف
	Zuwendung d. St. مناظرة
	Zweitheil تثنية

Bemerkungen.

Pag. 1. Die Abhandlungen beginnen, wie alle Bücher der Muhammedaner, mit allgemeinen Preisungen Gottes, die wir weglassen.

Pag. 2. Die Eintheilung der Wissenschaften in propädeutische, logische, naturwissenschaftliche und theologische ist später nicht festgehalten worden, es bilden vielmehr die propädeutischen und logischen die erste Abtheilung 1-13, die naturwissenschaftlichen 14-29 den zweiten, die psychologischen d. i. die Lehre von der Weltseele den dritten 30-40, und die theologischen 41-58 den vierten Abschnitt. Vergl. die Aufzählung aller Abhandlungen in Thier und Mensch pag. 221-36.

Durch die gleichzeitige Bearbeitung der einzelnen Abschnitte durch verschiedene Gelehrte und durch eine spätere Anordnung dieser Encyclopädie läßt sich sowohl diese Differenz als auch die häufige Wiederholung und Beziehung auf einander erklären.

Die hier citirten Werke: al-Magist ($\dot{\eta}$ $\mu\varepsilon\gamma\acute{\iota}\sigma\tau\eta$ $\sigma\acute{\upsilon}\nu\tau\alpha\xi\iota\varsigma$) des Ptolemäus und die Elemente des Euklid sind die Grundwerke der mittelalterlichen Astronomie und der Geometrie. Von den Werken des Nikomachus Gerasenus sind nur Fragmente bekannt. — Nikomachus wird in die erste Hälfte des 2. Jahrh. p. Chr. gesetzt, da er den Ptolemäus citirt und von dem Apolejus citirt wird. Fragmente des Nikomachus stehen in Photius Bibliothek, ed. K. K. Becker p. 144, und in Theologumena Arithmeticae, ed. Astius, Lipsiae 1817.

Pag. 7. Ueber die Eins ($\mu\upsilon\nu\acute{\alpha}\varsigma$) wird in den Theologumena viel gehandelt, sie ist der Anfang der Zahl ($\dot{\alpha}\varrho\chi\dot{\eta}$ $\dot{\alpha}\varrho\iota\vartheta\mu\upsilon\tilde{\upsilon}$) ohne Voraussetzung ($\vartheta\acute{\varepsilon}\sigma\iota\varsigma$). Alles ist aus der alles in der Möglichkeit ($\delta\acute{\upsilon}\nu\alpha\mu\iota\varsigma$) enthaltenden Eins geordnet. Sie heißt die Form der Formen $\varepsilon\tilde{\iota}\delta\upsilon\varsigma$ $\varepsilon\tilde{\iota}\delta\omega\nu$, sie sei göttlicher Natur ($\vartheta\varepsilon\acute{\iota}\alpha\varsigma$ $\varphi\acute{\upsilon}\sigma\varepsilon\omega\varsigma$). Da die Möglichkeit einer jeden Zahl in der Eins liege, wäre die Eins wirklich die Ideelle ($\nu\upsilon\eta\tau\acute{\upsilon}\varsigma$) Zahl zwar nichts Wirkliches zeigend aber alle im Geiste ($\kappa\alpha\tau'$ $\dot{\varepsilon}\pi\acute{\iota}\nu\upsilon\iota\alpha\nu$) zugleich umfassend; sie heißt Gleichungleich $\dot{\alpha}\varrho\tau\iota\upsilon\pi\varepsilon\varrho\acute{\iota}\sigma\sigma\upsilon\varsigma$.

Gott entspreche (*έφαρμόζειν*) der Einheit, behauptet Nikomachus, die Materie aber hängen die Pythagoräer der Zwei an.

Die Zwei heifst die Gleiches zusammensetzende *σνντιθεῖσα ἴσα*.
Sie sei weder ungrad noch grade (*ἄρτιος*) wenigstens nicht in der
Wirklichkeit, denn eine jede grade Zahl müsse sich in Gleiche und
Ungleiche (*ἴσα καὶ ἄνισα*) zerlegen lassen, die Zwei lasse sich aber
in ungleiche Theile nicht zerlegen (pag. 11). Die Zwei trennte sich
zuerst von der Eins und heifse deshalb Wagnifs (*τόλμα*) pag. 8.
Sie sei das Element von der Zusammenfügung aller Dinge, entge-
genstehend der Eins und verhalte sich zu ihr wie die Materie zur
Form.

Die Drei heifst die Erste Ungrade *περισσός*, sie heifse auch bei
Einigen vollendet *τέλειος*, als Anfang, Mitte und Ende bezeichnend.

Die Drei schaffe aus der Eins, Zwei und sich selbst die Sechs
nach der Zusammensetzung (*κατὰ σύνθεσιν*), diese sei die erste
Vollendete.

Die Vier wird die erste Quadratzahl genannt, sie wird auch in
dem Abschnitt über die Tetras (pag. 16 - 24) als *τετράγωνον* oder
τὸ ἐμβαδὸν τῇ περιμέτρῳ ἴσον, die im Umfang gleiche Grundfläche
geheifsen (pag. 23). Im Uebrigen werden hier auch, wie in diesen
Abhandlungen, die meist vierfachen Dinge hervorgehoben: die vier
Elemente *στοιχεῖα*: *πῦρ ἀὴρ ὕδωρ γῆ*, ihre vier Kräfte (*δυνάμεις*: *θερ-
μόν ψυχρόν ὑγρόν ξηρόν*).

Die vier Cardinalpuncte des Himmels *ὑπὲρ κορυφῆς*, *κατὰ ἀνα-
τολήν*, *πρὸς ὀρθάς ὑπὸ γῆς*, *πρὸς δύσιν*. — Die vier Jahreszeiten,
die vier Alter u. dgl. m.

Die Fünf wird hier als Kugelzahl dargestellt und ist die Erklärung der Araber dafür dafs sie, mit sich multiplicirt, stets zu
ihrem Wesen zurückkehre. Sie heifst bei Nikomachus pag. 27 *κυ-
κλικῶς κινήσασα* im Kreis bewegend. — Setzt man den Punct
(*στίγμα*) = 1, die Linie *γραμμή* = 2, die Fläche *ἐπίπεδος* = 3,
die (kubischen) Körper (*στερέωμα*) = 4, so ist die Fünf die *σφαι-
ρική*, die kugelartige. — Der Eins, welche ja alle Zahlen ihrem
Wesen nach in sich enthält, werden diese Werthe in dieser Reihenfolge zugetheilt.

Die Fünf wird mit besonderer Vorliebe betrachtet, sie umfasse
zuerst die Form der ganzen Zahl, d. i. die erste Grade und die
erste Ungrade (2 + 3). Der gleichschenkligen und gleichwinkligen
Figuren *ἰσόπλευρον*, *ἰσόγωνον*, Tetraëder, Hexaëder, Octaëder, Do-
dekaëder Ikosaëder giebt es fünf.

Dann werden die fünf Elemente, d. i. mit dem Aether hervorgehoben, 5 Mondphasen (28), 5 Kreise des Himmels und die Fünf der Erde. Sie ist das Kentron (Mitte) der Zehn.

Die Sechs heifst die erste vollständige (τέλειος) Zahl.

Die Sieben heifst die mutterlose ἀμήτωρ und jungfräuliche (παρθένος) von der Eins, sie wird ferner τελεσφόρος, vollendend, genannt.

Die Acht ist der Würfel in der That ἐνεργείᾳ κύβος und einzig innerhalb der Zehn Grad-grad ἀρτιάκις ἄρτιος.

Die Neun ist die gröfste der Einer und heifst πέρας ἀνυπέρβλητον, auch heifst sie übervollendet ἐπιτέλειος, weil sie von der vollendeten Zahl Drei entsteht.

Von der Apotheose der Zehn bei Pythagoräern, welche diese Zahl als die Vollendung bald die Welt, bald den Himmel, das All etc. nannten, ist bei den Arabern nichts geblieben, doch schliefsen sie auch nicht mit der Zehn, sondern der Zwölf.

Die Elf wird als die Zahl mit unaussprechbaren Theilen bezeichnet, nach dieser Erklärung habe ich sie als stumme Zahl bezeichnet, assammu heifst aber fest und dann taub, eine Uebertragung des griechischen ἄῤῥητος, irrationalis liegt hier wohl zu Grunde.

Die Erklärung der Araber für diese Bezeichnung ist, da sie nur aus ihrer Sprache hergenommen, ungenügend. Alle diese Zahlen kommen unten als Urungrade, Primzahlen vor, mir möchte es scheinen, dafs taube Zahl die Bezeichnung dafür wird und die Primzahlen 3, 5, 7 nicht als solche hervorgehoben sind, weil dieselben schon andere Bezeichnungen haben, nach ihrer Definition aber die specielle Eigenschaft nur einer Zahl zukommen.

Die allgemeine Eigenthümlichkeit aller Zahlen findet sich bei Nikomachus p. 75, l. 21, p. 10. Als Unterabtheilungen der Graden werden hier (75, l. 28) ἀρτιάκις ἄρτιον Grad-grad, Grad-ungrad. Ueber die Grad-grade Zahl cf. l. l. 75, Abth. η, über ἀρτιοπέρισσος, Grad-ungrad, p. 78 δ, und περισσάρτιος die Zahl, welche durch eine Potenz von Zwei getheilt eine Ungrade ergiebt, wie 24, 12, 6, 3; cf. 78 ύ.

Die Ungrade Zahl zerfällt in πρῶτον καὶ ἀσύνθετον und δεύτερον καὶ σύνθετον p. 82 ιαʹ.

Mangelzahl ist ἐλλιπής, p. 88 ι. Ueberschufszahl ὑπερτελής, p. 87 ιδ. Dann handelt Nikomachus über die ἐπιμόριος, die kleine Zahl und einen Theil dazu in sich enthaltend, p. 95, das ἐπιμερής, mehrere Theile dazu in sich enthaltend, das πολλαπλασιεπιμόριον mehrere Mal die Zahl und einen Theil dazu enthaltend, und das πολλαπλασιεπιμερης mehrere Mal die Zahl und mehrere Theile dazu enthaltend.

Pag. 118 wird die Dreieckzahl τρίγωνος, p. 119 die Viereckzahl τετράγωνος, p. 120 die Fünfeckzahl πεντάγωνος und p. 121 die ἑξάγωνος u. s. f. behandelt. Pag. 127 ist von der ἰσόπλευρος gleichseitigen und dem Würfel κύβος, und p. 129 von der ungleichseitigen ἑτερομήκης ἀριθμός die Rede und wird von p. 139 die ἀριθμητική μεσότης die arithmetische Mitte betrachtet.

Pag. 16, 17. Die hier angegebenen Zahlen Viereck, Quadrat und Unquadrat, Quader- und Bruonenkörperliche sind erst aus enger Verbindung der Arithmetik und Geometrie hervorgegangen, und kommen in der Geometrie wieder vor.

Pag. 18. Die hier citirten Sätze sind die arithmetische Darstellung der Sätze des Euklid im zweiten Buch. Dasselbe enthält 14 Sätze. Satz 11 und 14 sind Aufgaben und Satz 12 und 13 sind nur geometrisch ausgedrückt. Die anderen 10 Sätze finden sich hier arithmetisch ausgedrückt.

I. 1. Satz wäre mit Buchstaben ausgedrückt $a (b + c + d ...) = ab + ac + ad ...$

II. 2. Satz ist ein besonderer Fall von 1.

III. 3. Satz $aa + ba = (a + b) a$, allgem. $(a + b + c ...) a = am + bm + cm$.

IV. 4. Satz $(a + b)^2 = a^2 + b^2 + 2ab$.

V. 5. Satz $b (2a - b) + (a - b)^2 = a^2$.

VI. 6. Satz (man setze die Zahl $= a$ und das Plus $= b$) $b (a + b) + (\frac{1}{2} a)^2 = (\frac{1}{2} a + b)^2$.

VII. 7. Satz $(a + b)^2 + b^2 = a^2 + 2b (a + b)$.

VIII. 8. Satz $(2a + b)^2 = b^2 + 4ab + 4a^2 = b^2 + 4a (a + b)$.

IX. 9. Satz $a^2 + b^2 = 2 \left[\left(\frac{a + b}{2} \right)^2 + \left(\frac{a - b}{2} \right)^2 \right]$.

X. 10. Satz $(2a + b)^2 + b^2 = 2 [a^2 + (a + b)^2]$.

Geometrie.

Pag. 23. Dafs die Geometrie und ihre Schwesterwissenschaften, die Arithmetik und Astronomie, von diesen Arabern zur Grundlage ihres Systems gemacht wird, ist in dem Lauf der Bildung bei diesem Volk begründet. Es sind die mathematischen Wissenschaf-

ten schon in aller Frühe von den Arabern gepflegt, und gab es
schon zur Zeit des Hârûn ar Raschîd eine Uebersetzung des Euklid,
welche im Gegensatz zu der unter Mâmûn, der Mamunischen, die
Harunische hiefs. Unter al Mâmûn war man schon so weit in diesen Wissenschaften vorgeschritten, dafs man genauere Gradmessungen vornehmen konnte. Ueber den Verlauf und die Entwickelung
dieser Wissenschaften und die grofse Zahl berühmter Mathematiker und
Astronomen vergleiche man Histoire des Mathématiques par J. F.
Montucla an VII, II, 1 p. 352 - 414. Den grofsen Arbeiten der Araber über die Mathematik und Astronomie gegenüber, besonders im
Vergleich zu den Arbeiten des Tâbit ibn Kurrah und Albattani sind
die hier behandelten Materien gering, doch müssen wir hierbei in's
Auge fassen, dafs wir eine populär gehaltene Philosophie vor uns
haben, welche nur auf das allgemein Bekannte ihr System stützten,
und sind diese Wissenschaften eben nur als Hülfswissenschaft für
das allgemeine Wissen herbeigezogen.

Bei allen hier behandelten Stoffen wird ein Hinblick auf die
Elemente des Euklid genügen. Die Entstehung der Linie, Fläche
des Körpers, aus dem Punkt ist eine gewöhnliche allbekannte Anschauung. Die Definitionen sind aus dem Euklid genommen, der
ja auch das Dreieck als den Anfang aller Figuren zu Grunde legt.
Die pag. 30 angegebenen Figuren, wie elschafenförmig etc., müssen
z. Th. aus jener Gegend stammen, in der diese Abhandlungen entstanden. Die Bezeichnungen Quader-, Brunnen-, Tafelkörper, sind
offenbar mehr dem practischen Leben als den Begriffen entnommen,
und haben diese Philosophen in dem ihre ganze Denkweise schil-
dernden Märchen „Mensch und Thier", den Künstlern unter den
Thieren, Biene und Spinne ganze Abschnitte geweiht.

Die der Geometrie anhängende Abhandlung über die Landmaafse
Iraks habe ich schon D. M. Ges. 1864 p. 69 mitgetheilt und darauf
hingewiesen, dafs dieselben indischen Ursprungs sind, wie mein ge-
lehrter Freund Prof. A. Weber behauptet. Die Maafse sind roh wegen
des ungenauen Grundmaafses und ist ihr System bei weitem nicht
mit dem feinen System der altsemitischen Maafse zu vergleichen,
die von Babylon aus durch die ganze alte Welt sich verbreiteten.
Cf. Böckh, Metrologie.

Die geistige Mathematik ist als philosophische Abstraction klar
und beweist, dafs der Verfasser das Wesen der Geometrie wohl
erfafst hat.

Die Nativitätsfiguren mit den verschiedenen Zahlreihen giengen durch das ganze Mittelalter als Beweis von dem geheimnißvollen Werth der Zahl.

Astronomie.

In der Naturanschauung der Araber ist eine Abhandlung den Sternen gewidmet, weshalb wir darauf verweisen. Die einzelnen Stoffe werden einem Jeden, der sich auch nur ein wenig mit diesem Gegenstande beschäftigt hat, sofort klar werden, es ist das ptolemäische System wieder dargestellt. Unsere Abhandlung ist, jener der Naturanschauung gegenüber, nur in der Astrologie erweitert.

Auch für die Astrologie ist offenbar Ptolemäus die Quelle, dessen *opus quadripartitum de astrorum judiciis* die Grundlage für den astrologischen Wahn des Mittelalters hergiebt. In dem ersten Buch wird der Thierkreis behandelt; im 2ten die Gestirne, welche an jener Stelle eine Macht besitzen; im 3ten die Beschaffenheit dessen, was angedeutet wird; im 4ten Schluß auf die Zeit aus ihrer Morgen- und Abendstellung zur Sonne.

In dem Buche von Pfaff, Astrologie, Nürnberg 1816, finden wir die hier behandelten Stoffe wieder. Auch sind dort die Trigone des Thierkreises (cf. die Dreisachen pag. 66), wie auch die Häuser der Gestirne, die Grenzen, ihr Schaden und Fall u. dgl. in Tabellen wiedergegeben, wie dieselben aus dem Buch des Ptolemäus als ein Weisheitscodex für das Unwißbare durch die ganze Welt ihren Rundlauf gemacht haben. — Wenn je ein Irrthum den Schein der Wahrheit für sich hatte, so war es der der Astrologie. Den Gestirnen wird eine Kraft zugeschrieben, wie ja die Kraft der Sonne allen fühlbar ist, und ward der Himmel als das Bild des allgemeinen Lebens zur Stunde der Geburt betrachtet.

Der Ausdruck pag. 62 entflammt muß heißen verbrannt, d. h. durch die Sonne verlöscht.

Leider kam mir das Buch von Pfaff zu spät in die Hand, sonst würde ich manche Ausdrücke dem allgemeinen astrologischen Sprachgebrauch mehr conform gewählt haben.

Pag. 68. Ueber die apokryphische Schrift des Aristoteles, Theologia, vergleiche man besonders Haneberg, die Theologie des Aristoteles, in den Abhandlungen der Münchener Akademie 1862 I. 1-12. Der Titel ist in dem Pariser Manuscript Thalūģīǧāt, also Theologica. Das aus θεολογία mißverstandene Nomen relativum ist mit dem Artikel ath-thalūdjilja gesetzt.

Geographie.

(Hierzu Karte und Facsimile der Tabellen.)

Die Geographie der Araber beruht im Allgemeinen ebenso wie ihre Astrologie und Astronomie auf Ptolemäus, dessen Geographie schon unter al Mamūn, Anfang des 9. Sec. io's Arabische übertragen wurde. Die Karte des Ptolemäus blieb für die geographischen Anschauungen des Mittelalters und auch die der Araber maßgebend. Dennoch können wir nicht behaupten, daß die Bearbeitung unseres Arabers direct aus der ptolemäischen Karte entlehnt sei; ebensowenig wie wir wegen der starken Corruption der Zahlen die bestimmte Quelle desselben unter den bekannten arabischen Geographen nachweisen können. Die Positionsbestimmung einer Anzahl wichtiger Orte von denen nur ein Theil mit Orten des Alterthums in der ptolemäischen Karte zusammenfällt, ist Resultat einer zum großen Theil ganz selbstständigen gelehrten Thätigkeit, welche wir freilich unserem nur compilirenden Autor nicht zuschreiben dürfen. Um die den Griechen mehr bekannten europäischen Länder hat sich der Compilator wenig gekümmert. Außerhalb Spaniens, das ja einen Theil des Chalifenreichs bildete, und dessen nördlicher Grenzpunct gegen die Franken, der Venushafen, daher auch genannt ist, sehen wir nur die beiden Hauptstädte Rom und Constantinopel und wenige Ländernamen. Es ist nicht einmal der schon damals im Orient allbekannten Franken gedacht. Kleinasien, welches damals zum oströmischen Reich gehörte, ist nur durch einen oder zwei Namen repräsentirt. Von Cilicien und Armenien an östlich bis Hind, südlich bis an den obern Nil sind dagegen vorzugsweise die Hauptstädte der Provinzen des Weltreichs der Araber aufgenommen. Wenn in diesen Gegenden, besonders in den Euphrat-Tigris Ländern, die Lage der Hauptorte selbst im Verhältniß zur ptolemäischen Karte richtiger bestimmt erscheint, so sind als die Quelle dafür wohl die Gradmessungen des Chalifen Mamūn anzunehmen. Besonders in Ostasien gehen aber die Angaben unseres Autors weit über die Grenzen der arabischen Herrschaft hinaus und wird es namentlich für Indien (Hind), dem im Westen auffallender Weise auch Kabul und Kandahar zugerechnet werden, und das erst im 11. Sec. von den Arabern erobert wurde, schwer die Angaben

zu verißciren, da weder die Zahlen und Namen in beiden Handschriften übereinstimmen, noch ähnliche bei andern arabischen Geographen erscheinen. Bei dem arabischen Meerbusen ist dagegen
durch die Längen von Mekka und Medina im Verhältnifs zu Aegypten und Palästina auf der einen, und zu San's und Aden auf der
anderen Seite eine gekrümmte Form des Meerbusens bedingt, welche sich auch bei anderen arabischen Geographen findet und in der
Richtigkeit gegen die Form des Meerbusens bei Ptolemäus zurück-
steht.

Auch in China (Şīn) hat unser Verfasser eine Anzahl von Orten
gekannt, deren Namen bis auf Asȝūrȝ sich bei keinem arabischen
Autor finden und wohl nur aus einer arabischen Bearbeitung des
Ptolemäus stammen können. Unter dieser Voraussetzung fanden
wir es gerechtfertigt bei dem Fehlen aller Specialangaben über die
hinteriodischen Küsten uns in dem Kartenentwurf an die ungefäh-
ren Formen der ptolemäischen Karte zu halten.

In Betreff der Handschriften bemerken wir noch, dafs die Pariser
garnichts von diesen Daten hat, wohl aber die Gothaer No. 1076,
dies ist eine alte Handschrift, die aber nur einige Tractate enthält.
Offenbar war in derselben nur die erste Tafel wirklich ausgefüllt
und hat eine spätere doch auch alte Hand, die anderen Tabellen
die leer gelassen waren, ergänzt; das Klima III ist am Rande hinzugefügt. Die Münchener Handschrift ist in diesen Daten ganz besonders lückenhaft; Zahlen zu schreiben ist einem unkundigen
Schreiber ganz besonders langweilig. So waren denn die Auspi-
cien für diese Karte nicht besonders günstig. Da die Positionsta-
belle in einer anderen Officin gedruckt wurde, war es mir möglich,
die Umschreibung der Deutschen morgenl. Gesellschaft anzuwenden;
ich habe diese Abhandlung schon einmal in der Zeitschrift für allgemeine Erdkunde, Berlin 1861, p. 40-57, bearbeitet.

Positionstafel der 7 Klimata.

G Gothaer, M Münchener Handschrift,
   Andere zur Vergleichung angeführte Geographen:
R Rasmo-r-rob'i-l-ma'mūr (ὁρισμός τῆς οἰκουμένης) von Abū Ǧa'far
   Muḥammad ibn Mūsā al Ḫārismī um 830,
F Aḥmad ibn Kaṯīr al Farġānī,
B Muḥammad ibn Ǧābir al Battānī, † um 900,

T Kitabu-ṭ-Ṭaūl wal 'Urūḍ des anonymen Fārisi bei Abulfeda um
    950 nach Reinaud, Abulfeda p. LXXXIX,

Y Abu-l-Ḥasan 'Alī ibn Yūnis von Ḳahira, † 1008,
    aus dem XI. Jahrh. nach d. Ihwān aṣ Ṣafā,

Ḳ Ḳānūn des Abu'r-Rīḥān Muḥammad al Bīrūnī, † 1089,

K Abu-l-Ḥasan ibn Labbān Kušiār al Ǧīlī, 1060 - 1100.

Südlich vom I. Klima. Tafel I.

		Breite.	Länge.
1)	Theil Indiens G.		
	Tamašīr(?) in Hind. M.	11 G. 8 M.	120 G.; sinnlos M.
2)	Insel Kerek in Sind	9 G. M.	110 od. 102 G.; sinnlos M.
3)	Ḥaḍramaut (in Yemen M.)[1])	10 G. M.	71G.,ebenso R.Y.; sinnl. M.
4)	Stadt Ṭīb in Sind [2])	5 G. M.	75 G.; sinnlos M.
5)	Ra'āwa G } in Ḥabise [3])	(11° 30' R. 11° 45' Y)	58 M.
	Raǧāwa M	11 G. M.	65 G.
6)	Karkūb G } in Ḥabise [4])	11 G. (10° 35' Y.)	58 G.
	Karkūk M		

1. Klima 13 - 20; ° nördl. Br. Tafel II.

1)	Stadt am Ende von Ṣīn	18° 45'? G. M.	175° G.
			M. 66° 30' sinnlos
2)	Stadt auf einer Insel b. Ṣīn [5])	36 G. 39 M.	172° G.
			M. 68 sinnlos

---

[1]) Da unter Ländernamen mit Längen- und Breitengraden regelmäßig die Hauptstädte verstanden werden, wird hier Ḥaḍramaut nicht verschieden sein von der Stadt Šibām, welches andere arabische Geographen R. Y. unter 12½° nördl. Br. setzen, wahrscheinlich ist also Jod. be zu lesen, welches besser zu der Breite von Aden in Kl. I. paßt.

[2]) Die Bedeutung des Namens ebensowohl als die Position entspricht dem ptolemäischen Ἀρώματα ἀκρωτήριον, welches freilich an der Ostküste Afrika's und nicht in Indien liegt, und durch die ganze Breite des indischen Meeres davon getrennt wird, ist wohl Mißverständniß des Autors.

[3]) Nach R und Y in Zaǧāwa zu berichtigen, was im Südän angegeben wird. Die Angabe der Länge in M ist aus dem folgenden Artikel verwirrt.

[4]) Kūkū in Südän bei Y.

[5]) Wohl dieselbe Insel, welche in der Beschreibung der Klimate Yāḳūt genannt wird, Mas'ūdī (Reinaud, Abulfeda CCLXXXV) bezeichnet Serendīb als die Edelsteininsel, welches er in dem äußersten Osten des Indischen Meeres neben China setzt. Aber bei Kušiār hat Serendīb 5° 15' Br., 185° 15' L. Hier ist bei der Breite, die ja nothwendig unter 20½ Grad sein muß, offenbar Jod für Lam zu lesen, also G. 16, M. 15.

	Breite.	Länge.
3) Asfitār in Ṣin [1])	19 G. ?	160° 30' G.
	16½ bei Ptol.	M ?
	M. 17° 15'	
4) Bahūwa G. in Hind	entw. 14 od. 16	31 G. wohl 100 ausgelassen
Banūfa M. [2])	G. M.	125 M. aus dem folgenden
		Artikel versetzt
5) Ḥaārūn G. (fehlt in M.)	49° 15	
in Hind	wohl 15° 49'	125
6) Muṣta'lī G. in Sind	16 G.	100 oder 110? G.
Mas'al (?) M. [3])	39° 45 M.	8 M. sinnlos
7) 'Umān in Arabien	19° 15'7 G.	84° 30' G.
	8 M. sinnlos	?? M.
8) Ilmend in Sind	18 G.	105 G. M.
	15 M.	
9) Stadt Abaī G. Aḫrī M.		
am Meer	15 G.	80 G. M.
10) Ẓafār (im Land 'Umān		
G. Ṭofāl in 'Ad. ? M.	18 G. besser 13	64 G. (78° R.)
	15 M. (15 auch R.)	M. sinnlos
11) 'Aden in Yemen	dieselb. Zahl. wie No. 10	64 G. (75° R.)
	13 oder 15 (13 R.)	58 M.
12) Ṣan'ā in Yemen	15 G. (14½ K.)	64 G. (63½ K.)
		15 M. sinnlos
13) Donḳola im Lande		
Nūba	15 G. 14½ K. 14½ K.	58 G. wohl 53 mit B. u. K.
14) Kūs bei Ḳenebf [4])		M ??
15) Reich Habesch	20 G. M.	42 G. 44 M.

---

[1]) Die unverständliche Gruppe entspricht wohl dem ptolem. Ἀσπίθρα einer der östlichsten Städte im Lande Sinae, die auch al-Fargānī in der Form Asbitarā annehmen hat. In der Länge ist vielleicht 164 zu lesen, welche bei der allgemeinen Reduction der ptolemäischen Längen um 10° der ptolemäischen Position 175½° ziemlich entspricht. Die Lesart von M ist sinnlos.

[2]) Bei keinem der andern arabischen Geographen aufzufinden. Der Lage nach möglicherweise entsprechend dem Ἰλκοῦπα des Ptolemäus 11° 20' Br., 136° 40' L., — als Ueberfahrtshafen nach Ṣin wichtig, am SO.-Ende Indiens.

[3]) Vielleicht das ptolem. Μαισωλία, doch paßt dazu nicht die Angabe des Landes Sind.

[4]) Kus in der Nähe von Ḳeneh würde nach Aegypten gehören, dann aber in das folgende Klima fallen; die Zahlen sind also irrig. Die Breite (Jod ba) in G = 17 kann wegen der Grenze nicht passen, Y giebt für Kus 24½°. Die Länge ist 50° in G, bei B und Y 55½°.

	Breite.	Länge.
16) Hauptstadt Garmi,		
(Γάραμα)	20 G. M. (19¼ al Ḳūmī)	34 G.
17) Land Berber	19 G. M.	26 G.

Klima II. 20⅓ - 27¼ nördl. Br.   Tafel III.

	Breite	Länge
1) Ṭagramā in Ṣīn G. M.	25 G.	147 G.
2) Ṭa'ūlā in Ṣīn G. M.[1])	24° 20' G.	116 G. richt. (143)
3) Aīrana G. in Ṣīn Almawasa M.[2])	24 G.	140 G.
4) Ḳūḥī G. in Hind Ḳūn M.[3])	25 G.	104 wahrsch. 180
5) Eine Stadt an der Seite eines Berges?	26 G.	151 G.
6) al Manṣūra in Sind[4])	22 G. 24° 6' M. (26° 40' Ḳ. richtiger)	108 G.; M.? Ḳ. 95
7) al Jajrūn G.) ebenda al Barūr M[5])) am Meere	(28° 30' G. 78° 30' M) (richtiger 23° 30' Ḳ. Y.	107 Ḳ.
8) al Marsal G.) arRasīdīe(?)M.)	24° 20' G.	102 G.

8a) Dijār Bekr. M. wohl interpolirt, gehört nicht hierber.

---

[1]) Da die Correctur der Länge wegen des Folgenden nothwendig ist, erscheinen beide Städte in geringem Abstande nahe der Westgrenze von Ṣīn gegen Indien, d. i. (des Ganges) in fast derselben Lage, die auf der ptolemäischen Karte Indiens Τούγμα 22½° Br., 152½° L. und Τασαλα 28½ und 150° einnehmen, so daß das Zusammentreffen der Namen mit diesen zwei Gruppen nicht zufällig scheint. — Einen dem zweiten Namen ähnliche Stadt kennt als Hauptstadt Chinas, ohne nähere Längenbestimmung, auch der Reisebericht eines christlichen Mönches aus Nagran anno 987 bei Abu-l-faraǵ, doch differiren die Lesarten der Pariser Handschriften des Fihrist, Reinaud Abulfeda 1, CDII Taǵūja und bei Golius Tahūna.

[2]) Hierfür ist kein entsprechender Name bei Ptolemäus.

[3]) Auffallend ist das Fehlen der bei den älteren Arabern berühmten Hauptstadt Indiens Kanūǵ, doch liegt diese Form fern für eine Conjectur.

[4]) Lage am See Manṣūr, der den Namen der arabischen Stadt bewahrt hat, bei Sihwan am unteren Indus.

[5]) Beides verschrieben aus albīrūn in Sind zwischen Manṣūra und der Mündung. Diese Stadt am Indus ist auch für Seeschiffe erreichbar, daher die Bezeichnung an dem Meere. Die Breitenbestimmung ist offenbar in G. Kaf ǵim zu lesen, da 28 außerhalb des Klimas liegt. Da der kurze Abstand von Manṣūra nicht so falsch geschätzt werden konnte, ist man dem unmöglichen Kaf nūn. Kaf ze zu lesen. M. ist ganz simlos. 92° 20' Y. 94° 30' Ḳ.

	Breite.	Länge.
9) al Yamâna in Ḥiǵāz	21° 30' G. M.	71° 45' G., ebenso die anderen arab. Geogr. 81° 45' M.
10) aṭ Ṭā'if in Yemen ¹)	21° G. 21° 20' M.	67 G. ¹)
11) Mekka in Tehâma	21° G. 21° 40' M ²)	67 G. ²)
12) Yaṯrib Stadt des Propheten (Medina)	25 G. 20 M.	65 G. 25 M. sinnlos
13) Ihmîm in Ṣa'îd Miṣr (Oberägypten)	27° 30' G. 26° 50 R. Y.	75° 30' G. statt 55° 30 wie R. Y. haben
14) Afriḳija in Maǵrib	26 G.	34 G.
15) Land der Tawāli (?) ³)	21 G.	20 G.

III. Klima 27½ - 33½ nördl. Br.   Tafel IV.

1) Adbad G. Adâbad M. in Ṣîn ⁴)	28° 30' G.	160 G.
2) Ḳandahâr in Hind	30 G. (30½ Y.) 38° 6' M. vielleicht 33	110 G. 107° 40' M. 106° Y.
3) Kâbol in Hind	20 G. verschr. für 30 28° Y. Ḳ. 33° Ḳ.	100 G. 110 B. Y., Ḳ. besser
4) Zaranǵ in Seǵistân (M.?)	32° 22' G.	94° 15' G.
5) Tîz in Makrân	29 G.	92° 40' G.
6) Sirǵân in Kirmân	30 G.	83 G. (Ḳ. Ḳ.)
7) Śirâz in Fâris	32° 30 G.	78° G. ⁵)
8) al-Ahwâz in Ḥūsistân	32 G.	75 G.
9) al Baṣra in 'Irāḳ	32 G. (31 Y. Ḳ.)	74 G. (Y. 73 al Ḳûmî 75 Ḳ.)
10) al Kûfa in 'Irāḳ	31 G. 31° 50' R. Y. 32 al Ḳûmî	59° 30' ⁶)

¹) Die Minuten fehlen. Die Position würde sonst mit dem nahen Mekkah zusammenfallen 68° 60' R.

²) Diese Bestimmungen sind bei allen arabischen Geographen übereinstimmend.

³) Ohne alle diakritischen Puncte, im Pariser Codex bûll. Der einzig hierher passende Name des Alterthums wäre nach Ptolemäus Γαττουλία vielleicht ǵettûlā oder kettûlā. M hat ganz sinnlos Bêlâd el Yûnân (Griechenland).

⁴) Würde mit der ptolemäischen Position Ἀδείσαγα 26° nördl. Br., 169½° L. nahe übereinstimmen.

⁵) Stimmt bei allen arabischen Geographen, ebenso No. 8.

⁶) Ist wohl zu lesen min ṯa 69° 60', ebenso R. 60 Y.

	Breite.	Länge.
11) Dimišk in Šâm	31° 30' G.	60 G.
	33° 20' M.	70 M. (60 Y. K. 59 al Ḳûmi)
12) Beitu-l Maḳaddis (Jerusalem) in Filistîn	29° 15' G.	56 G.
	30° 8' M.	65 M.
	(31° Ḳûmi 32° R. Y.)	
13) al Fustât in Miṣr (für al Ḳaṣtâs)	31 G.	
	31 B. 29° 55' R. Y.	34° 40' G. statt 54 R. Y.
14) Iskanderie Baṭlamiûs, Ἀλεξάνδρεια Πτολεμαίου	31° 45' G.	52 G. (60 Ptol. 60½ B. 51° 20' R. Y.)
15) al Ḳairwân in Maġrib	29 G.	
	(31° 40' Y.)	31° 45' G. (31° Y.)
16) Ṭanǵa in Maġrib	36° G. 35½ R.')	11° 30' G.

IV. Klima 33½ - 39 nördl. Br.   Tafel V.

	Breite.	Länge.
1) Kâšġar in Ṣîn (fehlt M.)	? G. 44 Ḳ.	? G. (95° 25' Ḳ.)
2) Altî nb. (?) G.		
alwalb. M., in Turk')	38 G.	104 G.
3) Samarḳand in Mawâran-nahr ')	34° 30' G. 39° M.	109, wohl 69 G. R. Y.
	36° 30' Y. K. 40 R.	69° 16' M.
4) Dallam in Ǵîlân G. fehlt in M. gehört hinter No. 10	38? (38° 10' Y.)	? G. 75° Y.
5) Balḫ in Ḫorâsân	wohl 33° 40' (lam ǵim)	88? G. wohl 103
	wie Ḳ. (41° Ḳ.)	108 al Ḳûmi 116 B.
6) Herât in Ḫorâsân nur M.	Zahl fehlt (al Ḳûmi 36)	76° al Ḳûmi
Marw. in Ḫorâsân nur G.	34° 30' (38 R. ?6° 35' Y.)	84° 30' (85 R. Y.)
7) Nisâbūr M. (richtiger als Sūr G.) in Ḫorâsân	37 G. so für Nisâbūr R. Y.	84° 30' (auch R. Y. (89° al Ḳûmi)

') Diese Position fällt aus dem Klima, vielleicht 8½ lam ba.

') Der Name ist in beiden Mss. nicht sicher zu lesen und ein diesem Zugen entsprechender sonst bekannter Name nicht zu ermitteln; sowohl Andaráb, welches wirklich im Turk-Lande liegt (36° Br., 94° 40' L. im Ḳanûn), als das schon im 9. Jahrh. dem Maǵ hdi, wenigstens dem Namen nach bekannte Tibet, scheint zu weit abzuliegen.

') Da Samarḳand speciell in Soġd liegt und eine Stadt von Soġd in Klima V., also nördlicher als 89° angeführt wird, ist 39 vorzuziehen.

	Breite.	Länge.
8) Amol in Ṭabaristan	37° 45' ebenso d. Andern	20 sinnlos (76° 20' R 77° 20' Y.)
9) Gurgān	38° 30' G. R.	80 G. 80° 45' R.Y. 85 K.
	36° 50' M. K.	90° 8' M.
10) Raī in Fārīs	30° 45', wohl 35° 45'	73° ebenso d. Andern
11) Iṣfahān in Fārīs (fehlt M.)	34° 30'	74° 40'
	(al Kūmī 34° R.Y. 32°)	die andern ebenso
12) Hamadān in Mahān	36 G.	73 G.
13) Baġdād in 'Irāk	33 G.	70 G. Y.
	33° 21' M. 33° 10' Y. 20 B.	80° 8' M. 80 B.
14) al Möṣul in Diārrebī'a	35° 30' G. Y.	69 G. 68 K. 61 Y. falsch
15) Ḥalab in Śām	35° 30' G.	63 G.
	50 M.!	75 M.!
16) Anṭākīe in Śām	35° 40' G.	61° 35' G.
	35° 30' M.	71° 26' M.
17) Insel Ḳibris im Meere Rūm	38° G.	38 L. Nun ba 58 K.
17a) 'Amūrīe in Rūm		
(nur in M.)[1]	40° 8'	64° 8' [1]
18) Siḳilia in Maġrib[2]	35° G.	36° 48' G. [2]
19) Andalus in Maġrib	38° G.	? G.
(Ḳorṭoba)	38° 30' R. Y.	90° 20 R. Y.

V. Klima 39 - 43½ nördl. Br.   Tafel VI.

1) Land Yaġūǧ und Maġūǧ	43 G.	L. Kaf ain alif 171 (172° 30 Y.)
2) Land d. Ḥ̣āḳān d. Turk	42 G.	150 G.
3) at Ṭarāz im Lande der Turk, fehlt in M.	40° 25 G. (Mim. für Ṣad)	127 G.
4) Isbiġāb in Soġd (M. in Turk a. Ṣin!)	40 G. (43° 30'K. 39° 55'K.)	88° 40' G. 89° 20' K.
4a) Ḥārizm (nur in M.)	ohne Ziffern.	

---

[1] Dieser Name ließe wohl an Amorium in Kleinasien denken, das aber erst später in den Seldjukhischen Kriegen berühmt ward. Wegen der Nähe der Insel Ḳibris ist daher wohl an das südliche Vorgebirge Kleinasiens Ἀνεμούριον, türk. Mamūrīe, zu denken, welches als Grenzpunkt der arabischen Herrschaft an der Küste wichtig erscheinen mochte, nur gehört die angegebene Breite gar nicht in dieses Klima.

[2] Diese Position gilt wohl für die arabische Hauptstadt Palermo.

	Breite.	Länge.
5) Ardebîl in Aḍerbaiğan	40 G.	73 G. Y.
6) (M. 9) Ablât (G. Hlât) in Armînia	39° 30′ G.	66° G.
	39° 50′ R. Y.	64° 50 R. Y.
7) Malaṭîe in Arminia	39 G.	61 G. R. Y.
8) Mâkâdûnia (wohl Thessalonike)	?	?
9) Hauptstadt Rumîa (Rom)	41° 30′ G.	35° 24′ G.
(der Name fehlt in G.)	41° 50′ M.	45° 27′ M. falsch
	43° 50′ R.	(30° 30′ R.)
10) Heikalu-z-Zuhra in Mağrib	43 G.	28° G.
(Tempel d. Venus d. i. Port	42° 10′ R.	19° 30′ R. besser
Vendres) fehlt in M.		
11) Bilâd Kustâs? in Mağrib G.		
Taṭâbâ M.? [1])	?	?

VI. Klima 43½ - 47° nördl. Br.   Tafel VII.

Bei diesem und dem folgenden Klima sind die Zahlen in G. und M. bis auf einen Artikel weggeblieben.

	Breite	Länge
1) Yâğûğ und Mâğûğ.		
2) Land Sîstân der Turk [2])		
3) Kaimân der Turk (Kaimâk?)		
4) Ḥûr in Turk, cf. V. 4a	42° 15′ Y. K.	81° 55′ Y. K.
5) Insel im Meere Ğorğan		
6) Berda'a in Aḍerbaiğân	42° B. 43° R.	73° R. Y.
		74° B.
7) Bâb el Abwâb	45° 8′ M. 41° Ḳ.	85° 8′ M. 66 Ḳ.
(Paß des Kaukasus)	wohl 43° 30′	
8) Malankar?, vielleicht		
Balanğar?	46° 30′ Ḳ.	75° 30′ Ḳ.
9) Herḳele G., Herḳîle M.,		
Ἡράκλεια Πόντου	47° 35′ Y.	58° 25′ Y.

---

[1]) Ḳorṭoba kann nicht gemeint sein, da es nach dem Zeugniß der Araber in das IV. nicht in dieses Klima gehört, der einzige wirklich vom Venustempel mögliche Name wäre Saraḳosta, woraus dies wohl verderbt ist. Saraḳosta liegt nach Abulfeda 41½ ° 21½′.

[2]) Ebenso im Text bei der Beschreibung der Klimata und dann oft mit Seğistân verwechselt, vielleicht ist ein Rest der ptolemäischen Σάξαι, wovon der Name Σαξαστάνη == Segistan.

	Breite.	Länge.
10) Ḳosṭanṭinie in Rûm, (Constantinopel) fehlt in M.	45° R. Y.	49° 50' R. Y.

11) Land Brbân? (Borġân? bei andern Arabern Borġûn = Burgund?).

12) Unlesbarer Name eines Landes, etwa Flaḳûn? (Βλάχοι, der Byzantiner).

13) Land Sbb? (Sirb = Serbien?) nur in M.

VII. Klima 47 - 51½° nördl. Br.

1) Yaġûġ und Maġûġ

	Breite	Länge
2) Land Allân der Turk	45° 40' Ḳ.	73° 30 Ḳ.

3) { Land Bulġar der Turk G.
{ Land Taġazġaz ')

4) Land Hrb G. Ġrb. M. Ḳrim? in Rûm *)

5) Insel im westlichen Meer.

(Alba in der Bearbeitung der Klimate = Ἄλβιον, Ptolem.)

Die Musik.

Die Abhandlung über die Musik ist die am weitesten angelegte und enthält die meisten Stoffe. Die Tendenz der Abhandlung ist klar; das musikalische Verhältniß, als die Verbindung des arithmetischen und geometrischen, muß in sich alle Vollkommenheit enthalten und ein vollkommenes musikalisches Instrument, wie die Laute, muß das schöne, die Welt beherrschende Verhältniß repräsentiren. Die enge Verbindung zwischen der arabischen Metrik und arabischen Musik ließ hier natürlich einen directen Anschluß an die griechischen Meister nicht zu, und ist deshalb hier wohl keine Autorität angegeben.

Wir haben über die arabische Musik eine wichtige Arbeit von Kiesewetter, der sich auf die Forschungen von Hammer Purgstall's stützt. Dies Buch enthält das spätere seit al Farabi (starb um 950

') So mit Mas'ûdi Istahri Ḳazwini, cf. Reinaud, Abulfeda, I. CCCLIII, Wüstenfeld Ḳazwini II. 891, statt Taġarġar.

*) Ḳrim ist der einzige passende Name nördlich von Constantinopel im Bereich des römischen Reichs.

u. Z.) herrschende System der Musik. Dasselbe hält der gelehrte Verfasser für verschieden von der ursprünglichen arabischen Musik, welche in diesen Abhandlungen wiedergegeben sei (pag. 7, 8) [1]).

Dennoch ist auch in dieser Abhandlung offenbar griechischer Einfluß nicht zu verkennen, wie schon die ersten Abschnitte über die Akustik wahrscheinlich machen.

Die Darstellung von der Laute, als dem Sinnbild der Weltordnung, ist in der Pariser Handschrift defect, in der Münchener freilich weiter, aber incorrect. Es giebt eine Abbildung der Laute in der Musik der Araber pag. 21 und in Kosegarten's Einleitung zum Kitab el agâni, auch sind in dem Buche von Kiesewetter pag. 91 die große Anzahl der Instrumente angegeben, unter welchen viele der hier erwähnten sich nicht finden, andere aber, wie Dihdib (Dehdebe pag. 93), bestätigt werden.

Iñâ' habe ich mit Cäsur übertragen, die Uebersetzung Rhythmus wäre vielleicht besser.

Daß unter dem Begriff der Harmonie dann von allem möglichen und auch von der arabischen Schrift die Rede ist, wird dem Arabisten wohl angenehm, dem Nichtarabisten wohl nicht ganz unlieb sein. Der Araber ist nun einmal zu stolz auf seine Sprache, die im Koran die Sprache Gottes ist, und durch die arabische Schrift verherrlicht ward.

Der Anhang über den Werth der Musik beweist, wie hoch geschätzt die Kunst der Musik bei den Arabern war.

Pag. 131. Die Bevorzugung der einen oder der anderen Zahl bei den verschiedenen Religionen, Sectan und Völkern ist schwer nachzuweisen. Daß die Inder die Neun vorzogen, ist wohl eine Hindeutung darauf, daß sie 9 Planeten hatten, indem sie den Kopf und Schweif des Drachen mitrechneten.

Die Christen, als die Dreieinigkeitsbekenner sind klar. Im Schahristani werden die Angaben über die Charramiten und Kajjaliten nicht bestätigt.

Pag. 117. Die hier vorkommenden Hörinstrumente sind mir zum Theil ganz unerklärlich. Offenbar ist ihre Benennung von der Form hergenommen, terdjebare, Flasche, scheint zu passen und ebensowohl auch zzwraq, Kähnchen. Schahln dagegen, das Züngelchen der Wage, ist schon unverständlich, wie man aber Astro-

---

[1]) Cf. Die Musik der Araber, nach Originalquellen dargestellt von R. G. Kiesewetter. Leipzig 1842.

labe zu Höhrinstrumenten rechnen kann, ist vollständig unerklärlich. In beiden Handschriften steht astrulat, faßt man dies als
Plural bliebe eine Gruppe wie astrula oder astrula, doch auch dies
ist mir unerklärbar.

Die Relation.

Der Ausdruck „Nisbe" kann nicht gut anders als durch Relation übertragen werden, auch stimmt dazu die Definition, die Bestimmung eines Werthes an einem anderen. Gewöhnlich gebrauchen wir dafür Proportion, über welche in geometrischer Beziehung
Euklids Elemente Buch V. und VI. handeln. Doch hier in diesem
philosophischen Werke ist die mathematische Relation in ihrem ganzen Umfange in arithmetischer, geometrischer und musikalischer
Beziehung zu erfassen gesucht, und schließt sie somit die ganze
Reihe der Propädeutik, indem sie auf die im ganzen Werk so be-
weisende Harmonie des Alls hindeutet.

Verbesserungen.

pag. 6, Z. 7: das Wie, lies: das Was.
- 69, - 24: füge hinzu: daß die vortrefflichen Dinge den vortrefflichen Zahlen entsprechen.
- 57, - 17 streiche: und nördlich bis vorüber.
- 88, - 7 streiche die Worte in der Klammer.
- 96, - 23 streiche: durch Tokharistan.
- 88, - 8 füge nach Taberistan, Deilam, Gilan und das Meer von Taba-
  ristan.
- 98, - 25 für Sistan lies: Segistan.
- 116, - 5 für Ruhe lies Bewegung.
- 120, - 11 für Aussprachen lies Ansprüchen.

Druck von E. S. Mittler und Sohn in Berlin, Kochstraße No. 69.

اسماء المدن	الطول	العرض	اسماء المدن	
مدينة في اقصى المشرق	يمه	يحوه	مدينة اخرى جزيرمن مصر الصين	١.
اسفرياد في من الصين	نل	طط	ماهورا من الهند	٣.
حامرون من الهند	تكه	سطم	متعلي من السند	٥.
عمان من بلاد العرب	مدد	سطم	الهند من السند	٧.
مدينه اخرى على البحر	ه	نه	ظفار من بلاد عمان	٩.
عدن من اليمن	سد	لح	صنعا من اليمن	١١.
دنقله من بلاد النوبه	غ	نه	كوير داجله فه	١٣.
مملكه الحبشه	مب	ك	جري الكبرى	١٥.
بلاد بربر	كو	نط		١٧.

الطول العرض	اسما المدن	الطول	العرض	اسما المدن	
عم لب	شيراز من فارس	قس	كد	اديب من الصين	١.
عد لب	البصره من العراق	ق	ك	كابل من الهند	٣.
سر لا	دشق من الشام	صبح	كط	تيره مكران	٥.
	انطاكس من مصر			لدم لا	
	الغبر وان من المغرب			كامه كا	

الطولا العره	اسما المدن	الطول	العرض	اسما المدن	
بطل لا	الكوفه من العراق	لب	صبح	القندهار من الهند	٢.
يو كط	بيت المقدس من فلسطين	صد	كب	دريع من سجستان	٤.
سب لا م	اسكندريه بطليوس	لح	كح	السرجان من كرمان	٦.
باد لو	طنجه من المغرب	لب	عه	الهراد من خوزستان	٨.
				من طورسيان	

gehören Leisten B'a und b unmittelbar nebeneinander auf dem Blattrande.

Arabische Zahlbuchstaben.

5. 6. 7. 8. 9. 10. 20. 30. 40. 50. 60. 70. 80. 90. 100.

ق ص ف ع س ن م ل ك ي ط ح ز و ه

VII.

أسماء البلدان	العرض	الطول	أسماء البلدان	
بلاد سيستان			بلاد ياجوج وماجوج	1
بلاد حور من الترك			بلاد دكمان الترك	د
بردعه من اذربيجان			جزيره بحر جرجان	و
بلاد مسلحر			حبل باب الابواب	ز
قسطنطينه من الروم			بلاد هرقله من الروم	۹
بلادا ملعون من انطر			بلاد سرحاب	11
			بلا سحر	۱۳

VIII.

أسماء المسدت	العرض	الطول	أسماء المسدت	
بلاد البلغد من الترك			بلاد ياجوج ماجوج	۱
بلاد هرد من الروم			بلاد الآن من الترك	۵
			جزيره في بحر المغرب	۵

Arabische Zahlbuchstaben.

5.	6.	7.	8.	9.	10.	20	30	40	50	60.	70.	80.	90.	100.
ه	ز	ح	ط	ي	ك	ل	م	ن	س	ع	ص	ق		

Autogr. v. H. Kiepert, Überdruck von R. Tietz.

Leipzig,
J. C. Hinrichs'sche Buchhandlung.
1868.

www.ingramcontent.com/pod-product-compliance
Lightning Source LLC
Chambersburg PA
CBHW030328270326
41926CB00010B/1545